Materielle Insolvenz – Die retrograde Ermittlung der Zahlungsunfähigkeit

Schriftenreihe des Centrum für Deutsches & Europäisches Insolvenzrecht

Herausgegeben von
Stefan Smid, Silke Wehdeking
und Mark Zeuner

Band 5

PL ACADEMIC RESEARCH

Christoph Pabst

Materielle Insolvenz – Die retrograde Ermittlung der Zahlungsunfähigkeit

PL ACADEMIC RESEARCH

Bibliografische Information der Deutschen Nationalbibliothek
Die Deutsche Nationalbibliothek verzeichnet diese Publikation in der Deutschen Nationalbibliografie; detaillierte bibliografische Daten sind im Internet über http://dnb.d-nb.de abrufbar.

Zugl.: Kiel, Univ., Diss., 2013

Umschlaggestaltung:
© Olaf Gloeckler, Atelier Platen, Friedberg

Gedruckt auf alterungsbeständigem,
säurefreiem Papier.

D 8
ISSN 2194-4881
ISBN 978-3-631-64752-3 (Print)
E-ISBN 978-3-653-03519-3 (E-Book)
DOI 10.3726/978-3-653-03519-3

PL Academic Research ist ein Imprint der Peter Lang GmbH.

Peter Lang – Frankfurt am Main · Bern · Bruxelles · New York ·
Oxford · Warszawa · Wien

www.peterlang.de

Meinen Eltern

Vorwort

Die Arbeit wurde von der Rechtswissenschaftlichen Fakultät der Christian-Albrechts-Universität zu Kiel im Wintersemester 2012/2013 als Dissertation angenommen.

Ich danke meinem Doktorvater, Prof. Dr. iur. Stefan Smid, welcher in mir die Begeisterung für das Thema weckte. Zum Dank verpflichtet bin ich ihm auch für die stets freundliche und herzliche Betreuung sowie die hilfreichen und zielführenden Hinweise, insbesondere auf den Doktorandenseminaren.
Mein Dank gilt ihm auch für die Aufnahme in diese Schriftenreihe.
Herrn Prof. em. Dr. iur. Werner Schubert danke ich für die schnelle Erstellung des Zweitgutachtens.

Besonderer Dank gebührt meiner Lebensgefährtin Charlotte Hempel. Ohne ihre ganz persönliche Förderung des Entschlusses zur Anfertigung, wäre diese Arbeit möglicherweise niemals entstanden. Danken möchte ich ihr auch für ihre Unterstützung und den Rückhalt in der nicht immer einfachen Zeit der Arbeiten an der Dissertation.

Der größte und nicht in Worten festzuhaltende Dank gilt jedoch meinen Eltern Dr. sc. agr. Klaus und Ingrid Pabst. Sie sind es, auf die ich mich stets verlassen kann und die mich mein ganzes Leben lang bedingungslos unterstützen und fördern. Meine Entwicklung sowie die Realisierung meiner Ausbildung und Vorhaben verdanke ich ihnen. Darum widme ich ihnen diese Arbeit in tiefer Dankbarkeit.

Kiel, im Juni 2013 *Christoph Pabst*

Inhaltsverzeichnis

A. Kapitel 1: Einführung

I. Fragestellung der „Materiellen Insolvenz" und ihrer tatsächlichen Ermittlung

In der „*Endlosgeschichte des Konkurses*"[1] ist der Begriff der materiellen Insolvenz ein seit Jahrhunderten geprägter und feststehender Begriff des Konkursrechts.[2] Dennoch, oder gerade deshalb, kommt ihm auch de lege lata maßgebliche rechtswissenschaftliche Bedeutung zu.[3]

1. Zu den Begriffen der „Formellen" und der „Materiellen Insolvenz"

- „Unverzichtbare Voraussetzung jeden Personalkredits ist ein intaktes und funktionierendes Insolvenzrecht."[4] -

- „Wo es keinen Kredit giebt, da ist überhaupt ein Konkurs kaum denkbar."[5] -

Im Vorfeld der Insolvenz[6] werden regelmäßig verschiedenste Formen von Krisen[7] den Weg des Schuldners bis zu einem Insolvenzantrag säumen. An dem Punkt, an welchem das Passiv-Vermögen das vorhandene Aktiv-Vermögen des Schuldners übersteigt[8], und der Schuldner seine Gläubiger nicht mehr befriedi-

---

1 Uhlenbruck, DZWIR 2007, 1; hier auch ein Überblick über die Geschichte des Konkursrechts.

2 Hierzu schon 1797: Almendingen, Über den materiellen und formellen Concurs der Gläubiger, Giessen 1797; zur KO, Uhlenbruck in: Kuhn/Uhlenbruck, Konkursordnung, 11. Aufl., 1994, § 102 Rn.1; Zur InsO: Foerste, Insolvenzrecht, 5. Aufl., 2006, Rn. 1.

3 Vgl. Foerste, (Fn. 2), Rn. 1.

4 Uhlenbruck, NJW 1975, 897 [903].

5 Aus Motive zu: Entwurf KO 1875, S. 321.

6 An dieser Stelle soll noch von dem allgemeinen Begriff der Insolvenz die Rede sein und der Begriff noch nicht weiter differenziert werden, um die Notwendigkeit einer vorzunehmenden Differenzierung herauszustellen.

7 Allgemein zu allen Erscheinungsformen von Krisen Drukarzyk/Schöntag in: Gottwald, Insolvenzrechts-Handbuch, 4. Aufl., 2010, § 2 Rn. 1 ff.

8 Zu dem Fakt, dass Überschuldung noch nicht die Zahlungsunfähigkeit bedeutet, solange der Schuldner Kredit hat: Motive zu: Entwurf KO 1875, S. 320; Lent in: Jaeger, Konkursordnung, 8. Aufl., 1958, § 30 Anm. 5.

gen kann, ist der Schuldner insolvent.[9] Die Insolvenz ist somit eine „*Frage der Liquidität*“[10] und hier spezieller der Geldilliquidität.[11] Hierfür spricht auch der klare Wortlaut des § 45 InsO, welcher bestimmt, dass alle Forderungen stets in Geld zu bemessen sind.

Dabei ist Insolvenz nicht immer gleichbedeutend mit Illiquidität.[12] Solange ein Schuldner Kredit hat, können seine Passiva stark überwiegen[13], der Schuldner gilt aber nicht als zahlungsunfähig, solange er seine Gläubiger bedient[14] und Aktiva aus der ihm gewährten Kreditlinie akquirieren kann. Zu dieser Zeit ist der Schuldner womöglich bereits überschuldet, jedoch noch nicht zahlungsunfähig. Die Insolvenz des Schuldners ist in der Konsequenz, trotz möglicher Versuche der Abwendung durch Kredit oder auch gerade deshalb, die „*Prämisse des Konkurses.*“[15]

Mit dem Eintritt der Insolvenz des Schuldners wird zunächst jeder Gläubiger für sich versuchen, seine Forderung im Einzelzwangsvollstreckungsverfahren[16] beizutreiben. Ab hier beginnt der *Concursus* mit dem Zusammentreten[17] bzw. der Concurrenz[18] der Gläubiger. Concurrenz setzt immer eine Mehrheit von Gläubigern voraus[19], welcher mit Eröffnung des Konkurses das Vermögen des Schuldners als Haftungsmasse eröffnet wird. Mit Eröffnung des Verfahrens wird

9 So schon Almendingen, (Fn. 2), S. 13; auch in Motive zu: Entwurf KO 1875, S. 320; für die Gegenwart Foerste, (Fn. 2), Rn. 1.

10 Lent in: Jaeger, KO, (Fn. 8), § 30 Anm. 5.

11 Vgl. Uhlenbruck in: Kuhn/ Uhlenbruck, (Fn. 2), § 30 Rn. 6; sowie Henckel in: Jaeger, Konkursordnung, 9. Aufl., 1997, § 30 Rn 25.

12 Obermüller, DB 1973, 267 [269].

13 Lent beschreibt auch den umgekehrten Fall, in dem die Aktiva zwar stark überwiegen, der Schuldner diese aber nicht kurzfristig verwerten kann und dadurch in die Illiquidität fällt: Jaeger, KO, (Fn. 8), § 30 Anm. 5.

14 Lent in: Jaeger, KO, (Fn. 8), § 30 Anm. 5; Obermüller, DB 1973, 267 [269].

15 Aus Motive zu: Entwurf KO 1875, S. 319.

16 Als Anfang des Concurses sah auch Dabelow den Zeitpunkt, an dem nach gerichtlicher Geltendmachung der Forderung das Schuldnervermögen nicht mehr ausreicht, um alle Gläubiger zu befriedigen: Almendingen, (Fn. 2), S. 19 f.

17 Wörtlich genommen müsste man das lateinische Wort *concurrere* als „das Zusammentreten der Gläubiger“ in das Deutsche übersetzen. Passender ist aber die transponierende Übersetzung als „die Concurrenz der Gläubiger“: Vgl. Almendingen, (Fn. 2), S. 13 ff.

18 Almendingen, (Fn. 2), S. 13 ff.

19 Uhlenbruck, DZWIR 2007, 1.

der Schuldner daher auch zum Gemeinschuldner, dem „*debitor communis creditorum concurrentium.*“[20]

Der Eintritt der Insolvenz ist gleichermaßen der Beginn der Phase des materiellen Concurs[21], in welcher sich die Gläubiger mangels formellen Übergangs der Dispositionsbefugnis[22] noch an die Person des Schuldners selbst halten.[23] *Uhlenbruck* beschreibt den Zeitpunkt der materiellen Insolvenz dahingehend, dass hier „*der wirtschaftliche Zusammenbruch des Schuldners feststeht oder sich jedenfalls schon deutlich abzeichnet.*“[24]

Materielle Insolvenz ist also ein Zustand des Schuldners, und ist dabei allenfalls spätestens die im Gesetz[25] als Tatbestandsmerkmal festgelegte, sich nun nach außen abzeichnende Zahlungsunfähigkeit des Schuldners.

Spätestens mit dem Eintritt der Concurrenz dürfte der Schuldner regelmäßig endgültig zahlungsunfähig werden, worauf üblicherweise unmittelbar der formelle Concurs folgen wird.[26] Der formelle Concurs[27] beginnt mit der Eröffnung des Insolvenzverfahrens, in welchem zur Vermeidung eines „*Krieges aller gegen alle*“[28] das Prioritätsprinzip durch den Grundsatz *par condicio creditorum* aus § 1 InsO ersetzt wird. Er dauert bis zu der offiziellen Aufhebung des Insolvenzverfahrens nach § 200 InsO.

Den formellen Konkurs beschrieb der Gesetzgeber von 1879 bis heute noch vollkommen zutreffend:

> „Wenn ein Schuldner sich außerstande erweist, alle seine Gläubiger vollständig zu befriedigen, so muß das Gesetz die Gläubiger davor schützen, daß die Befriedigung, die ein jeder zu fordern hat, nicht beeinträchtigt werde durch eine Verschleuderung des Vermögens seitens des Schuldners, durch den Hinzutritt neuer Schulden, durch das Vorgreifen oder durch die Begünstigung einzelner Gläubiger.

---

20 Zu dem Begriff „Gemeinschuldner“ aus der KO, Weber in: Jaeger, Konkursordnung, 8. Aufl., 1973, § 102 Rn. Einl. 2.

21 Zum Begriff und dessen Bedeutung bereits Almendingen, (Fn. 2), S. 13 ff.; sowie Dabelow, Ausführliche Entwicklung der Lehre vom Concurse der Gläubiger, Halle 1801, S. 677.

22 Dabelow, (Fn. 21), S. 675 f.; und Foerste, (Fn. 2), Rn. 1.

23 Almendingen, (Fn. 2), S. 15 f.

24 Uhlenbruck in: Kuhn/Uhlenbruck, (Fn. 2), § 30 Rn 2.

25 Vgl. § 17 InsO, früher § 102 KO.

26 Vgl. Foerste, (Fn. 2), Rn. 1; so auch Dabelows Theorie zum Anfangszeitpunkt des Concurs: Almendingen, (Fn. 2), S. 19 f.; und Uhlenbruck in: Kuhn/Uhlenbruck, (Fn. 2), § 30 Rn 2.

27 Almendingen, (Fn. 2), S. 15 f.

28 Baumann, Konkurs und Vergleich, 2. Aufl., 1981, § 3 IV, S. 15.

Das Zahlungsunvermögen des Schuldners und die Kollision der gegen ihn bestehenden Forderungen erzeugt für jeden Gläubiger den rechtlichen Anspruch, daß nunmehr das gesammte Vermögen zur gesetzlich geregelten Vertheilung unter die sämmtlichen vorhandenen Gläubiger und nur unter sie verwendet werde. Diesen Anspruch, allen Gläubigern gemeinsam und den Konkurs begründend, soll durch die Eröffnung und Durchführung des Verfahrens verwirklicht werden.“[29]

Der formelle Concurs umfasst somit neben der Feststellung der Zahlungsunfähigkeit des Schuldners durch das Insolvenzgericht vor allem die Haftungsverwirklichung des schuldnerischen Vermögens und damit die Wahrung des Grundsatzes par condicio creditorum.

Anhand eines Zeitstrahls lässt sich diese beschriebene Chronologie der Insolvenz wie folgt darstellen:

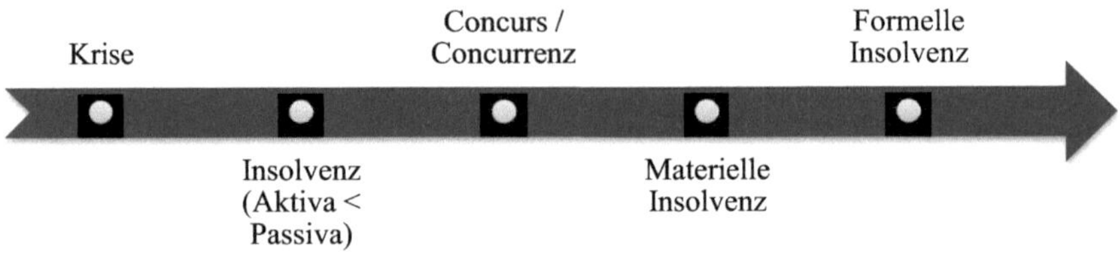

Die zeitliche Abfolge des Eintritts der einzelnen Phasen ist dabei zumindest zwischen den ersten vier sehr eng, möglicherweise sogar zeitgleich. Lediglich die Formelle Insolvenz kann deutlich später begründet werden.

2. Bedeutung der „Materiellen Insolvenz“ für das gerichtliche Verfahren

Innerhalb des deutschen Insolvenzrechts gibt es *„ausschließlich kriteriengebundene Eröffnungen von Insolvenzverfahren.“*[30] Der § 16 InsO setzt deshalb für eine etwaige Eröffnung eines Insolvenzverfahrens durch das Insolvenzgericht voraus, dass ein Eröffnungsgrund i.S.d. §§ 17 bis 19 InsO vorliegt. Ist der Schuldner nun nicht mehr in der Lage, seine fälligen Zahlungspflichten zu erfül-

---

29 Hahn, Die gesamten Materialien zu den Reichsjustizgesetzen, 4. Band, Berlin 1898, S. 44.

30 Drukarczyk/Schüler in: Kölner Schrift zur Insolvenzordnung, 2. Auflage, 2000, S. 95 Rn. 1.

len, so ist er zahlungsunfähig gemäß § 17 InsO. Diese materielle Insolvenz[31] hat das Insolvenzgericht nach § 16 InsO positiv festzustellen, um das Insolvenzverfahren gemäß § 27 InsO zu eröffnen.[32] Mit der Eröffnung des Verfahrens begründet das Gericht die formelle Insolvenz[33] des Schuldners und schafft die Voraussetzungen für die Haftungsverwirklichung des Schuldnervermögens im Insolvenzverfahren.[34] Dabei findet ein tiefer Eingriff in die Grundrechte des Schuldners aus Art. 2 Abs. 1, 12 und 14 GG statt[35], weshalb das Insolvenzgericht bei der Feststellung des Vorliegens der Eröffnungsvoraussetzungen seiner Amtsermittlungspflicht aus § 5 InsO zu genügen und alle hierfür erforderlichen Umstände sorgfältig zu ermitteln hat.[36]

Die Tatsache der Antragsstellung, gleich ob in Form eines Eigenantrags nach §13 InsO oder eines Fremdantrags nach § 14 InsO, begründet zwar einen Anhaltspunkt für das Vorliegen eines Eröffnungsgrundes, kann jedoch nur selten für die Überzeugung des Gerichts ausreichend sein.[37] Aus diesem Grund wird sich das Gericht in der Regel eines Sachverständigengutachtens bedienen[38], welches die Eröffnungsgründe aus den §§ 17 bis 19 InsO zum Gegenstand hat und geeignet ist, die notwendige Überzeugung des Richters herzustellen.[39]

Das Gericht stellt anschließend mit dem Eröffnungsbeschluss nach § 27 InsO und dessen öffentlicher Bekanntmachung gemäß § 30 i.V.m. § 9 InsO amtlich und nach außen wirkend[40] fest, dass der Schuldner - zumindest im Zeitpunkt der Eröffnung[41] - zahlungsunfähig und damit materiell insolvent ist.[42]

---

31 Vgl. Foerste, (Fn. 2), Rn. 1, wobei dies einer der spätesten Zeitpunkte der materiellen Insolvenz ist. Er liegt kurz vor dem Eintritt der formellen Insolvenz.

32 Schmerbach in: FK-InsO, 6. Auflage, 2011, § 16 Rn. 1 ff.

33 Vgl. Foerste, (Fn. 2), Rn. 1.

34 Zu den „Grundlagen“ des Insolvenzverfahrens: Häsemeyer, Insolvenzrecht, 4. Aufl., 2007, Rn. 1.11 ff.

35 Heilmann/Smid, Grundzüge des Insolvenzrechts, 2. Aufl., 1994, S. 50 Fn. 1; auch Himmelsbach/Thonfeld, NZI 2001, 11 [15].

36 Smid, Praxishandbuch Insolvenzrecht, 5. Aufl., 2007, § 4 Rn. 1.

37 Hierauf wird im zweiten Teil noch genauer eingegangen.

38 Smid, Praxishandbuch Insolvenzrecht, (Fn. 36), § 4 Rn. 7.

39 Allgemein zu der hier angesprochenen richterlichen Überzeugung und ihrer Bildung: *Reichold* in: Thomas/Putzo, ZPO, 31. Aufl., 2010, § 286 insb. Rn 2 ff.

40 Smid/Leonhardt in: Leonhardt/Smid/Zeuner, InsO, 3. Aufl., 2010, § 30 Rn. 2 f.

41 BGH, Beschluss vom 27.07.2006 - IX ZB 204/04 = NZI 2006, 693 [695].

42 Smid/Leonhardt in: Leonhardt/Smid/Zeuner, InsO, (Fn. 40), § 27 Rn. 3.

II. Der zentrale Begriff der Zahlungsunfähigkeit

Den zentralen Begriff sowohl der formellen als auch der materiellen Insolvenz bildet die Zahlungsunfähigkeit.[43] Bei der Ermittlung der Zahlungsunfähigkeit und der damit verbundenen Subsumtion unter den Begriff ist es gleich, ob das Vorliegen für die nahe Zukunft, § 18 InsO, Gegenwart, § 17 InsO, oder eben, wie im Falle der retrograden Ermittlung, Vergangenheit ermittelt werden soll.[44] Der Begriff ist einheitlich zu verstehen und hat stete Gültigkeit.

Die Zahlungsunfähigkeit kann sich dabei tatsächlich ausschließlich auf eine Geldilliquidität beziehen.[45] Die Sach- bzw. Warenilliquidität des Schuldners mag zwar in der Folge zu einer Geldilliquidität führen, begründet allerdings keine Zahlungsunfähigkeit im insolvenzrechtlichen Sinne.[46]

Zu Zeiten der Konkursordnung (KO) war das Merkmal der Zahlungsunfähigkeit in § 102 Abs. 1 KO enthalten. Der Begriff selbst wurde erst durch die Rechtsprechung[47] konkretisiert und von dieser als *„das auf dem Mangel von Zahlungsmitteln beruhende andauernde Unvermögen des Schuldners, seine sofort zu erfüllenden Geldschulden noch im Wesentlichen zu berichtigen“*[48] definiert. Schon in § 102 Abs. 2 KO war die bedeutsamste *„Äußerung der Zahlungsunfähigkeit“*[49] erfasst: die Zahlungseinstellung. Die Feststellung, dass Zahlungsunfähigkeit vorliegt sah der BGH[50], dem RG[51] folgend, schon zur Zeit der KO *„im wesentlichen auf tatrichterlichem Gebiet.“*[52]

Mit Ablösung der Konkursordnung durch die Insolvenzordnung (InsO) im Jahr 1999 ist der Begriff der Zahlungsunfähigkeit durch den Gesetzgeber refor-

---

43 Schon 1797: Almendingen, (Fn. 2), S. 13 ff.; für die KO, Weber in: Jaeger, KO, (Fn. 20), § 102 Rn. 2; für die InsO: Foerste, (Fn. 2), § 1 Rn. 1.

44 Fachausschuss Recht IDW, ZIP 2009, 201 [205].

45 Vgl. A. I. 1.

46 Vgl. Uhlenbruck in: Kuhn/ Uhlenbruck, (Fn. 2), § 30 Rn. 6; sowie Henckel in: Jaeger, KO, (Fn. 11), § 30 Rn 25.

47 Zu dem Begriff in st. Rspr.: zuerst: RG, Urteil vom 22.02.1882 – Rep. I. 668/81 = RGZ 6, 95 [96]; RG, Urteil vom 17.12.1901 – VII. 386/ 01 50 = RGZ 50, 39 [41] m.w.N.; später: BGH, Urteil vom 30.04.1959 – VIII ZR 179/58 = WM 1959, 891; Urteil vom 10.01.1985 - IX ZR 4/84 = NJW 1985, 1785.

48 Weber in: Jaeger, KO, (Fn. 20), § 102 Rn 2.

49 Weber in: Jaeger, KO, (Fn. 20), § 102 Rn.2.

50 BGH, Urteil vom 30.04.1959 – VIII ZR 179/58 = WM 1959, 891.

51 RG, Urteil vom 06.01.1933 – VII 247/32 = WarnRsp. 1933 Nr. 30, S. 57 [60].

52 BGH, Urteil vom 11.10.1961 - VIII ZR 113/60 = NJW 1962, 102 [103].

miert und zugleich erstmals legaldefiniert worden.[53] Der Gesetzgeber hat die gegebene Definition dabei bewusst „*sehr weit gefasst.*“[54] In der Legaldefinition der Zahlungsunfähigkeit des § 17 Abs. 2 S. 1 InsO heißt es: „*Der Schuldner ist zahlungsunfähig, wenn er nicht in der Lage ist, die fälligen Zahlungspflichten zu erfüllen. Zahlungsunfähigkeit ist in der Regel anzunehmen, wenn der Schuldner seine Zahlungen eingestellt hat.*“ Die in § 17 Abs. 2 S. 2 InsO genannte widerlegliche Vermutung[55] der Zahlungsunfähigkeit bei Zahlungseinstellung ist auch unter Geltung der InsO die „*stärkste*“[56] oder besser die eindeutigste Form der Zahlungsunfähigkeit.

Der Begriff der Zahlungsunfähigkeit bleibt jedoch, trotz des Bestrebens eine gesetzliche Definition zu schaffen, weiter stark auslegungsbedürftig. Er wurde immer wieder durch die Rechtsprechung[57] und die Wissenschaft[58] fortentwickelt und konkretisiert. Geprägt durch praktische, juristische und wirtschaftliche Entwicklungen sowie ständig neu auftretende Einzelfragen, stehen die Bewertungskriterien aber auch weiterhin ständig im Fluss und bedürfen damit einer jeweiligen konkreten Einzelfallbetrachtung anhand der entwickelten Kriterien.[59] Deshalb gilt es, diese Kriterien auszuwerten und zu betrachten, um so den Begriff der materiellen Insolvenz zu klären, welcher sich schon aufgrund der zeitlichen Divergenz nicht mit dem der Zahlungsunfähigkeit aus § 17 InsO decken kann.

III. Bedürfnis der retrograden Ermittlung der Zahlungsunfähigkeit

Die „eigentliche Zahlungsunfähigkeit“, also die materielle Insolvenz, wird der Zahlungseinstellung regelmäßig weit vorausgehen[60] und nicht unmittelbar mit ihrem Eintritt offenbar werden.[61] Gerade bei juristischen Personen beruht der

53 Vgl. Begründung RegE-InsO, BT-Drucks. 12/2443, 1 [114]; und Weber in: Jaeger, KO, (Fn. 20), § 102 Rn. 2.

54 Smid, Praxishandbuch Insolvenzrecht, (Fn. 36), § 3 Rn. 52.

55 Begründung RegE-InsO, BT-Drucks. 12/2443, 1 [114].

56 Uhlenbruck in: Gottwald, Insolvenzrechts-Handbuch, 3. Aufl., 2006, § 6 Rn. 4.

57 Exemplarisch: BGH, Urteil vom 20.11.2001 - IX ZR 48/01 = NZI 2001, 91; besonders Urteil vom 24.05.2005 - IX ZR 123/04 = NZI 2005, 547.

58 Vgl. hierzu: Smid, Praxishandbuch Insolvenzrecht, (Fn. 36), § 3 Rn. 54 m.w.N. insb. Fn. 118 bis 122.

59 Haarmeyer/Wutzke/Förster, Handbuch der vorläufigen Insolvenzverwaltung, 1. Aufl., 2011, § 8 Rn. 53 et passim.

60 Leithaus in: Andres/Leithaus, Insolvenzordnung, 2. Aufl., 2011, § 17 Rn. 3.

61 Schon zur KO, Hess in: Hess, Konkursordnung, 4. Aufl., 1993, § 102 Rn. 12.

Eintritt der Zahlungsunfähigkeit nach § 17 InsO meist auf der schon weit vorher eingetretenen Überschuldung nach § 19 InsO, und ist somit erst ein späteres Sichtbarwerden der eigentlichen materiellen Insolvenz.[62] Dies gilt gleichermaßen für natürliche Personen. Auch bei diesen ist ebenso häufig bereits vor der Zahlungsunfähigkeit eine Überschuldung eingetreten. Diese ist jedoch für natürliche Personen kein Insolvenzeröffnungsgrund.

Bei juristischen Personen gehen diese Erkenntnisse sogar soweit, dass man den erstmaligen Eintritt der materiellen Insolvenz etwa 10 bis 12 Monate vor der eigentlichen Zahlungsunfähigkeit vermuten kann.[63] Eine Studie der *KDLB GmbH*[64] hat 326 Verfahren auf den erstmaligen Eintritt der materiellen Insolvenz untersucht: Bei rund 23 % der Verfahren lag der Eintritt der materiellen Insolvenz mehr als zwei Jahre zurück. Knapp 20 % der Verfahren beruhten auf einer seit einem Jahr andauernden materiellen Insolvenz. Bei rund 27 % lag der Eintritt der materiellen Insolvenz immerhin nur knapp 6 Monate zurück. Weniger als 3 Monate vor Antragstellung trat die materielle Insolvenz bei nur 10 %, länger als 3 Monate bei rund 19 % der Verfahren ein. Aus der Untersuchung ergibt sich, dass der Eintritt der materiellen Insolvenz im Mittel 10,28 Monate vor der Antragsstellung liegt.

In dem Zeitraum zwischen Eintritt der materiellen und Begründung der formellen Insolvenz werden regelmäßig verschiedene für die Masse nachteilige Handlungen vorgenommen. Der Schuldner wird noch Zahlungen leisten, Unternehmensvermögen veräußern und den Geschäftsbetrieb weiter herunterwirtschaften. Die retrograde Ermittlung dient daher in erster Linie der Ermittlung der Soll-Masse, um hieraus die Ist-Masse mit den im Insolvenzrecht zur Verfügung stehenden Mitteln wieder anzureichern und aufzufüllen.[65] Vielfach ist eine kostendeckende Masse nur durch die Rückführung der ihr vor Antragsstellung entzogenen Werte zu erreichen.[66] Die retrograde Ermittlung des Zeitpunktes der materiellen Insolvenz schafft hierfür die Voraussetzungen, indem sie den *„Ankerplatz"*[67] festlegt, von dem aus die Rückgewinnung erfolgen kann. Der Zeitpunkt der materiellen Insolvenz ist zum einen Grundlage verschiedener anfech-

---

62 Hierzu untersuchend: Kirstein, ZInsO 2008, 131 [132].

63 Vgl. Anhörung des Rechtsausschusses des Dt. Bundestages vom 09.04.2008, ZInsO 2008, 367 [369].

64 Abgedruckt bei: Kirstein, ZInsO 2006, 966 [967]; eine weitere Studie der KDLB GmbH bei: Kirstein, ZInsO 2008, 131 ff.

65 Hierzu grundlegend: Haarmeyer, ZInsO 2009, 1273 ff.

66 Haarmeyer, ZInsO 2009, 1273 [1279].

67 Haarmeyer/Wutzke/Förster, (Fn. 59), § 8 Rn. 19.

tungs-[68] und haftungsrechtlicher[69] Ansprüche, zum anderen begründet er Antragspflichten für die Organe juristischer Personen gemäß § 15a InsO. Aber auch wirtschaftsstrafrechtlich ist der Zeitpunkt der Zahlungsunfähigkeit für die Tatbestände der §§ 283 bis 283d StGB relevant.

Die Notwendigkeit der retrograden Ermittlung der Zahlungsunfähigkeit lässt sich somit konkret an einer Frage festmachen, die von höchster praktischer Relevanz ist:

Wann konnte der Schuldner bereits vor der gerichtlichen Feststellung seiner Zahlungsunfähigkeit seine fälligen Verbindlichkeiten nicht mehr bedienen?

1. Bedeutung für die Insolvenzanfechtung nach den §§ 129 ff. InsO

Die Vorschriften der Insolvenzanfechtung, §§ 129 ff. InsO, sichern den Grundsatz *par condicio creditorum*[70], indem sie dem Insolvenzverwalter die Möglichkeit der Anfechtung von Rechtshandlungen und der „*Rückführung von Vermögenswerten, die sachlich ungerechtfertigt aus dem Vermögen des Insolvenzschuldners ausgeschieden sind*“[71] eröffnen. Zentrale Begrifflichkeiten der Insolvenzanfechtung und der Vorsatzanfechtung[72] nach den §§ 129 ff. InsO sind die *Zahlungsunfähigkeit* und die *Kenntnis* des jeweiligen Anfechtungsgegners. Das objektive Kriterium der „materiellen Insolvenz“ ist, neben dem subjektiven Element der „Kenntnis“, konstituierende Bedingung für den Anspruch der Insolvenzanfechtung.[73]

Zeitlich eröffnet die besondere Insolvenzanfechtung nach den §§ 130 bis 132 InsO verschiedene Fristen von einem bis zu drei Monaten vor der Antragsstellung.

---

68 Hier die §§ 130 bis 132 InsO.

69 Die § 64 GmbHG, § 92 Abs. 2 AktG und § 130a Abs. 2 HGB.

70 Smid, Praxishandbuch Insolvenzrecht, (Fn. 36), § 20 Rn. 1.

71 Zeuner in: Leonhardt/Smid/Zeuner, InsO, (Fn. 40), § 129 Rn. 1.

72 Hierzu im Allgemeinen: Zeuner, Anfechtung in der Insolvenz, 2. Aufl., 2007, §§ 3 und 4.

73 Schon zur Konkursordnung, Walter Gerhardt in: FS „Einhundert Jahre Konkursordnung 1877 – 1977“, S. 111 [130]; zur InsO, Zeuner in: Leonhardt/Smid/Zeuner, InsO, (Fn. 40), § 130 Rn. 16 und 19.

Der Eröffnungsantrag markiert hier den *„anfechtungsrelevanten Zeitpunkt“*.[74] Auf der Grundlage des Eröffnungsantrags sind Rechtshandlungen *nach* Antragsstellung nach den §§ 130 Abs. 1 Nr. 2 und 132 Abs. 1 Nr. 2 InsO anfechtbar, vorausgesetzt der Gläubiger hatte Kenntnis von dem Antrag oder der Zahlungsunfähigkeit. Aus § 131 Abs. 1 Nr. 1 InsO ist die Möglichkeit eröffnet, alle Rechtshandlungen bis zu einem Monat vor Antragsstellung direkt anzufechten.

Für die weitergehenden Anfechtungen von bis zu 3 Monaten gemäß §§ 130 Abs. 1 Nr. 1, 131 Abs. 1 Nr. 2 und 132 Abs. 1 Nr. 1 InsO ist die Zahlungsunfähigkeit des Schuldners zu den jeweiligen Zeitpunkten der Vornahme der Rechtshandlungen nachzuweisen.[75] Der Eröffnungsantrag ist zwar der anfechtungsrelevante Zeitpunkt, kann aber im Anfechtungsrecht keine Vermutung der Zahlungsunfähigkeit für den Zeitraum vor der Antragsstellung begründen.[76] Die häufig erst drei Monate[77] nach dem Eröffnungsantrag durch den Eröffnungsbeschluss festgestellte formelle Insolvenz taugt hier nicht als Beweis, sondern ist vielmehr gerichtlich testierter – und spätester - Zeitpunkt, ab dem die retrograde Ermittlung der materiellen Insolvenz vorzunehmen ist.

Von diesem Zeitpunkt der Feststellung der Zahlungsunfähigkeit und Eröffnung des Verfahrens, wird der Anfechtungszeitraum zum Schutz der Gläubiger auf den Zeitraum vor Eröffnung des Verfahrens ausgedehnt.[78] Der anfechtungsrelevante Zeitpunkt bleibt der Insolvenzantrag, welcher durch die Vorschriften der besonderen Insolvenzanfechtung jedoch um bis zu drei Monate vorverlagert wird.

Im Fall der Vorsatzanfechtung des § 133 InsO wird der anfechtungsrelevante Zeitpunkt, sofern der Nachweis gelingt, sogar um bis zu 10 Jahre vorverlagert.[79] Der § 133 Abs. 1 S. 2 InsO enthält dabei eine Vermutung, dass der An-

---

74 Vgl. Zeuner, Anfechtung in der Insolvenz, (Fn. 72), § 2 Rn. 30 sowie insbes. § 3 Rn. 100, 140 und 165.

75 Vgl. Zeuner in: Leonhardt/Smid/Zeuner, InsO, (Fn. 40), § 130 Rn. 1 ff., § 131 Rn. 1 ff. und § 133 Rn. 1 ff.; sowie Smid, Praxishandbuch Insolvenzrecht, (Fn. 36), § 21 Rn. 13 ff.

76 Aus diesem Grund hat die Rspr. diverse Vermutungen konstruiert, welche die Beweisführung hier erleichtern.

77 Die Zahl ist begründet auf dem Insolvenzgeldzeitraum: Haarmeyer/Wutzke/Förster, (Fn. 59), § 12 Rn. 53 und 54; ebenfalls zu dem Zusammenhang der „Verfahrensfinanzierung durch Vorfinanzierung des Insolvenzgeldes“: Smid, Praxishandbuch Insolvenzrecht, (Fn. 36), § 4 Rn. 101 ff. m.w.N.

78 Zeuner, Anfechtung in der Insolvenz, (Fn. 72), § 1 Rn. 1.

79 Vgl. Zeuner, Anfechtung in der Insolvenz, (Fn. 72), § 4 Rn. 171 ff.

fechtungsgegner Kenntnis von dem Gläubigerbenachteiligungsvorsatz hatte, wenn dieser wusste, dass die Zahlungsunfähigkeit zumindest schon drohte. Auch hier ist die retrograde Ermittlung der materiellen Insolvenz fundamental für die zeitliche Ausdehnung des Anfechtungszeitraums. Denn, wenn anhand der Ermittlung nachgewiesen werden kann, dass der Schuldner womöglich schon vor 10 Jahren zahlungsunfähig war, gelingt eventuell hinzutretend auch noch der Beweis der Kenntnis des Anfechtungsgegners sowie des Gläubigerbenachteiligungsvorsatzes. Diese Kombination eröffnet Zeiträume, die extrem werthaltig sein können.

Die Ermittlung des Zeitpunktes des erstmaligen Eintritts der materiellen Insolvenz eröffnet somit überhaupt erst Anfechtungsräume. Der retrograd ermittelte Zeitpunkt markiert den *„Ankerplatz“*, von welchem aus die Rückgewinnung und Rückführung der der Insolvenzmasse entzogenen Vermögenswerte überhaupt erst erfolgen kann.[80]

2. Bedeutung für die Geschäftsführerhaftung nach § 64 GmbHG

Wie bei der Insolvenzanfechtung ist der maßgebliche Anknüpfungspunkt bei der Geschäftsführerhaftung aus § 64 GmbHG die Zahlungsunfähigkeit. Der § 64 GmbHG begründet einen Ersatzanspruch eigener Art der Gesellschaft gegen ihre Geschäftsführer[81], welchen der Insolvenzverwalter bei Vorliegen der Voraussetzungen im Namen der Gesellschaft geltend machen kann.[82] Nach Meinung des BGH zu § 64 GmbHG a.F.[83] *„hat der Gesetzgeber der Konkursmasse ein zusätzliches Mittel zur rationellen Wiederauffüllung der ihr vorher entzogenen Vermögenswerte zur Verfügung gestellt.“*[84]

Konkret ist der Geschäftsführer nach § 64 S. 1 GmbHG gegenüber der Gesellschaft für alle nach Eintritt der Zahlungsunfähigkeit oder Feststellung der Überschuldung noch geleisteten Zahlungen ersatzpflichtig.

---

80 Haarmeyer/Wutzke/Förster, (Fn. 59), § 8 Rn. 19.

81 Haas in: Baumbach/Hueck, GmbH-Gesetz, 19. Aufl., 2010, § 64 Rn. 7.

82 Haas in: Baumbach/Hueck, GmbH-Gesetz, (Fn. 81), § 64 Rn. 13.

83 In der Fassung vor dem MoMiG vom 01.11.2008. Heute jedoch ebenso gültig, da die Ersatzpflicht weiterhin in § 64 S. 1 GmbHG normiert ist.

84 BGH, Urteil vom 18.12.1995 - II ZR 277/94 = NJW 1996, 850 [851].

Der Umfang des Anspruchs wird durch den ersatzpflichtigen Zeitraum bestimmt. Dieser wiederum wird von der konkreten Feststellung des Zeitpunktes des erstmaligen Eintritts der Zahlungsunfähigkeit bedingt. Auch bei der Geschäftsführerhaftung können weder der Insolvenzantrag noch der Eröffnungsbeschluss eine Ersatzpflicht oder eine Vermutung hierfür begründen. Somit wird auch dieser Anspruch erst mit Inhalt gefüllt, wenn der Zeitpunkt des erstmaligen Eintritts der materiellen Insolvenz retrograd ermittelt und damit der Umfang der Ersatzpflicht bestimmt werden kann.[85]

3. Bedeutung für die Straftatbestände der §§ 283 ff. StGB

Umfassende Bedeutung erlangt die materielle Insolvenz im Rahmen der §§ 283 ff. StGB. Diese Tatbestände stellen ebenfalls auf die Zahlungsunfähigkeit des Schuldners bzw. hier Täters ab. Dabei ist aber nicht die Zahlungsunfähigkeit im Sinne von § 17 InsO Anknüpfungspunkt der Strafbarkeit. Die §§ 283 ff. StGB stellen allein auf die materielle Insolvenz und deren Erkennbarkeit für den Schuldner bzw. in diesem Kontext Täter ab. Daher ist hier der Zeitpunkt des erstmaligen Eintritts der materiellen Insolvenz zu ermitteln, um die Frage zu klären, wann diese genau eintrat, und ob bzw. wann der Täter diese wahrnahm.[86]

Der Abschnitt der Insolvenzdelikte in den §§ 283 ff. StGB ist dabei ein Teil des Strafrechts, welcher wesentlich auf zivilrechtliche Wertungen und Erkenntnisse zurückgreift.

4. Feststellung der materiellen Insolvenz in der Praxis

a. Gutachterpraxis – mangelnde Feststellung in Gutachten

Materielle Insolvenz tritt mit der erstmaligen Zahlungsunfähigkeit des Schuldners ein. Formelle Insolvenz mit der Eröffnung des Insolvenzverfahrens durch das Insolvenzgericht.[87] Die Basis beider bildet die Zahlungsunfähigkeit als Begriff, welcher hier verschiedene Bedeutungen hat. Die mit der formellen Insolvenz fest verbundene, und von dem Gericht gemäß § 16 i.V.m. § 5 InsO im Vorverfahren zu treffende[88] amtliche Feststellung der Zahlungsunfähigkeit nach

85 Entsprechendes gilt für die Ansprüche aus § 92 Abs. 2 AktG und § 130a Abs. 2 HGB.
86 Bittmann, Insolvenzstrafrecht, 1. Aufl., 2004, § 11 Rn. 69.
87 Vgl. Foerste, (Fn. 2), Rn. 1.
88 Schmerbach in: FK-InsO, (Fn. 32), § 16 Rn. 1 ff.

§ 17 InsO, ist der erste Schritt auf dem Weg zur retrograden Ermittlung. Der die Feststellung statuierende Eröffnungsbeschluss nach § 27 InsO gibt denjenigen Zeitpunkt vor, ab welchem die Ermittlung retrograd vorzunehmen ist.

Die der Eröffnung zugrundeliegende Zahlungsunfähigkeit nach § 17 InsO wird regelmäßig durch einen vom Insolvenzgericht nach § 5 oder § 22 Abs. 1 Nr. 3 InsO bestellten Gutachter festgestellt. Im Zeitpunkt der Begutachtung hat der Schuldner den Moment der materiellen Insolvenz jedoch in eigentlich allen Fällen bereits überschritten und ist evident zahlungsunfähig i.S.v. § 17 InsO. Die drohende Zahlungsunfähigkeit nach § 18 InsO, und damit auch die nur drohende materielle Insolvenz, ist in der Praxis nahezu irrelevant.[89]

In 90 %[90] der Gutachten wird der Zeitpunkt der Zahlungsunfähigkeit nach § 17 InsO ermittelt, nicht aber der Zeitpunkt der materiellen Insolvenz. Gründe hierfür sind der Aufwand der Ermittlung und damit verbundene Kosten, aber auch das Motiv, spätere Anfragen der Staatsanwaltschaft zu vermeiden.[91] Dabei ist eben diese Feststellung essentiell, zum einen für die strafrechtliche Verfolgung von Insolvenzstraftaten gemäß §§ 283 ff. StGB, noch viel mehr aber für die oben genannten Ansprüche und damit für ein Rückgängigmachen von Vermögensverschiebungen zu Lasten der Gläubiger und auch der öffentlichen Haushalte.[92]

Das Bedürfnis, den Zeitpunkt der materiellen Insolvenz retrograd zu ermitteln, geht in der Praxis soweit, dass 2008 in einer Anhörung von Sachverständigen durch den Rechtsausschuss des deutschen Bundestages der Entwurf eines Gesetzes zur Effizienzsteigerung und Verbesserung der Verwalterauswahl im Insolvenzverfahren[93] vorgelegt wurde. Mit diesem sollte der § 22 Abs. 1 Nr. 3 InsO dahingehend ergänzt werden, dass er in seiner Gesamtheit gelautet hätte: *„zu prüfen, in welchem Zeitraum die Insolvenz des Schuldners eingetreten ist und ob das Vermögen des Schuldners die Kosten des Verfahrens decken wird; das Gericht kann ihn zusätzlich beauftragen, als Sachverständiger zu prüfen, ob*

---

89 So auch Nickert in: Nickert/Lamberti, Überschuldungs- und Zahlungsunfähigkeitsprüfung im Insolvenzrecht, 2. Aufl., 2011, Rn. 210.

90 Anhörung des Rechtsausschusses des Dt. Bundestages vom 09.04.2008, ZInsO 2008, 367 [369].

91 Anhörung des Rechtsausschusses des Dt. Bundestages vom 09.04.2008, ZInsO 2008, 367 [369].

92 Anhörung des Rechtsausschusses des Dt. Bundestages vom 09.04.2008, ZInsO 2008, 367 [369].

93 Anhörung des Rechtsausschusses des Dt. Bundestages vom 09.04.2008, ZInsO 2008, 367 [369].

ein Eröffnungsgrund vorliegt und welche Aussichten für eine Fortführung des Unternehmens des Schuldners bestehen."

Damit wäre der vorläufige Verwalter gesetzlich verpflichtet worden, die materielle Insolvenz in seinem Gutachten festzustellen. Der Entwurf wurde jedoch nicht aufgegriffen und auch im aktuell beschlossenen ESUG[94] findet sich keine dementsprechende Änderung. Die Feststellung und Ermittlung der materiellen Insolvenz steht somit scheinbar im Belieben des vorläufigen Verwalters und Gutachters. Aufgrund der essentiellen Bedeutung der Ermittlung und des so gefundenen Zeitpunktes sollte die retrograde Ermittlung jedoch Pflichtbestandteil eines jeden Gutachtens sein. Sie kann zudem nicht nur den vorläufigen Verwalter nach § 22 Abs. 1 Nr. 3 InsO betreffen, sondern muss auch für jeden nach § 5 InsO gerichtlich bestellten Gutachter verpflichtend sein.

Den Gutachter im Antrags- oder vorläufigen Verfahren sollte prinzipiell die Pflicht treffen, den Zeitpunkt des erstmaligen Eintritts der materiellen Insolvenz zu ermitteln. Sollte dieser nicht offensichtlich feststehen – was er in praxi niemals tun wird -, so ist der Zeitpunkt zumindest annähernd, unter Angabe eines Monats oder Quartals, im Gutachten festzustellen. Diese zugestandene grobe Feststellung berücksichtigt dabei den erheblichen Aufwand, den die Ermittlung verursacht, und für welche im Antragsverfahren meist keine Zeit bleibt, da hierdurch die Eröffnung verzögert würde.[95] Die präzise Feststellung ist dann aber anschließend, im eröffneten Verfahren vorzunehmen.[96] Hier ist die Masse durch den Insolvenzbeschlag, §§ 35, 36 InsO, endgültig gesichert, und damit die Möglichkeit zur aufwändigen Ermittlung gegeben. Wird der Zeitpunkt des erstmaligen Eintritts der materiellen Insolvenz im Gutachten nicht einmal grob festgestellt, so können auch etwaige daraus resultierende Ansprüche nicht erfasst werden. Ein solches Gutachten ist faktisch wertlos.[97]

b. Der abgelehnte Vorschlag des § 157 RegE-InsO

Der Vorschlag des Sachverständigenkreises aus 2008[98], die materielle Insolvenz „offiziell" durch den Gutachter feststellen zu lassen, war nicht vollständig neu.

---

94 Entwurf eines Gesetzes zur weiteren Erleichterung der Sanierung von Unternehmen (ESUG), vom Dt. Bundestag beschlossen am 27.10.2011, Inkrafttreten am 01.01.2012: BT-Drucks. 17/7511.

95 So auch Begründung RegE-InsO, BT-Drucks. 12/2443, 1 [164].

96 Vgl. den Vorschlag von: Haarmeyer/Wutzke/Förster, (Fn. 59), § 8 Rn. 19.

97 Haarmeyer, ZInsO, 2009, 1273 [1280].

98 Anhörung des Rechtsausschusses des Dt. Bundestages vom 09.04.2008, ZInsO 2008, 367 [369].

Schon 1999 sah der Regierungsentwurf der InsO in § 157 RegE-InsO ein gerichtliches Feststellungsverfahren zur Ermittlung der Zahlungsunfähigkeit vor.[99] Der § 157 RegE-InsO sollte wie folgt lauten:

§ 157 RegE-InsO

Feststellung der Zahlungsunfähigkeit

(1) Auf Antrag des Insolvenzverwalters stellt das Insolvenzgericht fest, zu welchem Zeitpunkt der Schuldner zahlungsunfähig geworden ist. Das Gericht kann sich auf die Feststellung beschränken, daß die Zahlungsunfähigkeit jedenfalls zu einem bestimmten Zeitpunkt vorgelegen habe; eine solche Entscheidung kann auch als Teilentscheidung ergehen. Vor der Entscheidung sind der Schuldner und die Personen zu hören, die der Verwalter dem Gericht als mutmaßliche Anfechtungsgegner benannt hat.

(2) Gegen die Entscheidung steht dem Verwalter und den benannten Personen die sofortige Beschwerde zu. Die rechtskräftige Entscheidung ist in einem Rechtsstreit zwischen dem Verwalter und einer benannten Person bindend.

(3) Das Gericht kann anordnen, daß die Kosten, die zur zweckentsprechenden Erledigung der Angelegenheit notwendig waren, vom Verwalter oder von einer benannten Person ganz oder teilweise zu erstatten sind, wenn dies der Billigkeit entspricht. Hat einer der Beteiligten Kosten durch unbegründetes Rechtsmittel oder durch grobes Verschulden veranlaßt, so sind ihm die Kosten aufzuerlegen.

Der Gesetzgeber ging hiermit auf das Bedürfnis der Praxis ein, den Zeitpunkt des erstmaligen Eintritts der Zahlungsunfähigkeit festzustellen und wollte deshalb gesetzlich ein einheitliches Verfahren zur Feststellung schaffen. Der § 157 RegE-InsO sah daher vor, dass das Insolvenzgericht als zuständige Stelle im eröffneten Verfahren den Zeitpunkt des erstmaligen Eintritts der Zahlungsunfähigkeit ermittelt und durch Beschluss einheitlich feststellt.[100] Das Feststellungsverfahren sollte nur auf Antrag des Verwalters bei vorliegendem Bedürfnis aufgrund von ermittelten und zu beweisenden Anfechtungsansprüchen durchgeführt werden.[101] Die Möglichkeit der Feststellung sah der Gesetzgeber dabei zutreffend nur im eröffneten Verfahren, da bei Ermittlung im Antragsverfahren die

99 Begründung RegE-InsO, BT-Drucks. 12/2443, 1 [164 ff.].
100 Begründung RegE-InsO, BT-Drucks. 12/2443, 1 [164].
101 Begründung RegE-InsO, BT-Drucks. 12/2443, 1 [164].

Eröffnung verzögert würde.[102] Im Feststellungsverfahren nach § 157 RegE-InsO sollten zudem die Anfechtungsgegner, aus Gründen des verfassungsrechtlichen Grundsatzes auf rechtliches Gehör aus Art. 103 Abs. 1 GG, die Möglichkeit erhalten, sich zu dem Zeitpunkt der Zahlungsunfähigkeit zu äußern.[103] Würde diese Anhörung im Antragsverfahren stattfinden, so wäre eine Verzögerung der Eröffnung vorbestimmt.

Dem Verwalter wäre anhand dieses Beschlusses die Durchsetzung von Haftungs- und Anfechtungsansprüchen überaus leicht gefallen. Er hätte unter Vorlage des Gerichtsbeschlusses handeln können. Eine Beweisführung wäre aufgrund des Beschlusses nicht mehr nötig bzw. stark vereinfacht gewesen, und auch eine Prozessführung wäre zumeist obsolet geworden, da aufgrund der Beweiskraft des Beschlusses außergerichtliche Einigungen überaus wahrscheinlich geworden wären.[104]

Der Rechtsausschuss hat den § 157 RegE-InsO allerdings nicht mehr in die endgültige Fassung der InsO übernommen.[105] Nach seiner Auffassung wären mit der Einführung dieses Verfahrens die Insolvenzgerichte zusätzlich belastet worden. Der Rechtsausschuss sah zudem die Zuständigkeit zur Feststellung der Zahlungsunfähigkeit weiter bei den jeweiligen ordentlichen Prozessgerichten. Daneben verweist er auf etwaige Musterprozesse, in denen die Zahlungsunfähigkeit festzustellen ist.[106]

In dem Ansatz des § 157 RegE-InsO erkennt man die enorme Bedeutung der retrograden Ermittlung. Sie ist maßgeblich für die Durchsetzbarkeit von insolvenzspezifischen Ansprüchen, nicht zuletzt im Prozess. Der Eröffnungsbeschluss nach § 27 InsO für sich ist zum Beweis der Zahlungsunfähigkeit nicht geeignet, da er das Vorliegen zu einem Zeitpunkt feststellt, welcher für die Durchsetzung von Anfechtungs- und Haftungsansprüche irrelevant ist. Hier wäre ein inhaltlich verschiedener und eigenständiger Gerichtsbeschluss erforderlich, wie der § 157 RegE-InsO ihn vorsah. Einen solchen gesetzlich einzuführen, hat der Gesetzgeber jedoch 1999 versäumt.

---

102 Begründung RegE-InsO, BT-Drucks. 12/2443, 1 [164].

103 Begründung RegE-InsO, BT-Drucks. 12/2443, 1 [165].

104 Vgl. Begründung RegE-InsO, BT-Drucks. 12/2443, 1 [164].

105 Beschlußempfehlung Nr. 90 des Rechtsausschusses des Deutschen Bundestages, BT-Drucks. 12/7302, 1 [174].

106 Vgl. Beschlußempfehlung Nr. 90 des Rechtsausschusses des Deutschen Bundestages, BT-Drucks. 12/7302, 1 [174].

Wie *Uhlenbruck*[107] treffend ausführt, hat der Gesetzgeber hier außerdem die Möglichkeit versäumt, Erfahrungen mit kollektiver Rechtsdurchsetzung zu sammeln, wie sie im Ausland durchaus üblich ist. Eine solche kollektive, einheitliche Feststellung wäre an dieser Stelle überaus sinnvoll, da die Feststellung der Zahlungsunfähigkeit verschiedenste Wirkungen gegenüber dem Schuldner, Gläubigern und auch anderen Personen entfaltet. Eine solche würde außerdem nicht nur Gerichte entlasten, sondern auch Kosten sowohl für den Verwalter als auch für den Anfechtungsgegner minimieren, da aufgrund des Feststellungsbeschlusses außergerichtliche Einigungen zur Vermeidung eines Prozesses überaus wahrscheinlich sind.

Da das Feststellungsverfahren 1999 nicht in die InsO aufgenommen wurde und eine nachträgliche Einführung nicht zu erwarten ist, bleibt die retrograde Ermittlung weiter im Zuständigkeitsbereich des Gutachters bzw. später Insolvenzverwalters. Ihre Bedeutung besteht unvermindert fort.

IV. Chronologische Einordnung des Zeitpunktes und erste Gedanken zu der Materiellen Insolvenz

Der Zeitpunkt der materiellen Insolvenz liegt zeitlich vor dem der Feststellung des Eröffnungsgrundes der Zahlungsunfähigkeit i.S.d. § 17 InsO zur Begründung der formellen Insolvenz. Begrifflich ist die materielle Insolvenz zunächst nichts anderes als die Zahlungsunfähigkeit, deren Begriff unstreitig im gesamten Insolvenzrecht einheitlich zu verstehen ist.[108] Dem Begriff der Zahlungsunfähigkeit kommt im Zusammenhang mit der materiellen Insolvenz, und hier mit der Bedeutung für die Haftungs- und Anfechtungsansprüche, jedoch eine gewisse Zwitterstellung zu. Die Zahlungsunfähigkeit ist zum einen Eröffnungsgrund in § 17 InsO, zum anderen maßgeblich für die Tatbestände der §§ 129 ff. InsO, § 64 GmbHG und §§ 283 ff. StGB. Im Rahmen dieser Tatbestände geht es jedoch nicht um den mit dem § 17 InsO verbundenen Eröffnungsgrund der Zahlungsunfähigkeit, sondern allein um die materielle Insolvenz als anspruchsbegründenden Zeitpunkt. Somit ist der Begriff gedanklich zu trennen, wobei in beiden dann entstehenden Bedeutungen die Kriterien und maßgeblichen Erkenntnisse zu der Zahlungsunfähigkeit die gleichen bleiben.

---

107 Uhlenbruck in: Uhlenbruck, InsO, 13. Aufl., 2010, § 139 Rn. 7.

108 BGH, Urteil vom 24.05.2005 – IX ZR 123/04 = NZI 2005, 547 ff.

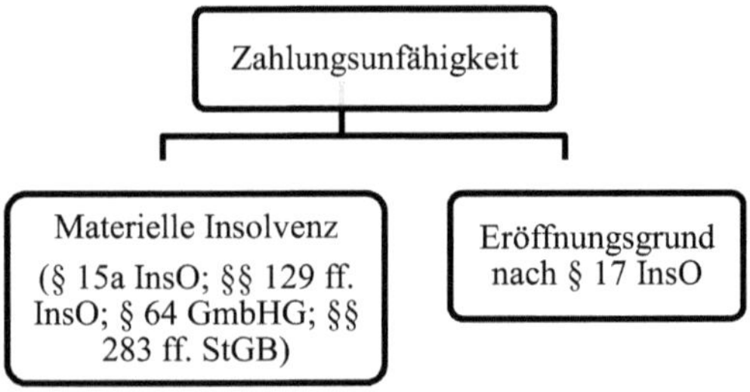

Die materielle Insolvenz ist ein eigenständiger Zeitpunkt innerhalb des Insolvenzrechts. Das Gesetz stellt mehrfach auf ihn ab, wenn es im Rahmen der Insolvenzanfechtung, der Insolvenzstraftaten und der gesellschaftsrechtlichen Haftungsnormen von Zahlungsunfähigkeit spricht. Ausdrücklich genannt wird der Begriff der materiellen Insolvenz aber nicht. Dies ist sicherlich dem Umstand geschuldet, dass der Gesetzgeber[109], so wie es auch der BGH[110] beschreibt, einen einheitlichen Zahlungsunfähigkeitsbegriff wollte. Im Rahmen der retrograden Ermittlung des Zeitpunktes der materiellen Insolvenz erlangen jedoch zusätzlich zu den Kriterien der Feststellung der Zahlungsunfähigkeit i.R.d. § 17 InsO noch weitere Indizien Bedeutung, womit sich der Begriff nicht allein durch die Erkenntnisse zu § 17 InsO definiert.

Der Begriff der Zahlungsunfähigkeit muss flexibel sein, um so eine Vielzahl und vor allem die in der Realität der Insolvenz auftretende Vielfalt der Fälle abzudecken. Auf der anderen Seite ist eine gewissermaßen strenge sowie feste Definition des Begriffes erforderlich, um zu einer kriteriengebundenen Eröffnung[111] zu kommen, und die damit verbundenen Eingriffe in Schuldnerrechte rechtfertigen zu können.[112]

Der Begriff der materiellen Insolvenz muss im Verhältnis hierzu in gewissem Maße noch flexibler sein. Er kann sich in keinem Fall allein über eine Zahlungseinstellung definieren, da diese die späteste Äußerung der Zahlungsunfähigkeit ist. Zudem ist eine nachträgliche Ermittlung des Eintritts schwierig, womit auf weichere Kriterien und Indizien abzustellen sein muss.

---

109 Begründung RegE-InsO, BT-Drucks. 12/2443, 1 [114 und 157 f.].

110 BGH, Urteil vom 24.05.2005 – IX ZR 123/04 = NZI 2005, 547 ff.

111 Drukarczyk/Schüler in: Kölner Schrift zur Insolvenzordnung, (Fn. 30), S. 95 Rn. 1.

112 Heilmann/Smid, (Fn. 35), S. 50 Fn. 1; auch Himmelsbach/Thonfeld, NZI 2001, 11 [15].

V. Vorgehen im Rahmen der Arbeit

Um den erstmaligen Eintritt der Zahlungsunfähigkeit tatsächlich retrograd ermitteln zu können, geht es vordergründig darum, Indizien und Anzeichen der materiellen Insolvenz ausfindig zu machen und zu deuten. Dabei spielen die zu der Zahlungsunfähigkeit i.S.v. § 17 InsO gewonnenen Erkenntnisse die zentrale Rolle. Daneben erlangt die Zahlungseinstellung im Rahmen der wirtschaftskriminalistischen Methode eine große Bedeutung. Weiter sind aber auch betriebswirtschaftliche Methoden bei der retrograden Ermittlung nicht zu vernachlässigen.

Zunächst ist zu klären, welche Elemente der Begriff der Zahlungsunfähigkeit grundsätzlich enthält, und welche Tatbestandsmerkmale diesen unbestimmten Rechtsbegriff ausmachen. Erschwert wird dies durch die Vielfalt der Fälle, die der einzelne Begriff der Zahlungsunfähigkeit abdeckt und auch gerade durch seine Unbestimmtheit abzudecken bestimmt ist.

Die Insolvenzordnung, und damit auch ihr Zahlungsunfähigkeitsbegriff, gelten nun rund 14 Jahre und orientieren sich inhaltlich sowie in ihrer Systematik an der Konkursordnung. Deshalb muss es gerade auch um eine Analyse des Begriffs gehen, welche die Entwicklung seit seiner Einführung 1879 mit einbezieht. Die Berücksichtigung der Auffassungen aus der Rechtsprechung, Literatur und Praxis allein zur InsO wäre unzureichend.

Im Anschluss daran muss es darum gehen, diese theoretischen Ansätze und Gedanken auf die Praxis zu übertragen. Dabei müssen die theoretischen Verfahren und Maßstäbe zur Prüfung einer Zahlungsunfähigkeit dargelegt und hieran aufgezeigt werden, wie solche in der Praxis funktionieren und sich bewähren.

Stets zu bedenken ist dabei, dass der Begriff einem natürlichen Wandel der gesellschaftlichen und wirtschaftlichen Bedingungen unterliegt, welcher eine ständige Aktualisierung erfordert und es dabei auch gebietet, von schon gefundenen Ansätzen Abstand zu nehmen.

Jedoch erlangen auch gerade alte oder gar verworfene Ansätze der Ermittlung der Zahlungsunfähigkeit im Rahmen dieser vorzunehmenden Analyse von Anzeichen und Indizien der materiellen Insolvenz Bedeutung, um zu einem Ergebnis zu kommen, welches in seiner Entstehung alle Faktoren berücksichtigt.

Teil 1: Der Begriff der Zahlungsunfähigkeit

B. Kapitel 2: Die Zahlungsunfähigkeit unter Geltung der Konkursordnung

Erstmals für den deutschen Raum einheitlich und damit den Zustand der *„territorialen Rechtszersplitterung“*[113] beendend, wurde der Begriff der Zahlungsunfähigkeit 1879 in die Konkursordnung und dort in § 102 eingeführt.[114] Zuvor führten zwischen 1753 und 1869 nur Preußen[115] und die Länder Hamburg, Bremen, Baden, Bayern und Schleswig-Holstein in ihren Konkursgesetzen den Begriff der Zahlungsunfähigkeit.[116]

Seit seiner Einführung in die KO 1879 ist der Begriff mehrfach konkretisiert und fortentwickelt worden. Im Jahr 1999 kam es mit Einführung der InsO und der Legaldefinition in § 17 InsO im Rahmen der großen Insolvenzrechtsreform auch zu einer Reform des Begriffes der Zahlungsunfähigkeit.

I. Die Einführung des Begriffes durch den Gesetzgeber

Die Konkursordnung war in Ihrer endgültigen Fassung 1879[117] hoch gelobt. So schrieb *Ernst Jaeger*:

> „Unsere KO. entstammt einer großen Zeit. Von Meisterhand entworfen, die Errungenschaften einer langen Rechtsentwicklung des In- und Auslandes nutzend und den Verkehrsbedürfnissen mit sicherem Empfinden Rechnung tragend, hat sie sich bald den Ruhm erworben, die Perle unter den Reichsjustizgesetzen zu sein.“[118]

---

113 Götz, KTS 2003, 1 [15].

114 Zuvor war das Konkursrecht auf Länderebene geregelt und ausgeformt und damit völlig uneinheitlich; bis zu der Einführung der Preußischen Konkursordnung 1855 sogar innerhalb des Königreichs Preußen selbst, dazu ausführlich: vgl. Hahn, (Fn. 29), S. 435 f.; und Götz, KTS 2003, 1 [12 ff.].

115 Die preußische Konkursordnung von 1855 war für viele Teile der KO ausdrückliches Vorbild: Motive zu: Entwurf KO 1875, S. 1 ff.; Uhlenbruck in: FS „Einhundert Jahre Konkursordnung 1877 – 1977“, 3 [14].

116 Vgl. Götz, KTS 2003, 1 [15], dort Fn. 81.

117 Zu dem Gesetzgebungsverfahren der KO, Lent in: Jaeger, KO, (Fn. 8), Einl. 1., S. XLV.

118 Jaeger, Fünfzig Jahre Konkursordnung, Deutsche Juristen-Zeitung 1930, 33 [34].

Eine gesetzliche Definition des Begriffs der Zahlungsunfähigkeit fand sich, trotz der scheinbaren Vollkommenheit der Konkursordnung, aber nicht in § 102 KO.[119]

§ 102 KO

(1) Die Eröffnung des Konkursverfahrens setzt die Zahlungsunfähigkeit des Gemeinschuldners voraus.

(2) Zahlungsunfähigkeit ist insbesondere anzunehmen, wenn Zahlungseinstellung erfolgt ist.

Der damalige Gesetzgeber verzichtete bewusst auf eine Definition sowohl der Zahlungsunfähigkeit als auch der Zahlungseinstellung. Die damit einhergehenden Schwächen nahm er dabei in Kauf, schuf aber gleichzeitig den auch heute noch „*unentbehrlichen Auffangtatbestand*“[120], welcher denjenigen Zeitpunkt definiert, an dem der Schuldner spätestens die Haftungsverwirklichung seines Vermögens einem Verwalter zu überlassen hat.[121]

Nach der damaligen gesetzgeberischen Auffassung musste die Zahlungsunfähigkeit aufgrund der Vielfalt ihrer Ausformungen und ihrer äußeren Erscheinung, in welche sie getreten sein muss, der „*Beurtheilung des Richters im konkreten Falle*“[122] überlassen bleiben.[123] Gerade aufgrund der Theorie der freien Überzeugung des Richters, heute § 286 ZPO[124], war der damalige Gesetzgeber der Auffassung, dass eine „*Exemplifikation*“[125] der Zahlungsunfähigkeit entbehrlich gewesen sei.[126] Nur die Nennung der Zahlungseinstellung erschien dem Gesetzgeber angemessen, da diese die häufigste Erscheinungsform und „*direkte Äußerung*“[127] der Zahlungsunfähigkeit ist.[128]

---

119 Im Gegensatz zu dem heute geltenden § 17 InsO.
120 Schmidt, JZ 1982, 165 [166].
121 Schmidt, JZ 1982, 165 [166].
122 Motive zu: Entwurf KO 1875, S. 323.
123 Motive zu: Entwurf KO 1875, S. 323.
124 Zu der Entwicklung des Grundsatzes der freien richterlichen Überzeugung, Prütting in: Münchener Kommentar ZPO, 3. Aufl., 2008, § 286 Rn. 1 und insb. 2.
125 Motive zu: Entwurf KO 1875, S. 323.
126 Motive zu: Entwurf KO 1875, S. 323.
127 Motive zu: Entwurf KO 1875, S. 323.
128 Motive zu: Entwurf KO 1875, S. 323.

Die Begriffe der Zahlungsunfähigkeit und der Zahlungseinstellung sind in der Konkursordnung so offen formuliert worden, dass es einer ausgedehnten Auslegung der Begriffe bedurfte, um noch nicht einmal abschließende Maßstäbe[129] herauszubilden, wann die Zahlungsunfähigkeit eines Schuldners anzunehmen ist.

Genau dieser offenen Formulierung bedarf es in praxi aber auch. In der Realität der Insolvenz treten so verschiedene Arten von Schuldnern, Krisen und damit Äußerungen der materiellen Insolvenz auf, dass eine Festlegung auf *die eine* scheinbar maßgebliche und immer gültige Definition der Zahlungsunfähigkeit der Vielfalt keine Rechnung tragen würde und auch rechtspolitisch falsche Konsequenzen hätte. Der Schuldner könnte, für ihn ungünstig, zu früh als insolvent gelten. Er könnte aber auch, den Gläubigern ungünstig, zu spät als insolvent gelten. Es bedarf daher, wie immer bei unbestimmten Rechtsbegriffen, der Entwicklung von Merkmalen und handwerklichen Mitteln zur Bestimmung, wann der Begriff einschlägig ist.[130]

II. Die Zahlungseinstellung

In § 102 Abs. 2 KO war die Zahlungseinstellung im Gesetzeswortlaut erwähnt. Dort hieß es: „*Zahlungsunfähigkeit ist insbesondere anzunehmen, wenn Zahlungseinstellung erfolgt ist.*" Die Begriffe der Zahlungseinstellung und der Zahlungsunfähigkeit sah schon der Gesetzgeber von 1875 als unweigerlich verbunden an. Schon nach damaliger Auffassung musste die allgemeine Zahlungseinstellung ihren Grund in der Zahlungsunfähigkeit haben.[131] Auch in der Literatur wurde die Zahlungseinstellung als die „*stärkste Form*"[132] und die bedeutsamste „*Äußerung*"[133] der Zahlungsunfähigkeit gesehen.

Die Zahlungseinstellung war schon zur Zeit der KO[134] ein gesetzlich normiertes und damit festgelegtes „*Indiz*"[135] oder auch „*Beweisanzeichen*"[136] der Zahlungsunfähigkeit. Eine Definition, wann eine Zahlungseinstellung vorliegt, hat der Gesetzgeber 1875 aber ebenfalls bewusst nicht formuliert.[137]

---

129 Hierzu im Folgenden.
130 Motive zu: Entwurf KO 1875, S. 323.
131 Vgl. Motive zu: Entwurf KO 1875, S. 323.
132 Uhlenbruck in: Kuhn/ Uhlenbruck, (Fn. 2), § 102 Rn. 2 f.
133 Weber in: Jaeger, KO, (Fn. 20), § 102 Rn 2.
134 Wie auch im heute geltenden § 17 InsO.
135 Henckel in: Jaeger, KO, (Fn. 11), § 30 Rn. 12.
136 Uhlenbruck in: Kuhn/Uhlenbruck, (Fn. 2), § 30 Rn. 2.
137 Motive zu: Entwurf KO 1875, S. 323.

1. Bestimmung über § 113 Preußische Konkursordnung

In der preußischen Konkursordnung, welche Vorbild für die KO war, war die Zahlungseinstellung in § 113 PrKO geregelt und nur für Kaufleute Konkurseröffnungsgrund.[138] Die Zahlungseinstellung erläuterte der preußische Gesetzgeber 1855 in § 113 PrKO dahingehend, dass der kaufmännische Konkurs stattfinde, wenn ein Kaufmann[139] seine Zahlungen einstelle. Weiter definierte er:

> „Die Zahlungseinstellung ist vorhanden, wenn der Gemeinschuldner seine Zahlungsunfähigkeit selbst erklärt oder wegen Zahlungsunfähigkeit sein Geschäft schließt, oder wenn andere Umständen vorliegen, aus welchen erhellt, daß der Gemeinschuldner in dem Zustande der Zahlungsunfähigkeit sich befindet."[140]

Diese Erläuterung der Zahlungseinstellung, welche der KO-Gesetzgeber einen *„Fingerzeig an die Praxis"*[141] nannte, vereint in sich gerade einmal zwei Beispiele, wann eine Zahlungseinstellung vorliegt. Dabei ist es im Prinzip vollkommen überflüssig zu erwähnen, dass eine Zahlungseinstellung vorliegt, wenn der Kaufmann sein Geschäft schließt oder eine Erklärung abgibt, dass er seine Zahlungen einstelle. Die Nennung von *„anderen Umständen"*[142], aus denen sich die Zahlungsunfähigkeit *„erhellt"*, ist im Endeffekt ebenso unbestimmt und wenig geeignet, den Begriff näher zu definieren, wie es auch später unter der KO der Fall sein sollte. In den nach § 113 PrKO folgenden Erläuterungen sieht der preußische Gesetzgeber diese Schwäche selbst und meint, dass *„das Richtige und dem Leben entsprechende sehr bald von den Gerichten erkannt werden"* wird.[143]

Die Erläuterung zu § 113 PrKO taugt somit kaum auf dem Weg zur Findung einer Definition der Zahlungseinstellung, da der Gesetzgeber in § 113 PrKO[144] maßgeblich auf die Beurteilung des Einzelfalls abstellt. Festzuhalten ist aber der Gedanke, dass nur eine, die verschiedenen Konstellationen der Insolvenzpraxis widerspiegelnde, Rechtsprechung der Aufgabe, den Begriff der Zahlungsunfähigkeit zu definieren, gerecht werden kann. Ebenfalls festzuhalten ist die statuierende Aussage aus den Erläuterungen zu § 113 PrKO:

---

138 Wentzel/Klose, Preußische Konkursordnung, Berlin 1855, S. 231 ff.

139 Der Konkurs war unter der Preußischen Konkursordnung personell nur für Kaufleute vorgesehen. Namentlich für den Handelsmann, den Schiffsreeder und den Fabrikbesitzer.

140 Vgl. § 113 PrKO, abgedruckt bei Wentzel/Klose, (Fn. 138), S. 231 f.

141 Dem Sinn nach, vgl. Motive zu: Entwurf KO 1875, S. 323.

142 Vgl. § 113 PrKO, abgedruckt bei Wentzel/Klose, (Fn. 138), S. 231 f.

143 Wentzel/Klose, (Fn. 138), S. 236.

144 Wie auch später; hierzu im Folgenden.

> „Sie (die Zahlungseinstellung) enthält schon den thatsächlichen Ausbruch des Konkurses in sich.“[145]

2. Ansatz über den Entwurf für ein Handelsgesetzbuch der preußischen Staaten von 1875

In den Motiven zu dem Entwurf eines Handelsgesetzbuches der preußischen Staaten von 1857 schreibt der gleiche Gesetzgeber, der auch die PrKO entwarf, zu der Zahlungseinstellung:

> „Eine erschöpfende Begriffsbestimmung lässt sich nicht geben. Die Zahlungseinstellung ist eine nach der unendlichen Verschiedenheit der Fälle in den verschiedensten Weisen zur Erscheinung kommende Thatsache, deren Auffassung der Anschauung des Falles des kaufmännischen Verkehrslebens und der vernünftigen Einsicht des Richters anheimgegeben werden muss.“[146]

Hieran wird noch einmal deutlich, dass die Zahlungseinstellung in der Praxis auf so vielfältige Weise nach außen in Erscheinung tritt, dass es stets der tatrichterlichen Einzelfallbeurteilung bedarf, um zu einem den Anforderungen an einen Eröffnungstatbestand genügenden Ergebnis zu kommen. Eben diese Verschiedenheit und Vielfalt der Fälle aus der Praxis macht es beinahe unmöglich, eine Definition der Zahlungseinstellung zu liefern. Begründet ist diese Schwierigkeit aber nicht nur durch die große Vielfalt von Fällen, die eine Definition abdecken muss, sondern primär durch das in dem Begriff der Zahlungsunfähigkeit enthaltene Problem: Der Abgrenzung der beachtlichen Zahlungseinstellung von der *„äußerlich gleichartigen“*[147] bloßen Zahlungsstockung.

3. Wert für die retrograde Ermittlung

Festzuhalten ist mit den Motiven zu der KO von 1875, dass sich die Zahlungsunfähigkeit nicht allein anhand der Zahlungseinstellung feststellen lässt. Die Zahlungseinstellung ist jedoch charakteristisch für die Zahlungsunfähigkeit, weshalb ihr Begriff letztendlich immer der für die Eröffnung des Konkurses maßgebliche sein kann.[148]

Diese mittlerweile fast 140 Jahre alte Auffassung hat auch heute noch Geltung. Allein die Zahlungseinstellung kann zwar nicht das omnipotente Kriterium

---

145 Wentzel/Klose, (Fn. 138), S. 233.

146 Aus Motive: Entwurf eines Handelsgesetzbuches für die preußischen Staaten, Berlin 1857, S. 373.

147 Schmidt, JZ 1982, 165.

148 Motive zu: Entwurf KO 1875, S. 324 und 325.

der Feststellung der Zahlungsunfähigkeit sein, sie ist aber charakteristisch[149] für diese. Schon im Begriff der Zahlungseinstellung sind noch weitergehend verschiedene Formen, nämlich die allgemeine und die wesentliche, zu unterscheiden. Festzuhalten ist aber mit *Karsten Schmidt*: „*Zahlungsunfähigkeit – insbesondere Zahlungseinstellung als manifeste Zahlungsunfähigkeit – ist das vollkommene Abbild der Insolvenz.*“[150]

Die Zahlungseinstellung ist unmittelbar mit dem Begriff der Zahlungsunfähigkeit verbunden. Dies gilt in dem Maße, dass man die Begriffe in ihrer Bedeutung als deckungsgleich sehen kann, diese aber in zeitlicher Hinsicht divergieren. Aus diesem Grund lässt sich der Begriff der Zahlungsunfähigkeit nicht ohne den Begriff der Zahlungseinstellung klären und umgekehrt. Insgesamt lässt die Bedeutung der Zahlungseinstellung und ihre enge Verbundenheit mit der Zahlungsunfähigkeit die Zahlungseinstellung aus § 102 Abs. 2 KO als für die Annahme des Vorliegens des Konkurseröffnungsgrundes ausreichend erscheinen. Die Zahlungseinstellung wird so beinahe zu einem eigenen Eröffnungsgrund erhoben.[151]

Für die retrograde Ermittlung ist die Zahlungseinstellung jedoch nur begrenzt von Nutzen. Unzweifelhaft besitzt die Zahlungseinstellung große Relevanz bei der Feststellung der Zahlungsunfähigkeit. Diese erlangt sie, da sie die stärkste und deutlichste Form der Zahlungsunfähigkeit ist und in ihr die Zahlungsunfähigkeit unzweifelhaft zu Tage tritt. Damit verbunden ist jedoch zwangsläufig auch, dass die Zahlungseinstellung das zuletzt hervortretende Anzeichen der Zahlungsunfähigkeit ist. Der Zeitpunkt der Zahlungseinstellung markiert zwar auch immer einen Zeitpunkt der materiellen Insolvenz, jedoch niemals den des erstmaligen Eintritts.

Der Schuldner wird vor einer kompletten Zahlungseinstellung – möglicherweise auch mehrfach - die Phase einer Zahlungsstockung durchschreiten. Wann in einer solchen Phase nicht mehr eine bloße Zahlungsstockung, sondern eine Zahlungseinstellung zu sehen ist, ist daher die eigentliche Frage. Ein Nutzen für die retrograde Ermittlung ergibt sich somit nur mittelbar aus der Zahlungseinstellung. Der hier erkannte Nutzen liegt vielmehr in der Abgrenzung der Zahlungsstockung von der Zahlungseinstellung, also in der Bestimmung des genauen Zeitpunkts des Umschlagens.

---

149 Motive zu: Entwurf KO 1875, S. 325.

150 Schmidt, JZ 1982, 165 [167].

151 Dies gilt sowohl für den damaligen § 102 KO als auch de lege lata für den § 17 InsO.

III. Fortentwicklung des Begriffs der Zahlungsunfähigkeit durch die Rechtsprechung und die Wissenschaft

1. Prägen einer Definition - Delegation des Gesetzgebers an die Praxis

Mangels einer Definition durch den Gesetzgeber blieb die Auslegung des Begriffes der Zahlungsunfähigkeit, und damit auch des Begriffes der Zahlungseinstellung, der Rechtsprechung und der Wissenschaft vorbehalten. Das Finden und Festlegen einer Definition war und ist allerdings von größter Notwendigkeit. Wie *Smid*[152] betont, wird mit der Konkurseröffnung tief in Rechte des Schuldners eingegriffen, weshalb eine juristische Definition der Konkurseröffnungstatbestände unabdingbar ist.

Karsten Schmidt meinte zu dieser Praxis, die Ausformung des Begriffes der Rechtsprechung und Wissenschaft zu überlassen: „In jedem Gesetzgebungsverfahren gibt es Fragen, die der politisch verantwortungsvolle Gesetzgeber notwendigerweise klären muss, andere Fragen, die er nach Kräften klären sollte und schließlich andere, die der Diskussion in Rechtsprechung und Wissenschaft überlassen werden sollten.“[153]

Dieser Auffassung von *Karsten Schmidt* ist voll zuzustimmen. Selbst ein Gesetzgeber, der aufmerksam alle praktischen Entwicklungen verfolgt und versucht diese zeitnah legislativ umzusetzen, kann nicht in der gebotenen Geschwindigkeit reagieren und damit dem praktischen Geschehen Rechnung tragen. Gerade bei einem Begriff, wie dem der Zahlungsunfähigkeit, welcher in der Praxis nahezu unüberschaubar vielfältige Ausformungen hat, ist es zunächst angezeigt unbestimmte Grundbegriffe zu schaffen und die inhaltlichen Fragen der Rechtsprechung und der Wissenschaft zu überlassen. Unkritisch ist jedoch das Schaffen einer inhaltlich sehr groben und weiten[154] Definition der Zahlungsunfähigkeit in § 17 Abs. 2 InsO nach nunmehr fast 135 Jahren der Meinungs- und Maßstabsbildung eben durch Rechtsprechung und Wissenschaft.

---

152 Heilmann/Smid, (Fn. 35), S. 50 Fn. 1.

153 Schmidt, ZGR 1986, S. 179 [195].

154 Smid, Praxishandbuch Insolvenzrecht, (Fn. 36), § 3 Rn. 52.

2. Der Weg der Entwicklung einer Definition

Die ersten wesentlichen Aussagen zu dem Begriff der Zahlungseinstellung und zu der Abgrenzung derselben zu der unbeachtlichen Zahlungsstockung machte das RG im Jahr 1882. Damals noch etwas grob und noch nicht als fließende Definition, sah es die Merkmale der dauerhaften Zahlungseinstellung hinsichtlich der Allgemeinheit der fälligen Schulden als begriffsbestimmend an.[155] Das RG sah die Zahlungsunfähigkeit als ein Faktum, welches sich aus der Gesamtlage und dem Gesamtverhalten des Schuldners ergebe.[156] Dabei ist nach dem RG Zahlungsunfähigkeit aber auch die *„nicht völlige Entblößung von allen Mitteln und das Fehlen jeder Aussicht auf weitere Einnahmen."*[157] Deshalb könne derjenige Schuldner *„der seine fälligen, Befriedigung erheischenden Forderungen ganz oder zu einem wesentlichen Teile, und zwar voraussichtlich dauernd, nicht mehr zu erfüllen vermag"*[158] auch noch nicht zwingend als zahlungsunfähig angesehen werden, solange er noch über Mittel verfügt und mit diesen Zahlungen leistet.

Diese Aussage deutet vom Wortlaut her geradezu auf materielle Insolvenz hin. Das RG nahm diese aber aufgrund von noch geleisteten Zahlungen nicht an. Begründet wurde diese Auffassung vom RG damit, dass der Schuldner, der seinen Betrieb in der Krise fortführt, weiterhin Einnahmen erzielen wird, welche er zur Befriedigung seiner Gläubiger einsetzt, um den Konkurs zu verzögern. Aus diesem Grund kann Zahlungsunfähigkeit nach Auffassung des RG erst angenommen werden, wenn *„der Gemeinschuldner entweder ausdrücklich seine Zahlungen einzustellen erklärt, oder seinen Zahlung verlangenden Gläubigern zu einem wesentlichen Teile ihrer Ansprüche aus dem zur äußeren Erscheinung gelangenden Grunde der Insolvenz Befriedigung werden zu lassen aufhört."*[159] Das RG unterstrich somit das als wichtigstes Kriterium der Feststellung der Zahlungsunfähigkeit des Schuldners gesetzlich definierte Merkmal der Zahlungseinstellung aus § 102 Abs. 2 KO. Zudem war der Schuldner nach diesen Wertungen auch als zahlungsunfähig i.S.d. § 102 Abs. 1 KO anzusehen, wenn er zwar noch Zahlungen leistete, diese aber unwesentlich waren.[160]

---

155 RG, Urteil vom 22.02.1882 – Rep. I. 668/81 = RGZ 6, 95 [96].

156 RG, Urteil vom 05.12.1905 – VII 114/05 = JW 1906, 92.

157 RG, Urteil vom 17.12.1901 – Rep. VII. 386/ 01 50 = RGZ 50, 39 [41] m.w.N.

158 RG, Urteil vom 17.12.1901 – VII. 386/ 01 50 = RGZ 50, 39 [41] m.w.N.

159 RG, Urteil vom 17.12.1901 – VII. 386/ 01 50 = RGZ 50, 39 [41] m.w.N.; im Einklang mit den Motiven zu: Entwurf KO 1875, S. 323 am Ende.

160 RG, Urteil vom 17.12.1901 – VII. 386/ 01 50 = RGZ 50, 39 [41] m.w.N.; im Einklang mit den Motiven zu: Entwurf KO 1875, S. 323 am Ende.

Im Ergebnis stellte also schon das RG zur näheren Bestimmung des unbestimmten Rechtsbegriffes auf die Kriterien der „Fälligkeit", „Dauer" und „Wesentlichkeit" als substantielle Merkmale der Definition der Zahlungsunfähigkeit ab.

Der Begriff der Zahlungsunfähigkeit wurde im Laufe der Jahre immer weiter durch die Wissenschaft und Rechtsprechung konkretisiert. Diese definierten die Zahlungsunfähigkeit bis zur Ablösung der Konkursordnung durch die InsO in herrschender Meinung als *„das auf dem Mangel von Zahlungsmitteln beruhende andauernde Unvermögen des Schuldners, seine sofort zu erfüllenden Geldschulden noch im Wesentlichen zu berichtigen."*[161] Weiterhin wurde die Zahlungseinstellung als die *„stärkste Form"*[162] und die bedeutsamste *„Äußerung"*[163] der Zahlungsunfähigkeit gesehen. Daneben wurden die Merkmale der „Fälligkeit", der „Dauer" und der „Wesentlichkeit" weiter konkretisiert und als begriffsbestimmend erachtet.

a. Das Merkmal der „Fälligkeit"

aa) Zeitpunkt- oder Zeitraumilliquidität

Die Zahlungsunfähigkeit kann sich nur auf fällige Forderungen beziehen[164], sog. *Zeitpunkt-Illiquidität.*[165] Dieser, vor allem von der Rechtsprechung[166] verfolgte Ansatz, wirkt im ersten Gedankengang folgerichtig. Der Schuldner kann nicht verpflichtet sein, liquide Mittel für nicht fällige Verbindlichkeiten vorzuhalten. Sind die Forderungen der Gläubiger also noch nicht fällig oder gestundet[167], so ist der Schuldner auch nicht zahlungsunfähig. Die Stundung von Forderungen begründet jedoch stets gleichzeitig die Gefahr, dass der Schuldner diese auch in Zukunft nicht zahlen können wird. Zudem wird der Schuldner mit der Aufnahme von Krediten zur Befriedigung einzelner Gläubiger, der Vereinbarung von

---

161 Weber in: Jaeger, KO, (Fn. 20), § 102 Rn 2; Uhlenbruck in: Kuhn/Uhlenbruck, (Fn. 2), § 102 Rn. 2; BGH, Urteil vom 30.04.1959 – VIII ZR 179/58 = WM 1959, 891; Urteil vom 10.01.1985 - IX ZR 4/84 = NJW 1985, 1785.

162 Uhlenbruck in: Kuhn/ Uhlenbruck, (Fn. 2), § 102 Rn. 2 f.

163 Weber in: Jaeger, KO, (Fn. 20), § 102 Rn 2.

164 Uhlenbruck in: Kuhn/Uhlenbruck, (Fn. 2), § 102 Rn. 2c; Henckel in: Jaeger, KO, (Fn. 11), § 30 Rn. 22.

165 Vgl. Kilger, Konkursordnung, 15. Aufl., 1987, § 102 Anm. 2a.

166 Hierzu: BGH, Urteil vom 30.04.1959 – VIII ZR 179/58 = WM 1959, 891; Urteil vom 10.01.1985 - IX ZR 4/84 = NJW 1985, 1785.

167 Henckel in: Jaeger, KO, (Fn. 11), § 30 Rn. 22.

Stundungen sowie der Verwertung der letzten Reserven die Zahlungsunfähigkeit regelmäßig nur hinauszögern können. Die Stundungsvereinbarungen sowie das Ersuchen um weiteren Kredit, werden außerdem als vom Schuldner selbst vorgetragene Anzeichen seiner Zahlungsunfähigkeit zu werten sein.[168]

Der KO war der Eröffnungsgrund der drohenden Zahlungsunfähigkeit fremd. Dieser fand erst mit der Reform 1999 Einzug in § 18 InsO.[169] Jedoch waren, nach schon damals zutreffender Meinung, neben den fälligen auch die in nächster Zeit fällig werdenden Verbindlichkeiten von der Definition der Zahlungsunfähigkeit erfasst[170], sog. *Zeitraum-Illiquidität.*[171]

Der damaligen Auffassung, dass sowohl fällige als auch in nächster Zeit fällig werdende Verbindlichkeiten bei der Bewertung der Zahlungsfähigkeit des Schuldners zu betrachten sind, ist in vollem Umfang zuzustimmen. Der Begriff der Zahlungsunfähigkeit ist schon vom Wortlaut her so auszulegen, dass auch künftige Verbindlichkeiten zu berücksichtigen sind, wenn der Schuldner nach aller Voraussicht und Prognose[172] nicht in der Lage sein wird, diese zu begleichen. Auch unter praktischen Gesichtspunkten war und ist es richtig, den Begriff auf die künftigen Forderungen zu erstrecken. Ein Begriff der Zahlungsunfähigkeit, der sich auch in die Zukunft erstreckt, ermöglicht nicht nur frühere Antragsstellungen und Verfahrenseröffnungen, sondern erleichtert auch die Sanierung. Die Betrachtung eines Zeitraums stellt zudem den Grundsatz von par condicio creditorum sicher.

Der Wandel weg von der Zeitpunkt- hin zu einer Zeitraum-Illiquidität barg und birgt dabei für den Schuldner sowohl positive als auch negative Seiten.[173] Negativ wirkt sich für ihn aus, dass nun seine zukünftigen Schulden mit bewertet werden und damit – zumindest von dem Schuldner als negativ empfunden – das Insolvenzverfahren früher eröffnet werden kann. Positiver Aspekt der Bewertung eines Zeitraumes und nicht nur eines bestimmten Zeitpunktes ist für

168 So auch Henckel in: Jaeger, KO, (Fn. 11), § 30 Rn. 22.

169 Begründung RegE-InsO, BT-Drucks. 12/2443, 1 [114 f.].

170 Für Anfechtung und Eröffnung Uhlenbruck in: Kuhn/Uhlenbruck, (Fn. 2), § 102 Rn. 2c; zumindest als Eröffnungsgrund ausreichend Henckel in: Jaeger, KO, (Fn. 11), § 30 Rn. 22; gegen eine „Vorverlegung des Insolvenztatbestandes": Schmidt, JZ 1982, 165 [167].

171 Hierfür ausdrücklich plädierend: Kilger, (Fn. 165), § 102 Anm. 2a.

172 Zu dem „prognostischen Element" auch Uhlenbruck in: Kuhn/Uhlenbruck, (Fn. 2), § 102 Rn. 2c.

173 Vgl. Baur/Stürner, Insolvenzrecht, 3. Aufl., 1991, 1 [77 f.].

den Schuldner, dass bei einer bloßen Zahlungsstockung aufgrund des zu bewertenden Zeitraumes das Verfahren nicht direkt eröffnet und ihm damit die Verfügungsbefugnis belassen wird, wenn in naher Zukunft frische Liquidität zu erwarten ist.

Das schlagkräftigste Argument für den Wandel hin zu einer Bewertung der Zeitraumilliquidität liefert jedoch *Kilger*, der darauf hinweist, dass die damals vertretene Zeitpunktilliquidität eine „*Ursache der jeder Geldmittel entleerten Konkursmassen und damit auch der großen Zahl nicht eröffnungsfähiger Konkurse*“ war.[174] Diese Tatsache der Vielzahl von massearmen, und damit nicht eröffnungsfähigen, Verfahren war später auch einer der Gründe, von dem „*Konkurs des Konkurses*“[175], oder auch der „*Krise des Insolvenzrechts*“[176] zu sprechen.

Eine Bewertung, welche die erst künftig fällig werdenden Verbindlichkeiten außer Acht lässt, führt zu massearmen Konkursen. Eine solche Bewertung lässt sich dabei wohl nur mit Argumenten des Schuldnerschutzes begründen. Im Konkursverfahren gilt aber vorrangig das Prinzip der Gläubigergleichbehandlung und damit des Gläubigerschutzes. Dem Gedanken von *par condicio creditorum*[177] werden massearme Konkurse nicht gerecht. Schon daher kann im Ergebnis nur das Abstellen auf eine Zeitraumilliquidität in Betracht kommen.

bb) Die Einführung des ernstlichen Einforderns

In herrschender Meinung wurde unter der KO von der Wissenschaft und der Rechtsprechung zusätzlich zu der Fälligkeit der Forderungen gefordert, dass die Gläubiger diese auch ernstlich einfordern müssen.[178] *Henckel* sah das Zahlungsverlangen neben der Fälligkeit sogar als „*selbstständige Voraussetzung der Zahlungsunfähigkeit.*“[179] Für das „ernstliche Einfordern“ sollte jedoch eine einfache

---

174 Kilger, (Fn. 165), § 102 Anm. 2a; dem zustimmend auch Baumann, (Fn. 28), § 5 I 1a, S. 21 [22]; und Uhlenbruck in: Kuhn/Uhlenbruck, (Fn. 2), § 102 Rn. 2c.

175 So Kilger, KTS 1975, 142; Kilger begründet dieses Wortspiel auf dem vom BGH (Urteil vom 27.02.1973 – VI. ZR 118/71 = KTS 1973, 251 [253]) verwendeten Begriffs des „Konkurs im Konkurs“, welchen der BGH in einem Massehaftungsprozess gegen einen Verwalter aufstellte.

176 Uhlenbruck, NJW 1975, 897.

177 Ebenfalls zum Gläubigerschutz durch Wandel der Bewertungsmodalitäten, Uhlenbruck in Gottwald, Insolvenzrechts-Handbuch, 1. Aufl., 1990, § 9 Rn. 9.

178 Überblick über Lit. und Rspr. bei Henckel in: Jaeger, KO, (Fn. 11), § 30 Rn. 23 m.w.N.

179 Henckel in: Jaeger, KO, (Fn. 11), § 30 Rn. 23.

Zahlungsaufforderung ausreichen. Gerichtliche Schritte gegen den Schuldner sollten nicht notwendig sein.[180] Sinn und Zweck dieses Erfordernisses sah der BGH[181] darin, dass die Zahlungsunfähigkeit nicht allein durch das Unvermögen des Schuldners, seine fälligen Verbindlichkeiten zu begleichen, eintreten sollte. Zusätzlich sollten die Gläubiger ihre Forderungen auch gegenüber dem Schuldner einfordern, damit eine stillschweigende Stundung ausgeschlossen werden konnte. In anderem Zusammenhang formulierte der BGH, dass mit dem Merkmal des „ernstlichen Einforderns" nur *„rein tatsächliche – also ohne rechtlichen Bindungswillen oder erkennbare Erklärung – gestundete Forderungen von der Prüfung der Zahlungsunfähigkeit*"[182] ausgenommen werden sollten.

Die Gläubiger müssten aber zur Erfüllung des Merkmals den Schuldner nicht „ständig und rücksichtslos auf Begleichung der Schulden drängen."[183] Ausreichend sei „eine einzige ernsthafte Zahlungsaufforderung, die auch in einer mündlichen Mahnung bestehen kann."[184] Für nicht erforderlich hielt der BGH ausdrücklich „zusätzliche Maßnahmen von Gläubigern", hier „insbesondere Klagen oder Zwangsvollstreckungsmaßnahmen" gegen den Schuldner.[185] Der BGH hielt außerdem das Einfordern und damit die Kenntnis eines einzelnen Gläubigers, insbesondere des Anfechtungsgegners, für ausreichend.[186]

Unstreitig ist der Schuldner nicht zahlungsunfähig, solange seine Passiva zwar größer sind als seine Aktiva, die Passiva jedoch entweder nicht fällig oder aber nicht ernstlich eingefordert sind. Regelmäßig wird der Schuldner in der Krise aber auch nur die ihn bedrängenden Gläubiger wahrnehmen und auch nur diese – wenn es ihm möglich ist – befriedigen. Zwangsläufig wird der Schuldner sich, wenn mit *Henckel*[187] und dem BGH[188] eine einfache Aufforderung, bspw. das Zusenden einer Rechnung oder Mahnung, ausreichend ist, mit Eintritt der Krise aber auch einer Vielzahl von Zahlungsaufforderungen gegenüber sehen, welche alle ein „ernstliches Einfordern" beinhalten. Hierdurch wird das Erfordernis des „ernstlichen Einforderns" stark relativiert und ad absurdum geführt.

---

180 Henckel in: Jaeger, KO, (Fn. 11), § 30 Rn. 23.

181 BGH, Urteil vom 18.05.1955 – IV. ZR 14/55 = WM 1955, 1468.

182 BGH, Urteil vom 25.09.1997 – IX ZR 231/96 = NJW 1998, 607.

183 BGH, Urteil vom 18.05.1955 – IV. ZR 14/55 = WM 1955, 1468.

184 BGH, Urteil vom 25.09.1997 – IX ZR 231/96 = NJW 1998, 607.

185 BGH, Urteil vom 25.09.1997 – IX ZR 231/96 = NJW 1998, 607; vgl. auch: Urteil vom 27. 4. 1995 – IX ZR 147/94 = WM 1995, 1113 [1114] m.w.N.

186 BGH, Urteil vom 18.05.1955 – IV. ZR 14/55 = WM 1955, 1468.

187 Henckel in: Jaeger, KO, (Fn. 11), § 30 Rn. 23.

188 BGH, Urteil vom 25.09.2997 – IX ZR 231/96 = NJW 1998, 607.

Zudem sollte das Erfordernis für die Konkurseröffnung nach damaliger Ansicht[189] ohnehin nur eingeschränkt gelten, da ein Gläubigerantrag ein „ernstliches Einfordern" beinhalte und bei einem Schuldnerantrag das „ernstliche Einfordern" entbehrlich gewesen sei. Außerdem waren Lieferantenkredite und Rechnungen nach Ablauf eines angemessenen Zeitraums von 30 Tagen[190] als fällig anzusehen und bedurften damit nicht einer gesonderten Fälligstellung durch Gläubigerhandlung. Im Zweifel konnte sogar anzunehmen sein, dass die Leistung gemäß § 271 Abs. 1 BGB[191] sofort fällig gewesen ist, womit ein „ernstliches Einfordern" gänzlich unnötig würde. Das Erfordernis des „ernstlichen Einforderns" beinhaltet somit im Endeffekt letztlich nur die Aussage, dass die Forderungen seitens der Gläubiger nicht stillschweigend gestundet sind.[192] Hiervon ist im Prinzip bei fehlenden eindeutigen Vereinbarungen zwischen dem Schuldner und einem Gläubiger sowie bei Betrachtung der stark herabgesetzten Anforderungen[193] an ein „ernstliches Einfordern" ohnehin auszugehen. In den meisten Fällen wird ein – diesen geringen Anforderungen genügendes - „ernstliches Einfordern" der Gläubiger vorliegen.

Das Merkmal des „ernstlichen Einforderns" kann damit aufgrund seiner inhaltlichen Aussage für die Begründung der Zahlungsunfähigkeit nicht wesentlich sein. Aufgrund der erheblichen Herabsetzung der Anforderungsschwelle ist es sogar überflüssig. Die Voraussetzung der Fälligkeit der Forderungen ist dagegen zwingend erforderlich, um die Annahme der Zahlungsunfähigkeit zu begründen.

---

189 So Henckel in: Jaeger, KO, (Fn. 11), § 30 Rn. 23.

190 Diese Frist war durch die Verzugsvorschrift des § 284 Abs. 3 BGB a.F. bei Geldforderungen gesetzlich auf 30 Tage festgelegt. Nach der Schuldrechtsreform aus dem Jahre 2002 ist diese Vorschrift nun in § 286 Abs. 3 BGB zu finden.

191 Der § 271 BGB wurde im Rahmen der Schuldrechtsreform nicht verändert und ist deshalb in seiner Aussage damals wie heute uneingeschränkt gültig.

192 So auch: Uhlenbruck in: Kuhn/Uhlenbruck, (Fn. 2), § 102 Rn. 2c; zu der Frage, ob es eine stillschweigende Stundung rechtlich geben kann unter C. II. 1. B. cc) (b).

193 Vgl. BGH, Urteil vom 18.05.1955 – IV. ZR 14/55 = WM 1955, 1468; Urteil vom 25.09.1997 – IX ZR 231/96 = NJW 1998, 607; Urteil vom 25.09.1997 – IX ZR 231/96 = NJW 1998, 607; vgl. auch: Urteil vom 27. 4. 1995 – IX ZR 147/94 = WM 1995, 1113 [1114] m.w.N.

b. Das Merkmal der „Dauer“ bzw. der Begriff der Zahlungsstockung

Der Schuldner muss aufgrund seines Unvermögens *andauernd* nicht in der Lage sein, seine *fälligen* Verbindlichkeiten zu begleichen.[194] Das Wort „andauernd“ ist in diesem Zusammenhang allerdings weniger im Sinne von „permanent“, sondern vielmehr in Richtung von „ab jetzt, bis“ bzw. „für eine gewisse Dauer“ zu interpretieren.[195]

Da der Begriff der Zahlungsunfähigkeit unter der KO nur die Zeitpunktilliquidität erfassen sollte[196], ist durch die Rechtsprechung mit dem Erfordernis des Andauerns der Liquiditätskrise ein *„dynamisches Korrekturelement“*[197] in die Definition der Zahlungsunfähigkeit eingefügt worden. Das Kriterium sollte in erster Linie dazu dienen, eine bloß auf *„Geldverlegenheit“*[198] beruhende Zahlungsstockung von der *„äußerlich gleichartigen“*[199] Zahlungseinstellung abzugrenzen.

aa) Die Zahlungsstockung

Dem Begriff der Zahlungsstockung kommt eine Doppelfunktion zu. Zum einen erfüllt er den Zweck dem Schuldner eine Art letzte Frist zu setzen, in welcher dieser versuchen kann die ihm drohende Insolvenz abzuwenden, bevor eine Zahlungseinstellung und damit seine Zahlungsunfähigkeit angenommen wird. Zugleich ist der Begriff durch seine Abgrenzungsfunktion aber auch Mittel zur exakteren Bestimmung des Eintritts des materiellen Konkursgrundes und damit auch Kontrollinstanz bei der Eröffnung des Verfahrens.

Im Geschäftsleben, aber auch bei Privaten, ist es natürlich und kann es immer wieder vorkommen, dass Liquiditätsengpässe entstehen. Diese führen dann zunächst zu einer Zahlungsstockung, welche aber keine Zahlungsunfähigkeit bedeutet und auf keinen Fall mit einer Zahlungseinstellung gleichzustellen ist.

---

194 Weber in: Jaeger, KO, (Fn. 20), § 102 Rn 2; Uhlenbruck in: Kuhn/Uhlenbruck, (Fn. 2), § 102 Rn. 2; BGH, Urteil vom 30.04.1959 – VIII ZR 179/58 = WM 1959, 891; BGH, Urteil vom 10.01.1985 - IX ZR 4/84 = NJW 1985, 1785.

195 Vgl. Papke, DB 1969, 735 [736]; Uhlenbruck in: Kuhn/Uhlenbruck, (Fn. 2), § 102 Rn. 2b.

196 Uhlenbruck in: Kuhn/Uhlenbruck, (Fn. 2), § 30 Rn. 2 m.w.N.

197 Uhlenbruck in: Kuhn/Uhlenbruck, (Fn. 2), § 30 Rn. 2c.

198 Begriff in RG, Urteil vom 05.12.1905 – VII. 114/05 = JW 1906, 92; und bei Henckel in: Jaeger, KO, (Fn. 11), § 30 Rn. 29.

199 Schmidt, JZ 1982, 165.

Die Gründe für solche Stockungen können vielfältig sein.[200] Der Schuldner kann eine Zahlung nicht rechtzeitig erhalten haben. Er kann ausstehende Forderungen haben, die von der Gegenseite nicht erfüllt werden. Es können unerwartet große Zahlungen anstehen, die nicht vorhersehbar waren. Unter Umständen hat der Schuldner aber auch schlicht versäumt, sich durch Veräußerung oder Umschichtung von Vermögenswerten die entsprechende Liquidität zu einem bestimmten Termin zu beschaffen. Diesen letzten Fall formulierte das RG so:

> „Andererseits kann ein Schuldner genötigt sein, die Zahlungen einzustellen, obwohl er nicht überschuldet, vielmehr nur außerstande ist, die aktiven Bestandteile seines Vermögens flüssig zu machen und so den andrängenden Gläubigern gerecht zu werden."[201]

Entscheidend für die Annahme einer bloßen Zahlungsstockung ist, dass der Schuldner sich in einem gewissen Zeitraum die entsprechenden Mittel zur Beseitigung der Stockung beschaffen kann.[202] Kennzeichnend für eine Zahlungsstockung ist also, dass sie nur „*vorübergehender Natur*" ist.[203] Dabei kommt es insbesondere darauf an, „*ob also der Schuldner erwarten konnte, innerhalb des Zeitraumes, der nach Auffassung des Verkehrslebens den Mangel an bereiten Mitteln als einen nur vorübergehenden erscheinen läßt, seinen Gläubigern gerecht zu werden.*"[204]

Die Annahme einer bloßen Zahlungsstockung bleibt nur bis zu dem Ablauf eines gewissen Zeitraums oder besser einer bestimmten Frist bestehen. Die Dauer dieser Frist ist allerdings vollkommen unbestimmt. Es gab unter Geltung der KO verschiedenste Ansätze der Bestimmung dieser Frist von einer Woche bis hin zu zwei Monaten.

---

200 Vgl. bzgl. der im Folgenden dargestellten verschiedenen Gründe für eine Zahlungsstockung: Kilger, (Fn. 165), § 30 Anm. 5; Henckel in: Jaeger, KO, (Fn. 11), § 30 Rn. 29; Uhlenbruck in: Kuhn/Uhlenbruck, (Fn. 2), § 30 Rn. 4.

201 RG, Urteil vom 28.01.1905 – VII. 292/04.

202 RG, Urteil vom 17.12.1901 – VII. 386/ 01 50 = RGZ 50, 39 [42]; BGH, Urteil vom 27.11.1974 – VIII. ZR 21/73 = WM 1975, 6; Hess in: Hess, (Fn. 61), § 30 Rn. 5; Uhlenbruck in: Kuhn/Uhlenbruck, (Fn. 2), § 30 Rn. 4; Kilger, (Fn. 165), § 30 Anm. 5.

203 Uhlenbruck in: Kuhn/Uhlenbruck, (Fn. 2), § 30 Rn. 4 m.w.N.

204 RG, Urteil vom 17.12.1901 – VII. 386/ 01 50 = RGZ 50, 39 [42].

bb) Der Meinungsstand zur Dauer einer Zahlungsstockung

(a) Die Rechtsprechung des Reichsgerichts

Das RG sah in verschiedenen Entscheidungen Fristen von einer Woche[205] bis zu einem Monat[206] als angemessen an.

Die Dauer von einer Woche nahm es an, als ein der Schuldnerin gehöriger Scheck nicht von der Bank eingelöst wurde und sich damit das einzige Barmittel der Schuldnerin als nicht werthaltig erwies.[207] Die Schuldnerin war erwiesenermaßen mit der Nichteinlösung des Schecks insolvent.

Eine Frist von einem Monat sah das RG in zwei Urteilen[208] geboten, als in beiden genannten Fällen innerhalb eines Monats noch in erster Linie wirtschaftlich nicht unerhebliche Zahlungen[209] von den Schuldnern auf die im Raume stehenden Forderungen geleistet wurden. Dabei stellte das RG als maßgebliche Entscheidungskriterien heraus, dass es für die Annahme der Zahlungsunfähigkeit darauf ankomme, „*ob die Nichtzahlung die Regel oder die Ausnahme war.*“[210] Außerdem stellte es fest: „*Auf die Zahl der befriedigten Gläubiger kommt es dabei nicht an; ausschlaggebend kann nur die Summe der bezahlten und der nicht bezahlten Schulden sein.*“[211]

Festzuhalten ist mit dem Reichsgericht, dass eine abstrakt-generelle Definition der Dauer des Zeitraums nicht möglich ist. Jeder Fall ist gesondert für sich, als Einzelfall, zu bewerten. Dies spiegelt sich auch in der Auffassung des RG wider, dass sich die Feststellung der Zahlungsunfähigkeit nur aus der Gesamtlage und dem Gesamtverhalten des Schuldners ergeben könne.[212]

---

205 RG, Urteil vom 31.03.1931 – VII. 518/30 = RGZ 132, 281.

206 RG, Urteil vom 15.12.1911 – VII. 139/11 = JW 1912, 306; und Urteil vom 24.09.1926 – VI. 185/26 = JW 1927, 386.

207 RG, Urteil vom 31.03.1931 – VII. 518/30 = RGZ 132, 281 [282].

208 RG, Urteil vom 15.12.1911 – VII. 139/11 = JW 1912, 306; und Urteil vom 24.09.1926 – VI. 185/26 = JW 1927, 386.

209 Anm. JR Prof. Dr. Hugo Cahn I, Nürnberg zu RG, Urteil vom 24.09.1926 – VI. 185/26 = JW 1927, 386 f.

210 RG, Urteil vom 15.12.1911 – VII. 139/11 = JW 1912, 306; dem später folgend: BGH, Urteil vom 30.04.1959 – VIII. ZR 179/58 = WM 1959, 891 f.

211 RG, Urteil vom 15.12.1911 – VII. 139/11 = JW 1912, 306; dem später folgend: BGH, Urteil vom 30.04.1959 – VIII. ZR 179/58 = WM 1959, 891 f.

212 RG, Urteil vom 05.12.1905 – VII 114/05 = JW 1906, 92.

(b) Für 10 Tage

Obermüller[213] erschien generell eine Frist von zehn Tagen als sachgerecht. Als Begründung hierfür führte er die Zehn-Tages-Frist der Konkursanfechtung nach § 30 Nr. 2 KO an. Nach § 30 Nr. 2 KO waren Rechtshandlungen, die „*in den letzten zehn Tagen vor der Zahlungseinstellung oder dem Eröffnungsantrage*“[214] erfolgt sind anfechtbar. *Obermüller* führte zutreffend an, dass die Anfechtungsfrist des § 30 Nr. 2 KO bei Annahme einer längeren Dauer keine große Wirkung mehr erziele und somit quasi ins Leere liefe.[215]

Unter damals wie auch heute gültigen Gesichtspunkten verkennt *Obermüller* allerdings, dass eine Frist von zehn Tagen für den Schuldner zur Beschaffung neuer Liquidität zu kurz bemessen ist, wenn man davon ausgeht, dass im Banken- und Kreditwesen eine Entscheidung nicht innerhalb dieses kurzen Zeitraums zu erwarten sein kann. Sicher ist die Anfechtungsfrist des § 30 Nr. 2 KO ein Indiz. Allerdings ist dieses wohl nur unter Gläubigerschutzaspekten als ein zutreffendes zu sehen.

(c) Sechs Wochen als angemessene Frist

Papke[216] sah eine Frist von sechs Wochen als angemessen. Er schlug diesen Zeitraum jedoch als „*reines Orientierungsdatum*“[217] vor und begründete dieses damit, dass der Zeitraum ebenso lang sein müsse, wie ein Sachverständiger bei ordnungsgemäßer Buchführung brauche, um eine zuverlässige Liquiditätsbilanz zu erstellen.[218]

Der hier von *Papke* vorgeschlagene Ansatz der Orientierung an der Dauer einer Bücherprüfung, ist im Grunde nicht abwegig. Allerdings ist gerade bei der von ihm geforderten ordnungsgemäßen Buchführung, welche sich in praxi wohl selten vorfinden lassen wird, der Zeitraum von sechs Wochen zu lang bemessen. Vor allem oder gerade in der Krise sollte sich solch eine Bilanzierung auch durch einen Externen, selbst wenn dieser unter Umständen erst alle Zahlen aus Rechnungen, Lieferscheinen und Kontoauszügen ermitteln muss, schneller vornehmen lassen.

---

213 Obermüller, DB 1973, 267 [269].

214 Vgl. § 30 Nr. 2 KO.

215 Obermüller, DB 1973, 267 [269] dort in Fn. 18.

216 Auf den auch Obermüller (DB 1973, 267 ff.) Bezug nimmt und seine Auffassung zu widerlegen bemüht ist.

217 Papke, DB 1969, 735 [736].

218 Papke, DB 1969, 735 [736].

(d) Zwei Monate als Dauer

Veit[219] hielt sogar eine Frist von zwei Monaten für angezeigt. Zugleich führte er an: „*Plausible Argumente für eine bestimmte Festlegung der Frist sind jedoch nur schwer zu finden*".[220] Er schlug die Zwei-Monats-Frist vor, obwohl er sich der Willkür einer solchen Bestimmung bewusst war.

Zutreffend führte er zudem aus, dass solche Regelungen und Bestimmungen „meist ohne eindeutige sachliche Begründung getroffen werden müssen und mehr von allgemeinen Zweckmäßigkeitsüberlegungen und Angemessenheitsvorstellungen geprägt sind."[221]

cc) Auswertung der verschiedenen Auffassungen

Zusammenfassend betrachtet zeigen vor allem der - zumindest was die Länge der Frist angeht wohl mehr als Diskussionsbeitrag gemeinte - Vorschlag von *Veit*[222] sowie die Rechtsprechung des RG[223], dass die Bestimmung und Festlegung *der einen* Frist, die auf alle Fälle abstrakt-generell zutreffend erscheint, nicht möglich ist. Gerade die vom RG geforderten Betrachtungen der Gesamtlage des Schuldners[224] und des Verhältnisses von bezahlten zu unbezahlten Schulden[225] machen geradezu musterhaft deutlich, wie abhängig die Bestimmung einer, den Beteiligten zumutbaren, Frist von den individuellen Gegebenheiten des Einzelfalls ist. Es konnte und kann somit absolut zutreffend nur auf die Verkehrsauffassung der beteiligten Kreise[226] und eine Bewertung des Einzelfalls[227] ankommen. Will man eine solche Einzelfallbewertung nicht vornehmen, sondern eine abstrakt-generelle Lösung finden, so führt der Weg an der Anwendung eines gewissen Maßes von Willkür wohl nicht vorbei.

---

219 Veit, ZIP 1982, 273 [275 f.].

220 Veit, ZIP 1982, 273 [275].

221 Veit, ZIP 1982, 273 [276].

222 Veit, ZIP 1982, 273 [275 f.].

223 RG, Urteil vom 15.12.1911 – VII. 139/11 = JW 1912, 306; und Urteil vom 24.09.1926 – VI. 185/26 = JW 1927, 386.

224 RG, Urteil vom 05.12.1905 – VII 114/05 = JW 1906, 92.

225 RG, Urteil vom 15.12.1911 – VII. 139/11 = JW 1912, 306.

226 1999 zur InsO - für eine Beurteilung nach der „Wahrnehmung der jeweiligen Verkehrskreise": Smid, Grundzüge des neuen Insolvenzrechts, 3. Aufl., 1999, S. 57, Rn. 27; auf die „Auffassung des Verkehrslebens" abstellend auch schon: RG, Urteil vom 17.12.1901 – VII. 386/ 01 50 = RGZ 50, 39 [42].

227 Für die Einzelfallbetrachtung auch *Uhlenbruck* in: Gottwald, (Fn. 177), § 9 Rn. 7.

Im Ergebnis konnte somit jeder Ansatz der endgültigen Fristbestimmung aufgrund der Vielfalt der Praxis von Anfang an nicht zu einer abschließenden Lösung der Frage gelangen. Vielmehr sind alle Auffassungen zusammen als Anhaltspunkte für eine individuelle Betrachtung heranzuziehen.[228]

Aufgrund dieser massiven Problemstellung der korrekten Abgrenzung der Zahlungsstockung von der Zahlungseinstellung und der damit verbundenen Unsicherheiten, wurde das Merkmal der „Dauer" bei der Reform des Insolvenzrechts 1999 in der Definition der Zahlungsunfähigkeit bewusst nicht mehr weiter beibehalten.[229] Der Gesetzgeber befürchtete, dass mit einer Weiterführung des Merkmals der „Dauer" in der Definition der Zahlungsunfähigkeit der Begriff zu stark eingeengt würde, und damit *„auch eine über Wochen oder gar Monate fortbestehende Illiquidität zur rechtlich unerheblichen Zahlungsstockung"*[230] erklärt würde. Der Begriff der Zahlungsstockung hingegen wurde und musste als zwingendes Durchgangsstadium der Zahlungseinstellung erhalten bleiben, auch wenn er nicht im Gesetzeswortlaut Einzug erhalten hat.[231]

c. Das Merkmal der „Wesentlichkeit"

Der Schuldner muss *andauernd* außer Stande sein, seine *fälligen* Schulden im *Wesentlichen* zu berichtigen.[232] Die bei der Feststellung des Eintritts der Zahlungsunfähigkeit bewertete Liquiditätslücke muss *wesentlich* sein. Dieses von der Rechtsprechung[233] entwickelte Merkmal ist ebenso klangvoll wie unbestimmt.[234]

aa) Erforderlichkeit und Entwicklung einer Wesentlichkeitsgrenze

Noch zu Zeiten des RG wurde die Zahlungseinstellung als die „Thatsache der allgemeinen Nichterfüllung der fälligen Geldschulden"[235] und als das „allgemeine Aufhören der Befriedigung von Zahlungsverbindlichkeiten"[236] definiert.[237]

---

228 Hierzu weiter unten.

229 Zumindest vordergründig, was den Wortlaut der in § 17 Abs. 2 S. 1 InsO getroffenen Definition angeht: vgl. Begründung RegE-InsO, BT-Drucks. 12/2443, 1 [114].

230 RegE-InsO, BT-Drucks. 12/2443, S. 114.

231 Vgl. Begründung RegE-InsO, BT-Drucks. 12/2443, 1 [114].

232 Vgl. Weber in: Jaeger, KO, (Fn. 20), § 102 Rn 2; Uhlenbruck in: Kuhn/Uhlenbruck, (Fn. 2), § 102 Rn. 2; BGH, Urteil vom 30.04.1959 – VIII ZR 179/58 = WM 1959, 891; und Urteil vom 10.01.1985 - IX ZR 4/84 = NJW 1985, 1785.

233 Uhlenbruck in: Gottwald, (Fn. 177), § 9 Rn. 6.

234 Zu der Unbestimmtheit: Papke, DB 1969, 735; Veit, ZIP 1982, 273 [278].

235 RG, Urteil vom 06.06.1902 – Rep. VII. 111/02 = RGZ 51, 412 [413].

236 RG, Urteil vom 06.06.1902 – Rep. VII. 111/02 = RGZ 51, 412 [413].

Dies zugrundelegend sah das RG denjenigen als zahlungsunfähig, welcher „aufhört, seine fälligen Verbindlichkeiten in ihrer Allgemeinheit wegen eines nicht vorübergehenden Mangels an Zahlungsmitteln zu erfüllen.“[238]

Betrachtet man allein diese Definitionen und legt diese aus, so hätte das RG den Schuldner zwingend als nicht zahlungsunfähig ansehen müssen, solange dieser noch Zahlungen leistet, egal in welcher Höhe. Der Schuldner hätte einer Annahme der Zahlungseinstellung also leicht mit der Zahlung von geringsten Beträgen und der Bedienung von, im Hinblick auf seine Gesamtverbindlichkeiten, anteilsmäßig geringen Forderungen begegnen können.

Diese Schwäche erkennend ging das RG deshalb - im Prinzip von seinen eigenen Statuten abweichend - nicht zwingend davon aus, dass Zahlungsfähigkeit vorliegt, wenn noch einzelne Schulden bezahlt werden.[239] Für eine Feststellung, ob Zahlungsunfähigkeit trotz noch vereinzelter Zahlungen vorliegt, verfolgte das RG verschiedene Ansätze. So stellte es auf eine individuelle Beurteilung der Gesamtlage des Schuldners[240], auf eine mögliche Betriebsfortführung[241], bei welcher logischerweise weiter Teile der Verbindlichkeiten bezahlt würden, oder auch darauf ab, wie sich das Verhältnis von bezahlten zu unbezahlten Schulden darstellt, und ob die Zahlung die Ausnahme und die Nichterfüllung von Verbindlichkeiten die Regel bilde.[242]

Der Wortlaut der Definition des RG, welcher nur auf das allgemeine Bedienen von fälligen Verbindlichkeiten abstellte, wurde somit nicht juristisch-methodisch korrekt angewandt.

Gerade deshalb wandelte sich die Definition schon unter dem RG[243] hin zu der, auch vom BGH[244] bis zur Ablösung der KO vertretenen[245], dass der Schuld-

---

237 Das RG stellte keineswegs zufällig auf die allgemeine Zahlungseinstellung ab. Eben diese wollte der KO-Gesetzgeber in Motive zu: Entwurf KO 1875, S. 323 und 324.

238 RG, Urteil vom 28.09.1920 – VII. 93/20 = RGZ 100, 62 [65].

239 Deutlich betonend, dass ein Leisten von vereinzelten Zahlungen nicht die Annahme einer Zahlungseinstellung hindert: RG, Urteil vom 17.12.1901 – VII. 386/ 01 50 = RGZ 50, 39 [42 am Ende].

240 Für die Betrachtung des Einzelfalls: RG, Urteil vom 17.12.1901 – VII. 386/ 01 50 = RGZ 50, 39 [42 am Ende]; Für die Betrachtung der Gesamtlage des Schuldners: Urteil vom, 05.12.1905 – VII 114/05 = JW 1906, 92.

241 RG, Urteil vom 22.02.1882 – Rep. I. 668/81 = RGZ 6, 95 [96].

242 RG, Urteil vom 01.06.1911 – VII. 582/10. = JW 1911, 724; und Urteil vom 24.09.1926 – VI. 185/26 = JW 1927, 386.

243 Vgl. schon RG, Urteil vom 17.12.1901 – VII. 386/ 01 50 = RGZ 50, 39 [41]; und auch Urteil vom 28.01.1905 – VII. 292/04 = JW 1905, 157.

ner zur Annahme der Zahlungsunfähigkeit nicht mehr im Stande sein darf, *„einen wesentlichen Teil seiner fälligen Verpflichtungen“*[246] erfüllen zu können.

Im Umkehrschluss bedeutet dies, dass der Schuldner in der Lage sein muss seine wesentlichen Verbindlichkeiten noch zu erfüllen, um nicht als zahlungsunfähig zu gelten. Dies gilt gleichermaßen, wenn seine Mittel zwar die wesentlichen, aber nicht sämtliche fälligen Verbindlichkeiten auf einmal abdecken können.[247] Die Zahlungsunfähigkeit muss für die Annahme der Wesentlichkeit außerdem nicht einmal in weiten Kreisen bekannt sein, es genügt das Hervortreten gegenüber einem einzelnen Gläubiger.[248]

bb) Schwierigkeit der Bestimmung einer solchen Grenze

Den Anteil an den Gesamtverbindlichkeiten zu bestimmen, ab dem ein wesentlicher Teil anzunehmen sein soll, war und ist schwierig.[249] Zur Bestimmung der Wesentlichkeit der Liquiditätslücke war und ist nur gewiss, dass eine Gegenüberstellung der verfügbaren Mittel und aller sowohl fälligen als auch noch nicht fälligen Schulden zu erstellen ist, welche die Relation oder besser die Diskrepanz dieser Faktoren aufzeigt.[250] Man kann danach mit *Henckel*[251] der Auffassung sein, dass der Begriff der „Wesentlichkeit“ überhaupt nicht generell bestimmbar ist. Allerdings gab es verschiedene Ansätze, den unbestimmten Begriff der „Wesentlichkeit“ zu bestimmen.

(a) Für eine Spanne von 10 bis 20 %

Mathews[252] macht als Wirtschaftsprüfer deutlich, dass nach der Erstellung einer Liquiditätsbilanz eine Beurteilung des Verhältnisses der Aktiva zu den Passiva

---

244 Vgl. BGH, Urteil vom 30.04.1959 – VIII. ZR 179/58 = WM 1959, 891; Urteil vom 01.03.1984 – IX. ZR 34/83 = NJW 1984, 1953; Urteil vom 10.01.1985 – IX. ZR 4/84 = NJW 1985, 1785.

245 Auch die Literatur stimmte dem Wandel zu, vgl. statt vieler: Henckel in: Jaeger, KO, (Fn. 11), § 30 Rn. 26 m.w.N.

246 BGH, Urteil vom 10.01.1985 – IX. ZR 4/84 = NJW 1985, 1785.

247 Henckel in: Jaeger, KO, (Fn. 11), § 30 Rn. 27 m.w.N.

248 RG, Urteil vom 31.03.1931 – VII. 518/30 = RGZ 132, 281 [283]; dem später folgend BGH, Urteil vom 18.05.1955 – IV ZR 14/55 = WM 1955, 1468.

249 Und ist dies noch heute.

250 Hierzu erklärend: Schedlbauer, DB 1984, 2205 [2212].

251 Henckel in: Jaeger, KO, (Fn. 11), § 30 Rn. 28.

252 Mathews, WPg 1950, 250 [253].

äußerst schwierig ist. Aufgrund der „*wirtschaftlichen Verschiedenheiten*“[253] könnten keine festen Maßstäbe gebildet werden. Es komme vielmehr auf die „*Gesamtsumme der Schulden*“[254] und auf die „*Gesamtverhältnisse des Unternehmens*“[255] an, um sich ein Bild der Erheblichkeit zu machen. Aus diesen Gründen sah *Mathews* einen festen Wert als nicht sachgerecht an, äußerte aber Werte zwischen 10-15 % und um 20 %[256], welche er als Ergebnis einer Einzelfallbewertung als noch unwesentlich ansah.

Schedlbauer[257], ebenfalls Wirtschaftsprüfer, schließt sich *Mathews*[258] weitestgehend an. Auch er sieht keine Möglichkeit von generellen Bewertungsmaßstäben und stellt mit *Mathews* auf die Bewertung von Relationen innerhalb der Bilanz und auf die Gesamtverhältnisse des Unternehmens ab.[259]

(b) Für eine Annahme von 15 bis zu 25 %

Papke[260], seinerzeit als Vergleichs- und Konkursrichter tätig, legte sich schon eher fest. Zugleich gab er jedoch offen zu, dass die von ihm vorgeschlagenen Werte nur auf Erfahrung beruhten und nicht zwangsläufig begründbar waren. Er stellte zunächst fest, dass eine Liquiditätslücke zwischen 30-80 % immer als wesentlich anzusehen sein wird, kam sodann aber auf das Problem, dass alle Lücken unter 30 % nicht ganz so leicht zu klassifizieren seien.[261] Er lehnte aus seiner Erfahrung als Konkursrichter eine Grenze von 10 % direkt ab und sah diese als zu gering und zu früh ansetzend.[262] Schlussendlich schlug er eine Grenze zwischen 15-25 % vor, wobei 25 % die äußerste Grenze bilden soll.[263]

(c) Aus der strafrechtlichen Sicht für 25 %

Hoffmann[264] sprach sich klar für die Annahme einer Unterdeckung bei einem Wert von 25 % aus. Zugleich nahm er aber an, dass bei strafrechtlichen Bewer-

---

253 Mathews, WPg 1950, 250 [253].
254 Mathews, WPg 1950, 250 [253].
255 Mathews, WPg 1950, 250 [253].
256 Mathews, WPg 1950, 250 [253].
257 Schedlbauer, DB 1984, 2205 [2212].
258 Mathews, WPg 1950, 250 ff.
259 Schedlbauer, DB 1984, 2205 [2212].
260 Papke, DB 1969, 735.
261 Papke, DB 1969, 735.
262 Papke, DB 1969, 735.
263 Papke, DB 1969, 735.
264 Hoffmann, DB 1980, 1527 [1528].

tungen ein Wert von 15 % anzunehmen sei.[265] Er begründete diese Position mit dem laufenden Ansteigen des Unterdeckungswertes bis zum endgültigen Zusammenbruch. Hier schien es ihm angezeigt, die strafrechtliche Würdigung vor die zivilrechtliche und damit gläubigerschützende Regelung zu stellen.[266]

(d) Für die Unbestimmbarkeit einer Grenze

Veit[267] ging direkt darauf ein, dass es keine sachliche Begründung für eine sinnvolle Bestimmung einer Grenze der „Wesentlichkeit" geben, und deshalb eine Grenze nicht zu ziehen sein kann. Er sprach sich deutlich für den - später auch geschehenen[268] - Verzicht auf das Merkmal der „Wesentlichkeit" aus.[269] Diesen Standpunkt begründete er vor allem damit, dass der Begriff zu unbestimmt sei und damit nur Schwierigkeiten in der Anwendung bereite. Er führte weiter aus, dass ein die Wesentlichkeit ausmachender Wert nicht sachlich begründbar sei und daher gesetzlich festgelegt werden müsse. Einen konkreten Wert nannte *Veit* nicht.[270]

cc) Bestimmung einer Wesentlichkeitsgrenze – Problemstellung, zu berücksichtigende Faktoren und der Vorschlag einer solchen Grenze

Die Frage nach der Grenze der Wesentlichkeit erlangt auch de lege lata große Bedeutung, da eine Zahlungsstockung, und damit eine temporäre Unterdeckung, dem Schuldner auch unter Geltung der InsO zugestanden wird. Die konkrete Festlegung auf einen Wert, ab dem der Anteil an den Gesamtverbindlichkeiten als wesentlich zu erachten ist, war und bleibt jedoch enorm schwierig. Die Annahme der Zahlungsunfähigkeit des Schuldners, wenn dieser wesentliche Teile seiner Forderungen nicht mehr bedient, bleibt aber unabdingbar. Zu leicht wäre sonst das Verhindern der Annahme einer Zahlungseinstellung durch den Schuldner, indem er unwesentliche Zahlungen leistet. Von größter Bedeutung ist die Festlegung, ab wann „Wesentlichkeit" vorliegt, insbesondere für die Abgrenzung einer bloßen Zahlungsstockung von der Zahlungseinstellung.

---

265 Hoffmann, DB 1980, 1527 [1528].

266 Hoffmann, DB 1980, 1527 [1528].

267 Veit, ZIP 1982, 273 [278].

268 Zumindest auf den ersten Blick innerhalb des Wortlaut der Begründung: vgl. Begründung RegE-InsO, BT-Drucks. 12/2443, S. 114.

269 Veit, ZIP 1982, 273 [278].

270 Veit, ZIP 1982, 273 [278].

Ab einem gewissen Wert der Unterdeckung wird man nicht mehr davon ausgehen können, dass der Schuldner diese noch beseitigen kann und kurzfristig in diesem Maße wieder liquide Mittel zur Verfügung haben wird. Da man mit der Festlegung einer solchen Grenze gleichzeitig aber auch den Zeitpunkt der Zahlungsunfähigkeit des Schuldners definiert, und damit das „Urteil der Insolvenz“ über ihn fällt, ist eine Näherung äußerst schwierig und besonders sensibel durchzuführen.

Bei der Bewertung einer Liquiditätslücke ist zugleich aber auch eine gewisse Großzügigkeit geboten, damit einem Schuldner nicht jede verspätete Zahlung oder jeder Zahlungsausfall zum Verhängnis wird. Entscheidend für eine Bewertung muss zudem mit *Mathews*[271] auch immer das Verhältnis der Unterdeckung zu der Gesamtlage des Unternehmens sein. Allerdings gilt damals wie heute, dass offene und künftige, noch zu erhaltende Forderungen des Schuldners nicht immer in vollem Umfang werthaltig sind. Gerade deshalb muss zwar eine gewisse Toleranz in der Liquiditätsbewertung eines Schuldners vorherrschen, unerlässlich ist aber die Festlegung einer Obergrenze, ab welcher in jedem Fall von einem wesentlichen Teil auszugehen ist.

Hier ist mit dem Gläubigerschutzgedanken zu argumentieren, und der Schuldner durch die Annahme seiner Zahlungsunfähigkeit ab einem bestimmten Wert davon abzuhalten, immer weiter zu „werkeln“ und auf diese Weise die Liquiditätslücke im Zweifel noch zu vergrößern und die Konkursmasse zu leeren. Dabei begründet die Wesentlichkeitsgrenze eben keine Grenze, ab der die Zahlungsunfähigkeit überhaupt erst anzunehmen ist, sondern ab welcher von einer Zahlungsunfähigkeit auszugehen ist.[272] Gerade diese Begründung[273] mit dem alles überlagernden Grundsatz *par condicio creditorum* rechtfertigt die Annahme und Anwendung des Merkmals der „Wesentlichkeit“.

Wie man sich eben so einer Grenze unter Abwägung aller Interessen und mit der notwendigen Sensibilität nähert, ist die - überaus schwierige - Frage.

Wie auch *Papke*[274] erkannte, lässt sich ein Bereich der Unterdeckung von 30-80 % sehr leicht als Bereich, in dem eine Unterdeckung immer wesentlich

---

271 Mathews, WPg 1950, 250 ff.

272 Diesen Gedanken ablehnend und deshalb die „Wesentlichkeit“ für ungerechtfertigt haltend: Begründung RegE-InsO, BT-Drucks. 12/2443, S. 114.

273 Welche *Veit* vermisste: ZIP 1982, 273 [278].

274 Papke, DB 1969, 735 f.

ist, ausschließen. Auch 25 %[275] bedeuten in praxi eine Liquiditätslücke, die in jedem Fall nicht unwesentlich ist, sondern schon zu wesentlich, um hier den Beginn der Annahme der Zahlungsunfähigkeit zu begründen. Gerade mit dem Gedanken, dass der Schuldner zum Wohle von *par condicio creditorum* mit möglichst viel Masse und damit zwangsläufig möglichst frühzeitig in das Insolvenzverfahren eintreten soll, ist eine Annahme der Wesentlichkeit deutlich früher geboten. Eine Grenze von 10 bis höchstens 15 %[276] Unterdeckung könnte dabei in einzelnen Fällen als noch tolerabel erscheinen und der Gläubigergleichbehandlung gerecht werden. Sollte diese festgelegte Unterdeckungsgrenze dem Schuldner aufgrund seiner individuellen Umstände nicht gerecht werden und diese tatsächlich zu niedrig angesetzt sein, so steht es dem Schuldner offen sich die zur Beseitigung der Unterdeckung erforderlichen Mittel in angemessener Zeit zu beschaffen, um so die Illiquidität zu beseitigen. Er würde damit faktisch beweisen, dass er in der Lage ist, die wesentlichen Verbindlichkeiten zu begleichen und damit seine Zahlungsfähigkeit belegen.

Festzuhalten ist zudem, dass sich weder das RG noch der BGH[277] auf *die eine* Grenze festgelegt haben. Der Rspr. erschien immer eine Einzelfallbetrachtung als das ideale Maß und die gebotene Bewertungspraxis.

Zu bemerken ist weiter, dass es zwar möglich ist in der reinen Theorie eine Grenze zu finden, die tauglich erscheint den Begriff der Wesentlichkeit zu bestimmen. In der Praxis wird diese Grenze jedoch alsbald an ihre Leistungsgrenze stoßen. Bei der Vielfalt der Fälle werden immer wieder neue Konstellationen auftreten, in denen auch das Abstellen auf eine Unterdeckungs-Prozentspanne von bis zu 15 % diesen nicht mehr gerecht wird. Das theoretische Bestimmen einer starren Grenze kann in der Praxis nicht zu sinnvollen Ergebnissen führen. Die abstrakt-generelle Festlegung auf eine Grenze ist somit mit theoretischen Mitteln nicht möglich und daher zumindest auf diesem Wege unbestimmbar.

Der einzige Weg eine solche Grenze zu bestimmen ist somit Willkür, orientiert an Zweckmäßigkeit und Erfahrungen aus der Praxis.[278] Bei Ausübung dieser Willkür sind jedoch alle betroffenen Interessen zu berücksichtigen, was dem Begriff an sich eigentlich widerspricht. Dennoch ist dies die einzige Möglich-

---

275 Dafür eintretend: Papke, DB 1969, 735 f.; und Hoffmann, DB 1980, 1527 ff.

276 Mit Mathews, WPg 1950, 250 ff.

277 Unter Geltung der KO bis 1999.

278 So auch: Veit, ZIP 1982, 273 ff.

keit, eine solche Grenze festzulegen. Der hier gemachte Vorschlag sieht deshalb eine Grenze bei 10 % und im begründeten Einzelfall bei bis zu 15 % Unterdeckung.

IV. Essenz der unter Geltung der Konkursordnung gewonnenen Erkenntnisse – Vielfalt als Grenze des Begriffes der Zahlungsunfähigkeit?

Die rechtshistorische und rechtspraktische Entwicklung, welche die KO in den 120 Jahren ihrer Geltung vollzog, hatte maßgeblichen Einfluss auf ihre Nachfolgerin, die InsO. Aus diesem Grund haben die damals erkannten Tatsachen, Maßstäbe und Wertungen auch aktuell für die juristisch-methodische Auslegung der InsO, und damit auch für die retrograde Ermittlung der Zahlungsunfähigkeit, weiter Gültigkeit.

Festzuhalten ist, dass der Gesetzgeber 1875[279] bewusst keine Definition der Zahlungsunfähigkeit in den § 102 KO aufgenommen hat. Ganz im Gegenteil: Er gab offen zu, dass eine Definition zu finden aufgrund der Vielfalt in der Praxis unmöglich ist und überließ das Herausbilden von Kriterien, die eine Zahlungsunfähigkeit ausmachen, der Rechtsprechung und der Rechtswissenschaft[280], welche sich innerhalb dieser Vielfalt bewegen.

Die in der Folge gefundene Definition[281], welche in stetiger Fortentwicklung maßgeblich durch die Rechtsprechung gebildet und von der Wissenschaft mitgetragen wurde, offenbarte im Laufe der Jahre ihre materiellen Stärken und Schwächen.[282]

So war und bleibt das Merkmal der „Fälligkeit" der Forderungen sinnvoll, da kein Schuldner liquide Mittel für nicht fällige Verbindlichkeiten vorhalten muss. Allerdings konnte und kann es nicht auf ein „ernstliches Einfordern" der Gläubiger ankommen, da der hiermit verfolgte Zweck bereits logisch und gesetzlich ausgeschlossen ist.[283]

Das Kriterium der „Dauer" entfaltete seine volle Wirkung bei der Abgrenzung einer unbeachtlichen Zahlungsstockung von einer beachtlichen Zahlungs-

279 Vgl. Motive zu: Entwurf KO 1875, S. 323.

280 Vgl. Motive zu: Entwurf KO 1875, S. 323.

281 Vgl. Weber in: Jaeger, KO, (Fn. 20), § 102 Rn 2; Uhlenbruck in: Kuhn/Uhlenbruck, (Fn. 2), § 102 Rn. 2; BGH, Urteil vom 30.04.1959 – VIII ZR 179/58 = WM 1959, 891; Urteil vom 10.01.1985 - IX ZR 4/84 = NJW 1985, 1785.

282 Vgl. B. III.

283 Vgl. B. III. 1.

einstellung. Vollkommen unklar war jedoch der Zeitraum, welcher anzunehmen sein sollte, um das Kriterium der Dauer mit Sinn zu füllen.[284] Bei Betrachtung der Regierungsentwurfsbegründung[285], nach welcher das Merkmal der „Dauer" mit Einführung der InsO zur Schaffung von mehr Rechtsklarheit und um eine frühere Verfahrenseröffnung zu ermöglichen gestrichen werden sollte, war es daher zumindest konsequent, das Merkmal nicht in die Definition des § 17 Abs. 2 S. 1 InsO aufzunehmen.[286]

Aus guten Gründen abzulehnen war hiernach auch das Merkmal der „Wesentlichkeit". Relevanz entwickelt dieses Merkmal wiederum für die hochrelevante Abgrenzung der unbeachtlichen Zahlungsstockung zu der beachtlichen Zahlungseinstellung. Wann jedoch wesentliche Verbindlichkeiten nicht mehr bedient werden, ist durch die Praxis und nicht theoretisch durch starre Grenzen zu bewerten. Eine Grenze, wann Wesentlichkeit vorliegen soll, ist zumindest theoretisch unbestimmbar.[287] Die Festlegung einer solchen Grenze ist wohl nur über Willkür möglich.

Die Analyse der Entwicklungen unter der KO zeigt nur zu deutlich, dass die Bewertung, wann Zahlungsunfähigkeit des Schuldners vorliegt, eine absolute Frage des Einzelfalls und in erster Linie der Abgrenzung einer Zahlungsstockung von der Zahlungseinstellung ist.

Wie das RG schon 1905 erkannte[288], hat der Richter hierzu individuell aus dem Gesamtverhalten und der Gesamtlage des Schuldners zu schließen, ob eine Zahlungseinstellung vorliegt. Nur der im Einzelfall erkennende Richter ist in der Lage der Vielfalt und Ausformungen der Zahlungsunfähigkeit Herr zu werden, und dabei eine konkret-individuelle Entscheidung zu treffen.

In der Essenz unterstreicht all dies die Auffassung des Gesetzgebers von 1875, dass die Möglichkeit, *die eine* Definition zu finden, eigentlich nicht besteht. Die Zahlungsunfähigkeit deshalb als „*Auffangtatbestand*"[289] zu bezeichnen, wird dem geschaffenen Begriff aber auch nicht gerecht. Denn trotz all dieser Kritik und des Ablehnens eines Großteils der Definition, lag der damalige

---

284 Vgl. B. III. 2.

285 Vgl. Begründung RegE-InsO, BT-Drucks. 12/2443, 1 [114].

286 Eine andere Frage ist hingegen, ob es mit der gegebenen Begründung auch richtig war, das Merkmal der Dauer aus der gefundenen Definition zu streichen und ob das Merkmal tatsächlich entfallen ist. Dies wird aber später noch zu erläutern sein.

287 Vgl. B. III. 3.

288 RG, Urteil vom 05.12.1905 – VII 114/05 = JW 1906, 92.

289 So *Karsten Schmidt,* JZ 1982, 165 [166].

Gesetzgeber mit seiner Auffassung, die Bildung einer Definition der Rechtsprechung und Wissenschaft zu überlassen, vollkommen richtig.

Zwar ist eine Definition der Zahlungsunfähigkeit unbedingt erforderlich, um den Anforderungen an die Bestimmtheit einer Norm zu genügen, welche in der Lage sein muss, den mit der Eröffnung des Insolvenzverfahrens stattfindenden schwerwiegenden Eingriff[290] in die Rechte des Schuldners zu rechtfertigen.[291] Allerdings kann und darf es aufgrund der mehrfach dargelegten Vielfalt und der Ausformungen der Zahlungsunfähigkeit keine Festlegung auf die *eine* starre, abstrakte und immer gültige Definition geben. Eine solche würde allzu schnell an ihre Grenzen stoßen, versagen und schlimmstenfalls eine ungerechtfertigte Verfahrenseröffnung bewirken. Vielmehr ist der Begriff der Zahlungsunfähigkeit dynamisch anhand einer Reihe von zu berücksichtigenden und anzuwendenden Indizien, zu bestimmen. Diese bilden in ihrer Gesamtheit weniger eine Definition, sondern vielmehr eine verbindliche „Richtlinie zur Bestimmung des Zeitpunktes der Zahlungsunfähigkeit". Mit dieser Richtlinie ist dann auch, wie *Häsemeyer* es zutreffend formuliert:

> „in der Tat ziemlich präzise und objektivierbar die Grundform jeder Insolvenz bezeichnet."[292]

Das zentrale Element dieser Richtlinie muss dabei die Zahlungseinstellung als stärkste Form und gesetzlich normierter Fall[293] der Zahlungsunfähigkeit sein. Es muss somit bei der Herausbildung von Kriterien, wann Zahlungsunfähigkeit anzunehmen ist, primär um die Abgrenzung der unbeachtlichen Zahlungsstockung von der beachtlichen Zahlungseinstellung gehen.

Die Frage nach den eine Zahlungsunfähigkeit bestimmenden Kriterien ist auch de lege lata von größter Bedeutung. Auch wenn einige der unter der KO entwickelten Ansichten mittlerweile überkommen sind, ist die Einbeziehung der gewonnenen Erkenntnisse in heutige Bewertungen sinnvoll.

---

290 Welchen *Smid* betont: Heilmann/Smid, (Fn. 35), S. 50 Fn. 1; ausführlich: Pape/Uhlenbruck/Voigt-Salus, Insolvenzrecht, 2. Aufl., 2010, Kap. 11 Rn. 1 ff.

291 *Häsemeyer* sieht die Eröffnungsgründe zu Recht als zwingende Notwendigkeit für die Rechtfertigung des Insolvenzverfahrens als „*einschneidendste Maßnahme gegen den Schuldner*": Häsemeyer, (Fn. 34), Rn. 7.16.

292 Häsemeyer, (Fn. 34), 7.17.

293 Damals in § 102 Abs. 2 KO, heute in § 17 Abs. 2 S. 2 InsO.

C. Kapitel 3: Der Begriff der Zahlungsunfähigkeit unter Geltung der Insolvenzordnung

Nach Betrachtung der rechtsgeschichtlichen und praktischen Entwicklung des Begriffes der Zahlungsunfähigkeit unter Geltung der Konkursordnung gilt es nun, den Begriff auch unter aktuellen Aspekten und unter Berücksichtigung der gewonnenen Erkenntnisse zu beleuchten.

De lege lata heißt es:

§ 17 InsO

(1) Allgemeiner Eröffnungsgrund ist die Zahlungsunfähigkeit.

(2) Der Schuldner ist zahlungsunfähig, wenn er nicht in der Lage ist, die fälligen Zahlungspflichten zu erfüllen. Zahlungsunfähigkeit ist in der Regel anzunehmen, wenn der Schuldner seine Zahlungen eingestellt hat.

I. Reform des Begriffes mit Einführung der InsO, oder Bevormundung der Praxis?

Die zu Zeiten der KO unter Federführung der Rechtsprechung und Wissenschaft gefundene Definition der Zahlungsunfähigkeit bildete 1999, bei Einführung der InsO, das Fundament für die Neufassung des Begriffs der Zahlungsunfähigkeit durch den Gesetzgeber und wurde von diesem ausdrücklich „*zugrunde gelegt.*“[294] Eines der Hauptziele der Reform von 1999 war es, die Verfahrenseröffnung zu beschleunigen und zu erleichtern.[295] Hierfür war es legislatorisch und in praxi erforderlich, die bisherige Definition zu verschlanken und klarer zu fassen, um mit mehr Rechtsklarheit eine frühere Verfahrenseröffnung zu fördern.

Nach der Legaldefinition des § 17 Abs. 2 S. 1 InsO liegt Zahlungsunfähigkeit nun also gesetzlich normiert vor, wenn der Schuldner „*nicht in der Lage ist, die fälligen Zahlungspflichten zu erfüllen.*“ Aus dem Wortlaut der Definition der Zahlungsunfähigkeit wurden damit scheinbar die Merkmale der „Dauer“ sowie der „Wesentlichkeit“ gestrichen. Allerdings täuscht dieser verkürzte Wortlaut des Gesetzes in § 17 Abs. 2 S. 1 InsO darüber hinweg, dass die Elemente der

294 Vgl. Begründung RegE-InsO, BT-Drucks. 12/2443, 1 [114].
295 Vgl. Begründung RegE-InsO, BT-Drucks. 12/2443, 1 [80].

Zahlungsstockung und der Liquiditätslücke weiterhin durch den Gesetzgeber vorausgesetzt werden – nunmehr allerdings stillschweigend.[296]

Die Begründung zu dem Regierungsentwurf der InsO spricht ganz deutlich davon, dass auch weiterhin die Zahlungsstockung von der Zahlungseinstellung zu unterscheiden ist, und dass es in praxi selbstverständlich sei, dass geringfügige Liquiditätslücken außer Betracht bleiben.[297] Im Wortlaut sollten sich diese Elemente jedoch nicht mehr wiederfinden. Der Gesetzgeber wollte damit vermeiden, dass die bisher unter Geltung der KO entwickelten Meinungen und Theorien weiter Anwendung finden. Seiner Meinung[298] nach wurde der Begriff der Zahlungsunfähigkeit durch die bisher gängige Auslegungspraxis zu stark eingeengt, und damit eine Verfahrenseröffnung verzögert oder gar verhindert. Konkret befürchtete der Gesetzgeber, dass „*eine über Wochen oder gar Monate fortbestehende Illiquidität zur rechtlich unerheblichen Zahlungsstockung*“ erklärt wird und bezweifelt zu Recht[299], dass die Zahlungsunfähigkeit an einem simplen Prozentwert, der eine Liquiditätsunterdeckung bestimmt, festzumachen ist.[300]

Mit der verkürzten Neudefinition hoffte der Gesetzgeber die Insolvenzauslöser vorzuverlagern[301], und damit die „*Effizienzvorteile des neuen marktkonformen Verfahrens*“[302] zu nutzen.

Der Gesetzgeber schuf zwar 1999 in § 17 Abs. 2 S. 1 InsO eine gesetzliche Definition der Zahlungsunfähigkeit, diese unterscheidet sich jedoch faktisch lediglich im Wortlaut von der unter der KO gefundenen. Das Streichen der Merkmale der „Dauer“ und der „Wesentlichkeit“ wurde mit der weiteren stillschweigenden Voraussetzung dieser beiden Elemente nicht konsequent umgesetzt. Ein Streichen der Merkmale wäre dem Gesetzgeber unter praktischen Gesichtspunkten aber auch nicht möglich gewesen.

Mit der Übernahme der Zahlungseinstellung als gesetzlich normierter Fall der Zahlungsunfähigkeit in § 17 Abs. 2 S. 2 InsO[303] unterstreicht der Gesetzge-

---

296 Vgl. Begründung RegE-InsO, BT-Drucks. 12/2443, 1 [114]; ganz andere Auffassung: Niesert, ZInsO 2001, 735 [737 und 739]. Dieser sieht schon die Annahme der Existenz einer Zahlungsstockung als den „falschen Weg“.

297 Vgl. Begründung RegE-InsO, BT-Drucks. 12/2443, 1 [114].

298 Vgl. Begründung RegE-InsO, BT-Drucks. 12/2443, 1 [114].

299 Vgl. B. III. 3.

300 Vgl. Begründung RegE-InsO, BT-Drucks. 12/2443, 1 [114].

301 Harz, ZInsO 2001, 193.

302 Vgl. Begründung RegE-InsO, BT-Drucks. 12/2443, 1 [80].

303 Vormals § 102 Abs. 2 KO.

ber die besondere Bedeutung der Zahlungseinstellung als wichtigsten Fall und stärkste Form der Zahlungsunfähigkeit. Er lässt der Zahlungseinstellung nunmehr sogar ausdrücklich die Aufgabe einer „*widerleglichen Vermutung*“[304] für das Vorliegen der Zahlungsunfähigkeit zukommen, womit er die Bedeutung der Zahlungseinstellung zusätzlich betont.

Damit bleibt die Abgrenzung der Zahlungseinstellung von der Zahlungsstockung ein Hauptkriterium bei der Ermittlung des Zeitpunktes der Zahlungsunfähigkeit und ist unentbehrlich. Dabei ist es nicht möglich, die Zahlungsstockung von der Zahlungseinstellung abzugrenzen, ohne dabei die in jedem Fall vorhandene Liquiditätslücke auf ihre Wesentlichkeit sowie ihre Dauer zu untersuchen.

Der Gesetzgeber konnte die beiden Elemente also nicht endgültig streichen, da diese zwingender Bestandteil der Zahlungsunfähigkeit sind, und der Begriff der Zahlungsunfähigkeit ohne diese sinnentleert wäre.[305]

Das gesetzte Ziel, die „*Auslegungsspielräume zu verkleinern*“[306], wurde mit der Reform nicht erreicht. Die mit der Streichung entstandenen Lücken bedurften erneut der Auslegung durch die Rechtsprechung und die Wissenschaft. Das Streichen war damit kein geeignetes Mittel zur Schaffung von Rechtsklarheit.[307] Zum Erreichen dieser Zielsetzung hätte es eher der klaren gesetzlichen Festlegung auf einen Zeitraum für die Annahme einer bloßen Zahlungsstockung sowie der klaren gesetzlichen Festlegung auf einen Grenzwert, der eine unbeachtliche Liquiditätslücke bemisst, bedurft. Der Gesetzgeber verzichtete an dieser Stelle jedoch auf eine entsprechende Klarstellung und wollte die Praxis äußerst ambivalent dazu anleiten, zum einen gänzlich auf die Merkmale der „Dauer“ und der „Wesentlichkeit“ zu verzichten, zum anderen aber die fest damit verbundenen Abgrenzungsmerkmale der Zahlungsstockung und der unbeachtlichen Liquiditätslücke weiterhin zu berücksichtigen.

Dieses Vorgehen kommt in seiner Konzeption einer versuchten Bevormundung der Praxis gleich und war sicher keine grundlegende Reform des Begriffes der Zahlungsunfähigkeit.

Festzuhalten ist also, dass der Gesetzgeber mit § 17 Abs. 2 S. 1 InsO zwar eine praktikable Legaldefinition schaffen wollte, diese aber in ihrem Wortlaut

---

304 Vgl. Begründung RegE-InsO, BT-Drucks. 12/2443, 1 [114].

305 a.A. Niesert, ZInsO 2001, 735 ff.

306 Harz, ZInsO 2001, 193.

307 So das in der Begründung zu § 21 RegE-InsO (BT-Drucks. 12/2443, 1 [114]) genannte Motiv für die Streichung der Elemente aus der Definition.

zum einen schlicht unvollständig, zum anderen, wie *Häsemeyer*[308] es zutreffend formuliert, „*konturlos*“ ließ.

II. Die Zahlungsunfähigkeit nach § 17 InsO

Im Gegensatz zu der KO[309] gibt es nunmehr eine gesetzliche Definition der Zahlungsunfähigkeit in § 17 Abs. 2 S. 1 InsO. Durch ihre Konturlosigkeit wird ihr Inhalt und ihr Nutzwert jedoch derart stark relativiert, dass sie für sich allein genommen nicht vermag, die Zahlungsunfähigkeit hinreichend zu definieren. Die Legaldefinition für sich ist ebenso auslegungsbedürftig[310], wie es auch der Begriff der Zahlungsunfähigkeit allein wäre.

1. „Fällige Zahlungspflichten“ - Eine Frage des Maßstabs

a. Die Frage nach dem Illiquiditätsbegriff

Gemäß § 17 Abs. 2 S. 1 InsO ist Zahlungsunfähigkeit anzunehmen, wenn der Schuldner außer Stande ist, die *fälligen* Zahlungspflichten zu erfüllen. Dabei ist de lege lata wie auch zu Zeiten der KO fraglich, auf welchen Illiquiditätsbegriff innerhalb des nicht weiter differenzierenden Begriffs der Fälligkeit abzustellen ist.

Wünschenswert wäre es, eine schlichte Aussage treffen zu können, wie:

Für den Schuldner können nur die bereits fälligen Verbindlichkeiten zu berücksichtigen sein, weshalb auf eine Zeitpunktilliquidität abzustellen ist.[311]

Diese Aussage ist jedoch nicht ohne Zweifel zu tätigen. Sicher festzustellen ist nur, dass Illiquidität im insolvenzrechtlichen Sinne Geldilliquidität ist.[312]

Der Gesetzgeber von 1992 trifft in der Begründung zur InsO zweideutige Aussagen darüber, zu welcher Illiquiditätsbewertung er tendiert. Zum einen stellt er selbst auf die Zeitpunktilliquidität ab, indem er explizit auf das Merkmal der „Dauer“ aus der Definition verzichtet und wörtlich von dem Fehlen liquider

---

308 Häsemeyer, (Fn. 34), 7.18.

309 Vgl. B. I.

310 Ebenso Smid/Leonhardt in: Leonhardt/Smid/Zeuner, InsO, (Fn. 40), § 17 Rn. 3.

311 Vgl. Kirchhof in: Heidelberger Kommentar InsO, 5. Aufl., 2008, § 17 Rn. 4 und 5; Mönning in Nerlich/Römermann, InsO, 22. EL, 2012, § 17 Rn. 14; Eilenberger in: Münchener Kommentar InsO (Band 1), 2. Aufl., 2007, § 17 Rn. 5; und Leithaus in: Andres/Leithaus, (Fn. 60), § 17 Rn. 2.

312 Vgl. Smid/Leonhardt in: Leonhardt/Smid/Zeuner, InsO, (Fn. 40), § 17 Rn. 3 m.w.N.

Mittel „*in einem bestimmten Zeitpunkt*" spricht.[313] Zum anderen betont er, dass eine nur vorübergehende Zahlungsstockung keine Zahlungsunfähigkeit begründet, wenn der Schuldner in der Lage ist, sich die fehlende Liquidität kurzfristig zu beschaffen.[314] Dies wiederum spricht klar für die Annahme einer Zeitraumilliquidität.

Fest steht, dass es zur Abgrenzung der unbeachtlichen Zahlungsstockung zu der beachtlichen Zahlungseinstellung der Bemessung eines Zeitraumes bedarf, in welchem nur von dem Vorliegen einer bloßen Zahlungsstockung und eben noch nicht von dem Vorliegen einer Zahlungseinstellung auszugehen sein soll. Der Gesetzgeber trifft über die Länge eines solchen Zeitraums jedoch keinerlei Aussage und schließt lediglich grob einen Zeitraum „*über Wochen oder gar Monate*"[315] aus. Er relativiert hiermit seine zuvor getroffene Aussage, dass die Zahlungsunfähigkeit eines Schuldners zu einem bestimmten Zeitpunkt vorliegen muss.[316] Sollte anhand einer Zeitpunktbetrachtung feststehen, dass ein Schuldner zahlungsunfähig ist, so hat dieser nach dem Willen des Gesetzgebers die ausdrückliche Möglichkeit seine Illiquidität innerhalb eines kurzen Zeitraumes zu beseitigen, um wieder als zahlungsfähig zu gelten. Daher könnte es falsch sein, aus dem Entfall des Merkmals der „Dauer" einfach darauf zu schließen, dass der Gesetzgeber sich strikt auf eine Zeitpunktilliquidität festlegen wollte. Hingegen könnte es richtig sein, hier einen Hinweis auf die Annahme einer Zeitraumilliquidität zu sehen.[317]

aa) Aufnahme der Zeitraumilliquidität in dem Begriff der drohenden Zahlungsunfähigkeit

Schon unter Geltung der KO zeichnete sich zunehmend ein Trend hin zu der Betrachtung einer Zeitraumilliquidität ab.[318] Diese Entwicklung war dabei durchweg als positiv aufzufassen. Zur Zeit der KO sah man die Bewertung eines Zeitpunktes als den Auslöser leerer Konkursmassen[319], da künftige Verbindlichkei-

---

313 Begründung RegE-InsO, BT-Drucks. 12/2443, 1 [114].

314 Begründung RegE-InsO, BT-Drucks. 12/2443, 1 [114].

315 Begründung RegE-InsO, BT-Drucks. 12/2443, 1 [114].

316 Begründung RegE-InsO, BT-Drucks. 12/2443, 1 [114].

317 So Pape/Uhlenbruck, Insolvenzrecht, 1. Aufl., 2002, Rn. 299; so weiterführend, nunmehr aber klar für eine Zeitraumilliquidität: Pape/Uhlenbruck/Voigt-Salus, (Fn. 290), Kap. 17 Rn. 9.

318 Vgl. B. III. 1.

319 Kilger, (Fn. 165), § 102 Anm. 2a; Baumann, (Fn. 28), § 5 I 1a, S. 21 [22]; Uhlenbruck in: Kuhn/Uhlenbruck, (Fn. 2), § 102 Rn. 2c.

ten des Schuldners in die Prüfung der Zahlungsunfähigkeit nicht mit einbezogen wurden, und damit eine Verfahrenseröffnung oft erst zu spät, nämlich zu einem Zeitpunkt, wenn auch die letzte Masse verbrannt war, erfolgte. Die Betrachtung der Zeitraumilliquidität löst dieses Problem und ermöglicht eine Vorverlagerung des Eröffnungszeitpunktes. Aus Schuldnersicht war die Bewertung eines Zeitraums ebenso positiv, da hierbei auch berücksichtigt wurde, ob dieser bald frische liquide Mittel zu erwarten hatte, um damit nicht als zahlungsunfähig zu gelten. Gerade dieses „*prognostische Element*"[320] macht die Zeitraumilliquidität als Bewertungsmaßstab interessant. Mit diesem werden in praxi Auslegungsspielräume eröffnet, welche der Gesetzgeber zwar vermeiden wollte, aber gerade durch die von ihm gegebene Begründung[321] eröffnete. In der Praxis schaffen es nur diese Auslegungsspielräume, die „Richtlinie zur Feststellung der Zahlungsunfähigkeit"[322] so zu komplettieren, dass eine sinnvolle Bestimmung, ob eine Zahlungsunfähigkeit vorliegt, im Einzelfall überhaupt erst möglich wird.

Der KO war der Eröffnungsgrund der drohenden Zahlungsunfähigkeit – heute § 18 InsO - fremd. Der Wandel hin zu der Bewertung der Zeitraumilliquidität lässt sich mit dem Bedürfnis nach einer früheren Verfahrenseröffnung begründen.[323] Diese war aber damals nur zu erreichen, wenn der einzige in § 102 KO enthaltene Begriff der Zahlungsunfähigkeit auch den der drohenden Zahlungsunfähigkeit umfasste.

De lege lata ist die drohende Zahlungsunfähigkeit eigener Eröffnungsgrund in § 18 Abs. 1 InsO. In der Praxis findet der § 18 InsO jedoch wenig Akzeptanz und daher ebenso wenig Anwendung.[324] Zu diesem neuen Eröffnungsgrund findet der Gesetzgeber in der Begründung zur InsO klare Worte, welche die bisherigen Theorien um die Zeitraumilliquidität aufgreifen und näher ausfüllen.[325] So bestätigt der Gesetzgeber nunmehr das „*prognostische Element*"[326], durch welches „*die gesamte Entwicklung der Finanzlage des Schuldners bis zur Fälligkeit*

320 Uhlenbruck in: Kuhn/Uhlenbruck, (Fn. 2), § 102 Rn. 2c.

321 Dort heißt es: „*es versteht sich von selbst, daß ein Schuldner, dem in einem bestimmten Zeitpunkt liquide Mittel fehlen - [...], der sich die Liquidität aber kurzfristig beschaffen kann, im Sinne der Vorschrit ‚in der Lage ist die fälligen Zahlungspflichten zu erfüllen'.*" = Begründung RegE-InsO, BT-Drucks. 12/2443, 1 [114].

322 Vgl. B. IV.

323 So eben auch Begründung RegE-InsO, BT-Drucks. 12/2443, 1 [114].

324 Uhlenbruck in: Uhlenbruck, InsO, (Fn. 107), § 18 Rn. 1 m.w.N.

325 Vgl. Begründung RegE-InsO, BT-Drucks. 12/2443, 1 [115].

326 So z.B. genannt bei Uhlenbruck in: Kuhn/Uhlenbruck, (Fn. 2), § 102 Rn. 2c.

aller bestehenden Verbindlichkeiten einbezogen werden“ [327] soll und stellt bei der Bewertung nun auch auf das Gesamtverhalten und die Gesamtlage des Schuldners ab. Zudem gibt er selbst vor, dass das Wort „voraussichtlich“ aus § 18 Abs. 2 InsO dahingehend zu verstehen ist, dass „*der Eintritt der Zahlungsunfähigkeit wahrscheinlicher sein muß, als deren Vermeidung.*“[328]

Die drohende Zahlungsunfähigkeit aus § 18 InsO stellt allein auf die Zeitraumilliquidität ab. Jedoch beinhaltet die Zahlungsunfähigkeit aus § 17 InsO, dank der Aussagen des Gesetzgebers in der Begründung zur InsO, ebenfalls Elemente dieses Illiquiditätsbegriffes.

bb) Anhaltspunkte aus § 157 RegE-InsO

Moosmayer[329] nimmt Bezug auf eine Textpassage aus der Begründung zu § 157 RegE-InsO, in welcher es heißt: „*(zeitpunktbezogene) Zahlungsunfähigkeit*“.[330] Hieraus zieht *Moosmayer* den Schluss, dass der Gesetzgeber sich für die InsO und das StGB[331] auf eine für die Zahlungsunfähigkeit maßgebliche Zeitpunktilliquidität festlegen wollte, da es sonst des Wortes „zeitpunktbezogen“ nicht bedurft hätte.

Bittmann[332] sieht hierin das vollkommene Gegenteil. Durch die Worte „zeitpunktbezogene Zahlungsunfähigkeit“ entstehe eine Tautologie, indem der Gesetzgeber hier von „*zeitpunktbezogener Zeitpunktilliquidität*“[333] spreche. Dies habe er sicher nicht gewollt, weshalb wohl auf eine Zeitraumilliquidität abzustellen sei.

Diese Auffassung *Bittmanns* liefert allerdings eher Argumente für die Gegenauffassung und damit für die Annahme einer Zeitpunktilliquidität. Ganz sicher wollte der Gesetzgeber keine Tautologie in den Wortlaut der amtlichen Begründung implementieren. Vielmehr wollte er an dieser Stelle bei § 157 RegE-

327 Begründung RegE-InsO, BT-Drucks. 12/2443, 1 [115].

328 Begründung RegE-InsO, BT-Drucks. 12/2443, 1 [115].

329 Moosmayer, Einfluss der Insolvenzordnung 1999 auf das Insolvenzstrafrecht, Diss. 1999, S. 149 f.

330 Vgl. § 157 RegE-InsO, welcher ein Feststellungsverfahren beinhaltete: Begründung RegE-InsO, BT-Drucks. 12/2443, 1 [164]; welcher später aber nicht in die InsO übernommen wurde. Ausschlaggebend dafür waren aber nicht materielle Zweifel an der Norm, sondern die Sorge, dass die Insolvenzgerichte mit diesem zusätzlichen Verfahren zu sehr belastet würden: vgl. Beschlußempfehlung Nr. 90 des Rechtsausschusses des Deutschen Bundestages, BT-Drucks. 12/7302, 1 [174].

331 Dort die Bankrottdelikte in den §§ 283 ff. StGB.

332 Bittmann, wistra 1998, 321 [324].

333 Bittmann, wistra 1998, 321 [324].

InsO, welcher ein Verfahren zur Feststellung des Zeitpunktes der Zahlungsunfähigkeit normieren sollte[334], noch einmal klarstellen, dass die Zahlungsunfähigkeit zeitpunktbezogen zu ermitteln und somit als Zeitpunktilliquidität zu verstehen ist. Der hier vom Gesetzgeber gebrauchte und zunächst an sich neutrale Begriff der Zahlungsunfähigkeit wird durch das Attribut „zeitpunktbezogen" gerade näher bestimmt und erläutert. Der Gesetzgeber wollte an dieser Stelle also unmittelbar auf eine Zeitpunktilliquidität abstellen.

cc) Verständnis als „weiche Zeitpunktilliquidität"

Festzustellen ist, dass der Gesetzgeber in der Begründung zu § 17 Abs. 1 InsO die Prüfung fordert, ob sich die eingetretene, zeitpunktbezogen festgestellte Zahlungsunfähigkeit nicht durch das Eintreffen frischer Liquidität wieder auflöst.[335]

Ein direktes Abstellen auf eine Zeitraumilliquidität ist hierin allerdings nicht zu sehen. Vielmehr kann diese Beschreibung als „weiche Zeitpunktilliquidität" verstanden werden, bei der nach Feststellung der Zahlungsunfähigkeit zum Stichtag eine Ausschlussprüfung hinsichtlich des Vorliegens einer bloßen unbeachtlichen Zahlungsstockung unter Zugrundelegung einer Ausschlussfrist vorgenommen wird.[336] Sollte es dem Schuldner innerhalb dieser Frist nicht gelingen die Zahlungsstockung zu beseitigen, so wird die bereits zum Stichtag festgestellte Zahlungsunfähigkeit endgültig. Hiermit wird sichergestellt, dass der Schuldner nicht zu Unrecht als zahlungsunfähig erachtet wird.[337] Zugleich erhält der Schuldner eine Chance, die Zahlungsunfähigkeit doch noch abzuwenden.

Mit dieser Einheit[338] der Merkmale der „Fälligkeit" und der „Dauer" schafft der Gesetzgeber einen zwar prognostischen, aber dennoch auf einen klar definierbaren Zeitpunkt abstellenden Tatbestand. Dieser beinhaltet Elemente der Zeitraumilliquidität, kommt einer solchen begrifflich, funktionell und inhaltlich aber nicht vollkommen gleich.

Mit der Implementierung der drohenden Zahlungsunfähigkeit und der damit verbundenen Bewertung der Zeitraumilliquidität in § 18 InsO ist zudem davon

334 Begründung RegE-InsO, BT-Drucks. 12/2443, 1 [156].

335 Begründung RegE-InsO, BT-Drucks. 12/2443, 1 [114].

336 So ist wohl auch die BGH-Judikatur zu verstehen, welche von einem absehbaren Zeitraum von 3 Wochen ausgeht: BGH, Urteil vom 24.05.2005 – IX ZR 123/04 = NZI 2005, 547; hierauf wird später noch einzugehen sein.

337 So ist wohl auch Eilenberger zu verstehen in: Münchener Kommentar InsO, (Fn. 311), § 17 Rn. 5.

338 Hierzu auch *Häsemeyer*, der dieser Verbindung der beiden Begriffe wohl ebenfalls positiv gegenübersteht: Häsemeyer, (Fn. 34), 7.20.

auszugehen, dass sich nunmehr beide Illiquiditätsbegriffe im Gesetz finden lassen: Die Zeitraumilliquidität in § 18 Abs. 2 InsO und die „weiche Zeitpunktilliquidität" in § 17 Abs. 1 S. 1 InsO.[339]

Die drohende Zahlungsunfähigkeit kann zwar nur vom Schuldner vorgetragen werden, § 18 Abs. 1 InsO, der Übergang zwischen den Eröffnungsgründen lässt sich jedoch als fließend beschreiben, womit es auf diese subjektive Voraussetzung nicht unbedingt ankommt. Die Prüfung der beiden Eröffnungsgründe ist zudem in wesentlichen Teilen identisch.[340] Außerdem ist bei der allgemein gestellten Frage, ob ein Eröffnungsgrund vorliegt, festzustellen, ob die Zahlungsunfähigkeit faktisch vorliegt oder lediglich droht. Dabei ist es gleich, ob ein Schuldner- oder Fremdantrag vorliegt. Die Elemente beider Illiquiditätsbegriffe sind dabei dynamisch miteinander zu verbinden.[341]

Ein solches Befürworten und Verständnis von zwei Illiquiditätsbegriffen innerhalb der InsO ist dabei unschädlich[342] und wird durch das Zusammenspiel von Liquiditätsstatus und anschließendem Liquiditätsplan[343] zur Feststellung der Zahlungsunfähigkeit unterstrichen, welches beide Illiquiditätsbegriffe in sich vereint. In diesem Zusammenspiel wirken beide Begriffe dahingehend zusammen, dass zuerst zeitpunktbezogen eine Unterdeckung festgestellt wird, und daraufhin zeitraumbezogen eine Prognose über die Entwicklung der Liquidität für die folgenden drei Wochen, und wenn nötig die Monate darüber hinaus, gestellt wird.[344]

Der begrifflich als Zeitpunktilliquidität anhand der Stichtagsbilanz gefundene Zeitpunkt ist zur Erfüllung des Normzwecks des § 17 InsO unerlässlich.[345] Dieser ist darüber hinaus für die retrograde Ermittlung der Zahlungsunfähigkeit

---

339 Zu diesem Verständnis auch Mönning in: Nerlich/Römermann, (Fn. 311), § 17 Rn. 14.

340 Ganter, ZInsO 2011, 2297 [2302].

341 Dies gilt gerade auch, wenn die drohende Zahlungsunfähigkeit nur vom Schuldner vorgetragen werden kann, da die Feststellung der drohenden Zahlungsunfähigkeit sowohl für den Schuldner als auch für die Gläubiger im späteren Verfahren positive Auswirkungen hat.

342 *Häsemeyer* spricht sogar von einer „Bewährung der doppelten zeitlichen Fixierung": Häsemeyer, (Fn. 34), 7.20.

343 Vgl. hierzu: Pape/Uhlenbruck/Voigt-Salus, (Fn. 290), Kap. 17 Rn. 9, die in der Konsequenz dieses Zusammenspiel allerdings in die andere Richtung deuten.

344 Smid/Leonhardt in: Leonhardt/Smid/Zeuner, InsO, (Fn. 40), § 17 Rn. 16a.

345 Kirchhof in: Heidelberger Kommentar InsO, (Fn. 311), § 17 Rn. 5.

als Indiz und mit seiner Bedeutung für andere Normen[346] innerhalb der Insolvenzordnung unabdingbar. Es muss also schon aus diesen Gründen eine zeitpunkt- bzw. stichtagsbezogene Illiquidität festgestellt werden.

Unterstützung erfährt dieses Verständnis auch durch die Grundsatzentscheidung des BGH vom 24.05.2005.[347] Wie *Ganter*[348] ausführt, geht der BGH hier von einer „*Fiktion*" aus, indem er im Rahmen der Liquiditätsbilanz zunächst die Zahlungsunfähigkeit des Schuldners zum Stichtag feststellt und diese anschließend für einen Prognosezeitraum von drei Wochen nur als Zahlungsstockung behandelt. Der BGH bestätigt hier mit dieser Fiktion ebenfalls das oben ausgeführte Verständnis einer „weichen Zeitpunktilliquidität".

Insgesamt ist daher der Schluss zu ziehen, dass innerhalb der Prüfung des § 17 Abs. 1 InsO auf eine „weiche Zeitpunktilliquidität" abzustellen ist, welche Elemente der Zeitraumilliquidität enthält, einer solchen jedoch nicht gleichbedeutend ist.[349]

b. Das „ernsthafte Einfordern" und seine Bedeutung de lege lata für das Merkmal der „Fälligkeit"

In der Legaldefinition der Zahlungsunfähigkeit in § 17 Abs. 2 S. 1 InsO ist allein die Fälligkeit der Forderungen vorausgesetzt. Nicht enthalten ist dagegen, dass eine Forderung ernsthaft eingefordert[350] sein muss. Hieraus könnte zu schließen sein, dass der Gesetzgeber, welcher nach eigener Aussage bewusst die unter der KO gefundene Definition zugrunde gelegt hat[351], dieses Merkmal abgeschafft wissen wollte.

Wie dargelegt[352], diente das Merkmal hauptsächlich dazu, „rein tatsächliche – also ohne rechtlichen Bindungswillen oder erkennbare Erklärung – gestundete

346 Hierzu Kirchhof in: Heidelberger Kommentar InsO, (Fn. 311), § 17 Rn. 4.

347 BGH, Urteil vom 24.05.2005 – IX ZR 123/04 = NZI 2005, 547 ff.

348 Ganter war bis zum 31.10.2010 Vorsitzender und 2005 stellvertretender Vorsitzender des IX. Zivilsenates: Ganter, ZInsO 2011, 2297 [2299].

349 Ebenfalls die Zeitpunktilliquidität annehmend: Kirchhof in: Heidelberger Kommentar InsO, (Fn. 311), § 17 Rn. 4 und 5; Mönning in Nerlich/Römermann, (Fn. 311), § 17 Rn. 14; Eilenberger in: Münchener Kommentar InsO, (Fn. 311), § 17 Rn. 5; und Leithaus in: Andres/Leithaus, (Fn. 60), § 17 Rn. 2.

350 Zu der Thematik des „ernstlichen Einforderns" unter der KO vgl. ausführlich B. III. 1.

351 Begründung RegE-InsO, BT-Drucks. 12/2443, 1 [114].

352 Vgl. B. III. 1.

Forderungen von der Prüfung der Zahlungsunfähigkeit"[353] auszunehmen. Treffend ist auch die Formulierung, dass mit dem ernsthaften Einfordern eine „bloße durch Leistungsunwilligkeit ‚erzwungene' Stundung außer Betracht bleiben soll."[354] Zudem statuierte der BGH, dass „eine einzige ernsthafte Zahlungsaufforderung, die auch in einer mündlichen Mahnung bestehen kann"[355], ein „ernstliches Einfordern" beinhalte, und „insbesondere Klagen oder Zwangsvollstreckungsmaßnahmen"[356] gegen den Schuldner nicht notwendig seien. Die Anforderungen an ein „ernstliches Einfordern" wurden somit durch die höchstrichterliche Rechtsprechung stark herabgesetzt bis vollkommen relativiert.

Die geäußerte Kritik[357] an dem Merkmal ist ungebrochen. Jedoch ergeben sich bei Betrachtung der Reform des Begriffes der Zahlungsunfähigkeit Zweifel, ob eine uneingeschränkte Ablehnung richtig ist.

aa) Entfall des Erfordernisses des ernsthaften Einforderns – ein Überblick über die Literatur

In der Kommentar-[358] und Fachliteratur[359] erfährt das Merkmal des „ernsthaften Einforderns" auch unter der InsO große Ablehnung und wird deshalb überwiegend als entfallen betrachtet.[360]

Einheitlich wird in der Kommentarliteratur allein auf die Fälligkeit der Forderung nach § 271 BGB abgestellt, weswegen es eines ernsthaften Einforderns nicht mehr bedürfe. Weiter wird davon ausgegangen, dass es einen „*Zwangskredit*"[361] durch stillschweigende Stundung der Gläubiger nicht geben kann, und dass, wenn der Schuldner den Eintritt der Zahlungsunfähigkeit verhindern

---

353 BGH, Urteil vom 25.09.1997 – IX ZR 231/96 = NJW 1998, 607; und Urteil vom 20. 12. 2007 - IX ZR 93/06 = NZI 2008, 231.

354 Smid/Leonhardt in: Leonhardt/Smid/Zeuner, InsO, (Fn. 40), § 17 Rn. 5.

355 BGH, Urteil vom 25.09.1997 – IX ZR 231/96 = NJW 1998, 607.

356 BGH, Urteil vom 25.09.1997 – IX ZR 231/96 = NJW 1998, 607; vgl. auch: Urteil vom 27. 4. 1995 – IX ZR 147/94 = WM 1995, 1113 [1114] m.w.N.

357 Vgl. B. III. 1.

358 Vgl. u.a. Müller in: Jaeger, InsO, 1. Aufl., 2004, § 17 Rn. 7 ff.; ausführlich Uhlenbruck in: Uhlenbruck, InsO, (Fn. 107), § 17 Rn. 14; und Eilenberger in: Münchener Kommentar InsO, (Fn. 311), § 17 Rn. 7; ebenso Bußhardt in: Braun, InsO, 5. Aufl, 2012, § 17 Rn. 17.

359 Deutlich: Harz, ZInsO 2001, 193 [194]; und Pape/Uhlenbruck; (Fn. 317), Rn. 301.

360 Ganz deutlich Eilenberger in: Münchener Kommentar InsO, (Fn. 311), § 17 Rn. 7, welcher das Merkmal nicht einmal mehr erwähnt; auch Pape/Uhlenbruck; (Fn. 317), Rn. 301; und Harz, ZInsO 2001, 193 [194], welche klar von einem Entfall sprechen.

361 Uhlenbruck in: Uhlenbruck, InsO, (Fn. 107), § 17 Rn. 8.

möchte, dieser „*klare und eindeutige Stundungsvereinbarungen herbeiführen*“[362] muss.

Dagegen äußert *Kirchhof*[363] nachvollziehbar, dass der amtlichen Begründung zur InsO[364] keineswegs zu entnehmen sei, dass es sich bei der Nichtnennung des Merkmals in der Definition des § 17 Abs. 2 InsO um ein „*gezieltes Fortlassen*“[365] durch den Gesetzgeber handelt. Gerade die durch die BGH-Judikatur[366] stark herabgesetzten Anforderungen an die Gläubigerhandlungen, die ein „ernstliches Einfordern“ manifestieren sollen, sieht *Kirchhof* als Klarstellung, dass das Merkmal des „ernstlichen Einforderns“ weiter Gültigkeit besitzt, um „*die Fälligkeit im insolvenzrechtlichen Sinne nach außen hin unmißverständlich klarzustellen.*“[367] Er beschreibt das Merkmal des „ernstlichen Einforderns“ als Evidenz, dass der Schuldner nicht in der Lage ist zu zahlen, wenn die eingeforderte Leistung ausbleibt.[368]

Dem schließen sich indirekt auch die Stimmen von *Burger* und *Schellberg* an.[369] Diese sehen zwar wohl ebenfalls das Merkmal des „ernstlichen Einforderns“ als entfallen an, verbergen aber nicht eine gewisse Besorgnis und Trauer über diesen Umstand. Sie sehen damit ein großes Problemfeld als eröffnet, nämlich das der Feststellung der Fälligkeit von Verbindlichkeiten durch externe Personen.[370] Mit dem „ernstlichen Einfordern“, und sei es nur durch Mahnungen, Mahnbescheide oder Klagen, war die Abgrenzung einfacher vorzunehmen.[371] Hierin kann man ein Fürsprechen für den Erhalt des Merkmals sehen.

---

362 Müller in: Jaeger, InsO, (Fn. 358), § 17 Rn. 7 ff.

363 Kirchhof in: Kölner Schrift zur Insolvenzordnung, (Fn. 30), S. 288, Rn. 11.

364 Begründung RegE-InsO, BT-Drucks. 12/2443, 1 [114].

365 Kirchhof in: Kölner Schrift zur Insolvenzordnung, (Fn. 30), S. 288, Rn. 11.

366 Vgl. BGH, Urteil vom 18.05.1955 – IV. ZR 14/55 = WM 1955, 1468; Urteil vom 25.09.1997 – IX ZR 231/96 = NJW 1998, 607; Urteil vom 25.09.1997 – IX ZR 231/96 = NJW 1998, 607; Urteil vom 27. 4. 1995 – IX ZR 147/94 = WM 1995, 1113 [1114] m.w.N; Vgl. auch B. III. 1.

367 Kirchhof in: Kölner Schrift zur Insolvenzordnung, (Fn. 30), S. 288, Rn. 11.

368 Kirchhof in: Kölner Schrift zur Insolvenzordnung, (Fn. 30), S. 288, Rn. 11.

369 Burger/Schellberg, BB 1995, 261 [263].

370 Burger/Schellberg, BB 1995, 261 [263].

371 Burger/Schellberg, BB 1995, 261 [263].

bb) Die Wiedereinführung des Erfordernisses durch den BGH

Dieser Auffassung von *Kirchhof*[372] sowie *Burger* und *Schellberg*[373] entspricht auch die Leitentscheidung des BGH vom 19.07.2007[374], in welcher der BGH das Merkmal des „ernstlichen Einforderns" überraschend wieder einzuführen scheint.

In dem vom BGH zu entscheidenden Fall legte der Schuldner zunächst beim LG gegen den Beschluss über die Eröffnung des Insolvenzverfahrens über sein Vermögen sofortige Beschwerde ein, welche hier erfolglos blieb. Mit der Rechtsbeschwerde vor dem BGH verfolgte er sein Begehren, die Aufhebung des Eröffnungsbeschlusses, weiter. Der BGH hob den Eröffnungsbeschluss auf und verwies die Sache an das zuständige LG zurück. Zu dieser Entscheidung hatten konkrete Zweifel an der Zahlungsunfähigkeit des Schuldners geführt.

Eine wesentliche Forderung der Steuerberaterin des Schuldners in Höhe von rund 29.000 € sei nicht fällig gewesen. Der Schuldner hatte mit der Steuerberaterin vereinbart, dass er zahle oder Forderungen abtrete, wie es ihm möglich sei. Die Steuerberaterin verzichtete daraufhin auf Mahnungen. Hierin sah der BGH eine stillschweigende Stundungsvereinbarung zwischen den Parteien und verneinte die Fälligkeit der Honorarforderung, da diese nicht ernstlich eingefordert gewesen sei.

Der BGH stellt in der Entscheidung klar, dass eine Forderung erst dann als fällig i.S.d. § 17 Abs. 2 S. 1 InsO gilt, „wenn eine Gläubigerhandlung feststeht, aus der sich der Wille, vom Schuldner Erfüllung zu verlangen, im Allgemeinen ergibt."[375]

Der BGH betont hier im Einklang mit der bisherigen Rechtsprechung[376] weiter, dass es darum gehe, die *„tatsächlichen Stundungen"* von der Prüfung der Zahlungsunfähigkeit auszunehmen.[377] Als „tatsächlich" bezeichnet der BGH eine Stundung, die ohne Rechtsbindungswillen oder eindeutige Erklärung getroffen wurde.[378] Der BGH nimmt hier eine stillschweigende bzw. konkludente

372 Kirchhof in: Kölner Schrift zur Insolvenzordnung, (Fn. 30), S. 288, Rn. 11.
373 Burger/Schellberg, BB 1995, 261 [263].
374 BGH, Beschluss vom 19.07.2007 – IX ZB 36/07 = NZI 2007, 579.
375 BGH, Beschluss vom 19.07.2007 – IX ZB 36/07 = NZI 2007, 579.
376 BGH, Urteil vom 25.09.1997 – IX ZR 231/96 = NJW 1998, 607; und Urteil vom 20. 12. 2007 - IX ZR 93/06 = NZI 2008, 231.
377 BGH, Beschluss vom 19.07.2007 – IX ZB 36/07 = NZI 2007, 579.
378 BGH, Beschluss vom 19.07.2007 – IX ZB 36/07 = NZI 2007, 579; dem folgend Urteil vom 20. 12. 2007 - IX ZR 93/06 = NZI 2008, 231.

Stundung an, nennt diese aber *„tatsächliche Stundung."*[379] Zudem stellt der BGH in diesem Beschluss darauf ab, dass die bürgerlich-rechtliche Fälligkeit nach § 271 BGB nur entfernt etwas mit der insolvenzrechtlichen nach § 17 Abs. 2 S. 1 InsO zu tun habe. Die Fälligkeit einer Forderung bestimme sich nicht allein nach § 271 BGB, weshalb sich hieraus auch nicht schematisch die Zahlungsunfähigkeit herleiten lasse. Es ließe sich lediglich andenken, ob der Schuldner nicht zahlungsunfähig sei, wenn eine Forderung nach § 271 BGB fällig ist und der Schuldner auf diese nicht leistet.[380] Die Fälligkeit allein nach § 271 BGB kann damit – nach dem BGH – als insolvenzrechtlich irrelevant bezeichnet werden.

Der BGH betont mit *Kirchhof*[381], dass der Gesetzgeber das Merkmal des *„Eingefordertseins"* nicht abschaffen wollte. Vielmehr spreche die amtliche Begründung gerade davon, dass die alte Definition zugrunde gelegt wurde, was den Schluss zulässt, dass auch das Merkmal des ernsthaften Einforderns erhalten bleiben sollte.[382] Weiter führt der BGH hier aus: *„Sinn und Zweck des § 17 InsO verlangen vielmehr, an dem Erfordernis des ‚ernsthaften Einforderns' als Voraussetzung einer die Zahlungsunfähigkeit begründenden oder zu dieser beitragenden Forderung festzuhalten."*[383]

Den Sinn und Zweck des § 17 InsO erblickt der BGH dabei darin, den *„richtigen Zeitpunkt für die Eröffnung des Insolvenzverfahrens zu finden."*[384] Diesen Zeitpunkt sieht er als eben nicht gekommen, wenn die Gläubiger keine Bemühungen erkennen lassen, Befriedigung ihrer Forderungen durch den Schuldner zu erreichen.

Mit dieser Begründung könnte man also tatsächlich von einer Rückkehr des Merkmals des „ernstlichen Einforderns" sprechen.

cc) Sinnhaftigkeit und Existenz eines „ernsthaften Einforderns"

Zusammenfassend ist innerhalb des Wortlauts der amtlichen Begründung zur InsO[385] festzustellen, dass der Gesetzgeber das Merkmal des „ernstlichen Ein-

379 BGH, Beschluss vom 19.07.2007 – IX ZB 36/07 = NZI 2007, 579 [580].
380 BGH, Beschluss vom 19.07.2007 – IX ZB 36/07 = NZI 2007, 579 [580].
381 Welchen der BGH direkt zitiert, Kirchhof in: Kölner Schrift zur Insolvenzordnung, (Fn. 30), S. 288, Rn. 11.
382 BGH, Beschluss vom 19.07.2007 – IX ZB 36/07 = NZI 2007, 579 [580].
383 BGH, Beschluss vom 19.07.2007 – IX ZB 36/07 = NZI 2007, 579 [580].
384 BGH, Beschluss vom 19.07.2007 – IX ZB 36/07 = NZI 2007, 579 [580].
385 Begründung RegE-InsO, BT-Drucks. 12/2443, 1 [114].

forderns“ nicht mehr erwähnt. Allerdings lässt sich hieraus kein sicherer Schluss in jegliche Richtung ziehen. Das Merkmal könnte entfallen[386] oder auch unter Geltung der InsO weiterhin zu berücksichtigen sein.[387] Zur Klärung dieses Konflikts ist deshalb fraglich, wie das Merkmal der „Fälligkeit“ auszulegen ist.

Das die Feststellung der Fälligkeit einer Forderung leichter vorzunehmen ist, wenn diese ernstlich eingefordert ist[388], kann wohl als selbsterklärend dahinstehen. Ebenso ist nicht daran zu zweifeln, dass das Merkmal des „ernstlichen Einforderns“ die *„Evidenz der Zahlungsunfähigkeit bei Ausbleiben der Leistung“*[389] ausdrückt.

Betrachtet man aber nun die mit der Reform des Insolvenzrechts 1999 neu geschaffene Definition der Zahlungsunfähigkeit in § 17 Abs. 2 S. 1 InsO, so spricht diese in ihrem Wortlaut eindeutig nur von der Fälligkeit einer Verbindlichkeit.

(a) Das Verständnis des § 271 BGB als Maßstab der Fälligkeit

Viel fraglicher sind daher die Aussagen des BGH, welcher der Fälligkeit im insolvenzrechtlichen Sinne des § 17 InsO den Bezug zu der bürgerlich-rechtlichen Fälligkeit aus § 271 BGB abspricht.[390] Die insolvenzrechtliche Fälligkeit kann sich aber nicht anders bemessen als die bürgerlich-rechtliche. Letztere war zudem diejenige, welche die Parteien bei der Begründung der Forderung willentlich zugrunde legten.

Fälligkeit nach § 271 BGB bezeichnet den Zeitpunkt, von dem an der Gläubiger die Leistung verlangen kann.[391] In erster Linie wird dieser Zeitpunkt danach bestimmt, was die Parteien individuell vereinbart haben, § 271 Abs. 2

---

386 Vgl. u.a. Müller in: Jaeger, InsO, (Fn. 358), § 17 Rn. 7 ff.; ausführlich Uhlenbruck in: Uhlenbruck, InsO, (Fn. 107), § 17 Rn. 14; Eilenberger in: Münchener Kommentar InsO, (Fn. 311), § 17 Rn. 7.

387 BGH, Beschluss vom 19.07.2007 – IX ZB 36/07 = NZI 2007, 579 [580]; und Kirchhof in: Kölner Schrift zur Insolvenzordnung, (Fn. 30), S. 288, Rn. 11.

388 Burger/Schellberg, BB 1995, 261 [263].

389 Sich auf Kirchhof in: Kölner Schrift zur Insolvenzordnung, (Fn. 30), S. 288, Rn. 11 beziehend - wörtlich: Smid/Leonhardt in: Leonhardt/Smid/Zeuner, InsO, (Fn. 40), § 17 Rn. 5.

390 BGH, Beschluss vom 19.07.2007 – IX ZB 36/07 = NZI 2007, 579 [580].

391 BGH, Urteil vom 01.02.2007 - III ZR 159/06 = NJW 2007, 1581 [1582]; ebenso: Jauernig/Stadler, BGB, 14. Aufl., 2011, § 271 Rn. 2; und Palandt/Grüneberg, BGB, 71. Aufl., 2012, § 271 Rn. 1.

BGB.[392] Ist keine Vereinbarung inter partes getroffen worden, und ergibt sich die Leistungszeit auch nicht aus den Umständen, so ist im Zweifel davon auszugehen, dass die Forderung sofort fällig ist, § 271 Abs. 1 BGB.[393] Bei Entgeltforderungen tritt Fälligkeit zudem spätestens mit Ablauf der 30-Tages-Frist des § 286 Abs. 3 S. 1 BGB ein[394], auch wenn es im Rahmen der Zahlungsunfähigkeitsprüfung nicht auf den Eintritt des Verzuges ankommt.[395] Die Erteilung einer Rechnung ist entgegen der insolvenzrechtlichen Auffassung[396] im bürgerlichen Recht, selbst bei Anspruch[397] auf Erteilung, keine Fälligkeitsvoraussetzung.[398] Spätestens mit der Zusendung einer Mahnung wird jedoch i.d.R. Fälligkeit anzunehmen sein. Mit der Fälligkeit i.S.d. § 271 BGB fällt zudem das Erfordernis der Erfüllbarkeit der Forderung zusammen.[399]

Die Fälligkeit von Forderungen ist also hinreichend in § 271 BGB geregelt. Dies ist wohl auch der Grund, warum der Gesetzgeber in der amtlichen Begründung zur InsO keine Notwendigkeit sah, diesen feststehenden und durch § 271 BGB hinreichend ausgefüllten Begriff näher zu erläutern, oder um das Erfordernis eines „ernstlichen Einforderns“ zu ergänzen. Aus diesem Grund ist es auch nicht nachvollziehbar, weshalb es einer weiteren Gläubigerhandlung zur Fälligstellung einer Forderung bedürfen soll.[400]

(b) Rechtliche Existenz einer „stillschweigenden Stundung“

Weiter wird für den Erhalt des „ernstlichen Einforderns“ häufig das Argument der „stillschweigenden Stundung“ angeführt.[401] Die Rspr.[402] nimmt an, dass die

---

392 BGH, Urteil vom 01.02.2007 - III ZR 159/06 = NJW 2007, 1581 [1582] m.w.N.

393 Vgl. Ampferl in: Beck/Depré, Praxis der Insolvenz, 2. Aufl., 2010, § 2 Rn. 28.

394 Vgl. Ampferl in: Beck/Depré, (Fn. 393), § 2 Rn. 29.

395 Kriegel in: Nickert/Lamberti, (Fn. 89), Rn. 13.

396 Vgl. Henckel in: Jaeger, KO, (Fn. 11), § 30 Rn. 23; und BGH, Urteil vom 25.09.2997 – IX ZR 231/96 = NJW 1998, 607, welche aufgrund ihrer Sichtweise der Anforderungen an ein „ernstliches Einfordern“ auch eine Rechnungslegung als ausreichend erachten.

397 Aus § 14 UStG; vgl. auch BGH, Urteil vom 24.02.1988 - VIII ZR 64/87 = NJW 1988, 2042.

398 Palandt/Grüneberg, (Fn. 391), § 271 Rn. 7 m.w.N.

399 Jauernig/Stadler, (Fn. 391), § 271 Rn. 4; Palandt/Grüneberg, (Fn. 391), § 271 Rn. 1.

400 So BGH, Beschluss vom 19.07.2007 – IX ZB 36/07 = NZI 2007, 579.

401 Vgl. BGH, Urteil vom 25.09.1997 – IX ZR 231/96 = NJW 1998, 607; sowie Uhlenbruck in: Uhlenbruck, InsO, (Fn. 107), § 17 Rn. 14.

402 BGH, Urteil vom 18.05.1955 – IV ZR 14/55 = WM 1955, 1468 [1470]; dies zitierend, und dem folgend: OLG Stuttgart, Urteil vom 22.01.1997 – 9 U 138/96 = ZIP 1997,

Gläubiger, wenn sie ihre Forderungen nicht „ernstlich einfordern", damit stillschweigend stunden. Fraglich ist jedoch, ob es eine solche „stillschweigende Stundung" rechtlich überhaupt geben kann.[403]

Der Begriff der Stundung für sich genommen ist das „*Hinausschieben der Fälligkeit einer Forderung bei Bestehenbleiben der Erfüllbarkeit.*"[404] Die Stundung beruht regelmäßig auf vertraglicher Abrede. Diese wird direkt bei Vertragsschluss getroffen. Sollte sie nachträglich erfolgen, hat die Stundung sogar vertragsändernden Charakter.[405] Es bedarf somit einer ausdrücklichen obligatorischen Stundungsvereinbarung zwischen Schuldner und Gläubiger.

Das Schweigen ist rechtlich ein Nullum; es hat keinerlei rechtliche Bedeutung.[406] Ihm kommt erst dann ein Erklärungswert zu, wenn die Parteien dies ausdrücklich vereinbart haben, oder gesetzlich eine Zustimmung oder Ablehnung durch Schweigen normiert ist.[407] Im Hinblick auf die Stundung ist gesetzlich kein Erklärungswert des Schweigens normiert. Daher ist davon auszugehen, dass, wenn zwischen den Gläubigern und dem Schuldner keine eindeutigen Stundungsvereinbarungen getroffen worden sind, auch keine konkludenten durch Schweigen oder, dem gleichgestellt, Nichthandeln getroffenen Vereinbarungen vorliegen, und die Forderung fällig sowohl i.S.v. § 271 BGB als auch i.S.v. § 17 InsO ist.[408]

---

652 [653]; so weiter auch BGH, Beschluss vom 19.07.2007 – IX ZB 36/07 = NZI 2007, 579.

403 Vgl. auch Schmerbach in: FK-InsO, (Fn. 32), § 17 Rn. 15, welcher betont, dass es einer „*ausdrücklichen Vereinbarung*" bedarf, weshalb bei der „*Annahme einer stillschweigenden Stundung [...] Vorsicht geboten*" sei.

404 Palandt/Grüneberg, (Fn. 391), § 271 Rn. 12 m.w.N.

405 Palandt/Grüneberg, (Fn. 391), § 271 Rn. 14 m.w.N.

406 Vgl. Medicus, BGB AT, 10. Aufl., 2010, Rn. 345 ff.; Petersen, Jura 2003, 687 ff.; Ahrens in: Prütting/Wegen/Weinreich, BGB, 7. Aufl., 2012, Vor § 116 Rn. 21 f. m.w.N.

407 Ein Überblick über normierte Bedeutungen des Schweigens bei Ahrens in: Prütting/Wegen/Weinreich, (Fn. 406), Vor § 116 Rn. 21 f. m.w.N.

408 Anderer Ansicht ist hier *Schröder* in: Hamburger Kommentar InsO, 4. Auflage, 2012, § 17 Rn. 10 m.w.N.
Dieser meint zum einen, dass die zivilrechtliche Wirksamkeit der Stundung entscheidender sei als deren Form. Deshalb sei eine Stundung auch grundsätzlich formfrei und konkludent möglich.
Zum anderen betont *Schröder*, dass eine „tatsächliche Stundung" nicht die Fälligkeit i.S.d. § 271 BGB, sondern allein die Begründung der insolvenzrechtlichen Fälligkeit hindere.

Der BGH nimmt dennoch die Existenz von sog. „tatsächlichen Stundungen“[409] an. Es gehe darum, dass „die Forderung eines Gläubigers, der in eine spätere oder nachrangige Befriedigung eingewilligt hat“ nicht berücksichtigt wird, „auch wenn keine rechtlich bindende Vereinbarung getroffen worden ist.“[410] Dabei setzt auch der BGH eine Einwilligung des Gläubigers in die Stundung voraus, meint aber die Regelungen des allgemeinen Zivilrechts hier umgehen zu können, indem er auch unvollkommene, weil ohne Rechtsbindungswillen getroffene, Vereinbarungen für ausreichend erachtet. Das allgemeine Zivilrecht besitzt jedoch auch im Insolvenzrecht uneingeschränkte Gültigkeit. Daher kann, wie oben dargelegt, eine Stundung nur ausdrücklich und keinesfalls konkludent bzw. durch Schweigen erfolgen.

Wäre dies möglich, so wäre zudem das Insolvenzgericht im Rahmen seiner Ermittlungen gemäß § 5 Abs. 1 InsO angehalten, auch das Vorliegen von tatsächlichen Stundungen zu ermitteln. Der BGH führt hierzu aus: *„Das Insolvenzgericht hat im Rahmen seiner Amtsermittlungspflicht jedoch Tatsachenbehauptungen des Schuldners oder anderen Anhaltspunkten nachzugehen, die konkret als möglich erscheinen lassen, dass der Gläubiger sich dem Schuldner gegenüber mit einer nachrangigen Befriedigung unter – sei es auch zeitweiligem – Verzicht auf staatlichen Zwang einverstanden erklärt hat.“*[411] Der Schuldner könnte somit durch das bloße Behaupten[412] des Vorliegens solcher tatsächlicher Stundungen einen Gläubigerantrag in Frage stellen und dadurch die Verfahrenseröffnung stark verzögern. Dies würde Möglichkeiten des Missbrauchs eröffnen, welche schlicht nicht hinzunehmen sein können.[413] Die Ansicht des BGH ist daher abzulehnen. Eine stillschweigende oder gar konkludente Stundung der Gläubiger kann es rechtlich nicht geben.

Diese Ansicht wird dabei zuletzt noch von dem BGH selbst gestützt.[414] Jener verneint schließlich die Existenz von *„erzwungenen Stundungen“*[415], z.B. durch die Nichtzahlung von Löhnen trotz Leistungserbringung durch die Mitarbeiter, welche aber nicht sofort Klage gegen den Arbeitgeber erheben. Der BGH führt,

---

409 BGH, Beschluss vom 19.07.2007 – IX ZB 36/07 = NZI 2007, 579 [580]; Urteil vom 20. 12. 2007 - IX ZR 93/06 = NZI 2008, 231.

410 BGH, Beschluss vom 19.07.2007 – IX ZB 36/07 = NZI 2007, 579 [580].

411 BGH, Beschluss vom 19.07.2007 – IX ZB 36/07 = NZI 2007, 579 [580 Rn 19] m.w.N.

412 Ein solches ist mit dem BGH ausreichend: vgl. Tetzlaff, ZInsO 2007, 1334 [1337] m.w.N. insb. Fn. 12.

413 Tetzlaff, ZInsO 2007, 1334 [1337] m.w.N.

414 BGH, Urteil vom 14.02.2008 - IX ZR 38/04 = NZI 2008, 299.

415 BGH, Urteil vom 14.02.2008 - IX ZR 38/04 = NZI 2008, 299.

wie schon in dem Beschluss vom 19.07.2007[416], auch in diesem Urteil aus, dass es darum gehe, den *„richtigen Zeitpunkt für die Eröffnung des Insolvenzverfahrens zu finden“* und daher der Begriff einer „stillschweigenden Stundung“ mit Vorsicht zu genießen sei.[417] Daher seien alle Forderungen, die erzwungen gestundet sein könnten, bei der Prüfung der Zahlungsunfähigkeit zu berücksichtigen.

Eine „erzwungene Stundung“ ist jedoch kaum etwas anderes als eine „stillschweigende Stundung.“ Auch hier geht es um ein konkludentes Einwilligen des Gläubigers in die Stundung durch Schweigen auf die Konfrontation mit der erzwungenen Stundung. Wenn aber der BGH eine erzwungene Stundung ablehnt, dagegen jedoch eine stillschweigende annimmt, so widerspricht er sich selbst und lehnt damit die Existenz sowohl einer stillschweigenden als auch einer erzwungenen Stundung ab.

Eine Stundung kann es somit weder stillschweigend noch erzwungen geben. Eine Stundung kann nur durch ausdrückliche Vereinbarung erfolgen. Der verwendete Begriff ist daher schlicht falsch gewählt. Statt von einer „stillschweigenden Stundung“ wäre es besser, mit *Ampferl* von der *„einseitigen, sanktionslosen Überschreitung von Zahlungsterminen“*[418] zu sprechen.

(c) Bedeutung für das „ernstliche Einfordern“

Schon unter diesen Gesichtspunkten ist ein „ernstliches Einfordern“ der Forderung, und seien noch so geringe Anforderungen hieran gestellt[419], überflüssig.

Umso unverständlicher ist es, dass der BGH das Merkmal als wesentlich für die Begründung der Zahlungsunfähigkeit ansieht.[420] Dies gilt umso mehr, da er zum einen meint, aus der Fälligkeit nach § 271 BGB sei *„nicht schematisch auf die Zahlungsunfähigkeit i.S.v. § 17 InsO“*[421] zu schließen, aber zugleich befür-

416 BGH, Beschluss vom 19.07.2007 – IX ZB 36/07 = NZI 2007, 579.

417 BGH, Urteil vom 14.02.2008 - IX ZR 38/04 = NZI 2008, 299 [300 f.].

418 Vgl. Ampferl in: Beck/Depré, (Fn. 393), § 2 Rn. 32.

419 BGH, Urteil vom 18.05.1955 – IV. ZR 14/55 = WM 1955, 1468; Urteil vom 25.09.1997 – IX ZR 231/96 = NJW 1998, 607; Urteil vom 25.09.1997 – IX ZR 231/96 = NJW 1998, 607; auch: Urteil vom 27. 4. 1995 – IX ZR 147/94 = WM 1995, 1113 [1114] m.w.N.

420 BGH, Beschluss vom 19.07.2007 – IX ZB 36/07 = NZI 2007, 579 [580].

421 BGH, Beschluss vom 19.07.2007 – IX ZB 36/07 = NZI 2007, 579 [580].

wortet, dass das Ausbleiben der Leistung nach der Fälligkeit gemäß § 271 BGB die Zahlungsunfähigkeit indizieren soll.[422]

In dieses kontroverse Verständnis reiht sich die Entscheidung des BGH vom 14.02.2008[423] nahtlos ein. In der Entscheidung stellt dieser fest, dass der Schuldner keine stillschweigenden Stundungen der Gläubiger erzwingen kann, indem er überhaupt nicht mehr oder verspätet zahlt. Außerdem betont der BGH hier, dass die Forderungen der Gläubiger, welche nicht sofort klagen und vollstrecken, trotzdem bei der Prüfung der Zahlungsunfähigkeit zu berücksichtigen sind.[424]

Im Ergebnis ist daher festzuhalten, dass der Wortlaut des Gesetzes in § 17 InsO mit dem Wort „fällig" eindeutig ist. Der Begriff wird durch die Vorschrift des § 271 BGB hinreichend ausgefüllt. Eine stillschweigende Stundung ist unter Berücksichtigung der eindeutigen Regelungen des BGB von vornherein logisch und rechtlich auszuschließen. Das Merkmal des „ernstlichen Einforderns" mag daher nach Ansicht des BGH[425] weiter zu berücksichtigen sein, ist aber, wie schon in der Endphase der KO[426], als überflüssig und daher entfallen zu betrachten. Es vermag mit seiner inhaltlichen Aussage nicht zu überzeugen.

2. Die Zahlungsstockung versus Zahlungseinstellung – neue und zugleich altbekannte Methoden der Abgrenzung

Auch unter Geltung der InsO ist eine der primären Fragen zur Feststellung der Zahlungsunfähigkeit die Abgrenzung einer nur vorübergehenden, unbeachtlichen Zahlungsstockung zu der beachtlichen Zahlungseinstellung. Mit Einführung der InsO sind die unter der KO entwickelten[427] Merkmale der „Dauer" und der „Wesentlichkeit", zumindest scheinbar, entfallen.[428]

Besonders mit dem Entfall des Merkmals der „Dauer" wollte der Gesetzgeber zum einen vermieden wissen, dass *„eine über Wochen oder gar Monate*

---

422 BGH, Beschluss vom 19.07.2007 – IX ZB 36/07 = NZI 2007, 579 [580].
423 BGH, Urteil vom 14.02.2008 – IX ZR 38/04 = ZInsO 2008, 299.
424 BGH, Urteil vom 14.02.2008 – IX ZR 38/04 = ZInsO 2008, 299.
425 BGH, Beschluss vom 19.07.2007 – IX ZB 36/07 = NZI 2007, 579 [580].
426 Vgl. B. III. 1.
427 Vgl. B. III. 2. und 3.
428 Vgl. Harz, ZInsO 2001, 193 [194]; Staufenbiel/Hoffmann, ZInsO 2008, 785 [787]; und ganz besonders Niesert, ZInsO 2001, 735 ff.

fortbestehende Illiquidität zur rechtlich unerheblichen Zahlungsstockung“ erklärt wird und zum anderen die Insolvenzauslöser vorverlagern, um damit eine frühere Verfahrenseröffnung zu erreichen.[429] Das Merkmal der „Wesentlichkeit“ sah der Gesetzgeber als überkommen an, da durch eine starre Prozentgrenze und dadurch, dass in den verschiedenen Auffassungen gerade keine klare Grenze hervortrat[430], der Begriff der Zahlungsunfähigkeit übermäßig eingeschränkt werde.[431]

a. Abschaffung der Merkmale unter gleichzeitiger Beibehaltung

Die amtliche Begründung zur InsO spricht offen aus, dass auch weiterhin die Zahlungsstockung von der Zahlungseinstellung zu unterscheiden ist, und dass es in praxi selbstverständlich sei, dass geringfügige Liquiditätslücken außer Betracht bleiben.[432]

Hiermit schuf der Gesetzgeber ein Paradoxon. Zum einen schaffte er die zur Vornahme der Abgrenzung der Zahlungsstockung von der Zahlungseinstellung wesentlichen Merkmale ab, wollte diese dann aber quasi durch die Wissenschaft und die Rechtsprechung neu - unter Ausschluss der unter der KO entwickelten Meinungen - aufbereitet, weiter in die Prüfung einbezogen wissen.

Dem Gesetzgeber war es unter praktischen Aspekten aber überhaupt nicht möglich, die Merkmale dauerhaft zu streichen, da sonst der Begriff der Zahlungsunfähigkeit aus § 17 InsO praktisch sinnentleert würde.[433] Ihm blieb nur die Möglichkeit, der Praxis eine Vorgabe zu machen, dass in Zukunft die Auslegungsspielräume verengt werden sollten.[434] Zudem hatte der Gesetzgeber bei der Reform darauf verzichtet, klare Werte für die Merkmale der „Dauer“ und der „Wesentlichkeit“ in die Legaldefinition des § 17 Abs. 2 S. 1 InsO aufzunehmen und überließ es erneut der Rechtsprechung und der Wissenschaft, diese Werte zu bestimmen und letztlich zu statuieren.[435] Obwohl er die Merkmale eigentlich abschaffen wollte, stellte der Gesetzgeber die Merkmale mit Schaffung dieses Paradoxons erneut zur Dispositon.

429 Vgl. Begründung RegE-InsO, BT-Drucks. 12/2443, 1 [114]; sowie Harz, ZInsO 2001, 193.

430 Vgl. B. III. 3.

431 Begründung RegE-InsO, BT-Drucks. 12/2443, 1 [114].

432 Vgl. Begründung RegE-InsO, BT-Drucks. 12/2443, 1 [114].

433 Vgl. C. I.

434 Pape in: Kübler/Prütting/Bork, InsO, 48. L., 04/2012, § 17 Rn. 10 m.w.N.

435 Hierzu weiter unten.

In der Konsequenz erscheint dies abermals als der richtige Weg. Ob er so beabsichtigt war, sei dahingestellt. Wie schon unter der KO kann ein innerhalb der legislatorischen Organe operierender Gesetzgeber in seiner damit zwangsläufig verbundenen Behäbigkeit gar nicht dazu in der Lage sein, solche Werte in ein Gesetz wie die InsO aufzunehmen. Diese Werte sind zwar auf irgendeine Art und Weise[436] zur Erleichterung der Praxis zu bilden und dann auch für einen längeren Zeitraum beizubehalten. Allerdings unterliegen die Werte dabei auch einer ständigen Überprüfung der Anwendbarkeit durch die Praxis und sind bei Zweifeln anzupassen. Die Werte können somit nicht starr in einem Gesetz definiert werden. Ein solches Vorgehen ließe die nötige Flexibilität vermissen und wäre daher falsch.

Die beiden Elemente der „Dauer" und der „Wesentlichkeit" sind also, trotz der Bemühungen des Gesetzgebers, praktisch niemals entfallen und weiter zu prüfen. Die Prüfung vollzieht sich jedoch nicht mehr unter den Begrifflichkeiten der „Dauer" und der „Wesentlichkeit", sondern zusammengefasst in dem Wort „Abgrenzung". Die Funktion und der Inhalt der Merkmale bleiben jedoch ein und dasselbe.[437]

b. Das Merkmal der „Dauer" unter der InsO

Das Merkmal der „Dauer"[438] besitzt unter der InsO im Grunde zwar dieselbe Bedeutung wie unter Geltung der KO. Seine inhaltliche Bedeutung aber ist mit Einführung der InsO noch gestiegen. Der Gesetzgeber hat in der amtlichen Begründung zur InsO selbst festgelegt, dass dem Schuldner eine Frist bemessen wird, in welcher er sich „kurzfristig" wieder Liquidität beschaffen kann, um nicht als zahlungsunfähig zu gelten.[439] Damit geht der Gesetzgeber trotz seiner Bemühungen das Merkmal zu streichen, selbst wieder von einer „Dauer" aus, welche dem Schuldner zu gewähren ist.

Die Annahme einer solchen Frist ist dabei notwendig, um die Zahlungsstockung sinnvoll von der Zahlungseinstellung abzugrenzen. Zusätzlich ist eine

436 Vgl. B. III.

437 Ganz anderer Auffassung ist: Niesert, ZInsO 2001, 735 ff., welcher die beiden Merkmale und insbesondere die Annahme der Existenz einer Zahlungsstockung durch die Rpsr. sowie die Lit. schon seit der KO für überkommen hält.

438 Auch, wenn es nicht mehr so benannt ist.

439 Zu verstehen als „weiche Zeitpunktilliquidität", vgl. C. II. 1.; Begründung RegE-InsO, BT-Drucks. 12/2443, 1 [114].

solche Frist ebenfalls notwendig, um den idealen Zeitpunkt der Eröffnung[440] leichter bestimmbar zu machen und eine Vorverlagerung der Insolvenzauslöser zu erreichen.[441]

Allein fraglich bleibt, wie das Wort „kurzfristig" aus der amtlichen Begründung sinnvoll in eine, den Interessen aller Beteiligten gerecht werdende, Frist gedeutet werden kann.

Unter Geltung der KO reichten die angenommenen Fristen von einer Woche bis hin zu zwei Monaten.[442] Unter der InsO gestaltete sich dies nicht viel anders. Hier wurden und werden Zeiträume von wenigen Tagen bis hin zu drei Monaten in Betracht gezogen.

Generell zu der Bestimmung einer Frist führt Harz[443] zutreffend aus, dass *„vor dem Hintergrund der Vorverlagerung des Eintritts der Zahlungsunfähigkeit [...] die Zahlungsstockung nur unter deutlich engeren Voraussetzungen angenommen werden"* kann und deshalb *„der zu betrachtende Zeitraum zumindest enger zu fassen ist als nach altem Recht."*

aa) Eine Woche als anzunehmender Zeitraum

Eine Frist von einer Woche nimmt *Jäger*[444] an. In der Begründung zur InsO heißt es wörtlich: *„eine über Wochen oder gar Monate fortbestehende Illiquidität [...]."*[445] Hieraus zieht *Jäger* konsequent den Schluss, dass eine Illiquidität maximal eine Woche dauern darf. Überschreitet der Zeitraum der Illiquidität eine Woche, so ist die Zahlungsunfähigkeit des Schuldners anzunehmen.

bb) Für einen Zeitraum von wenigen Wochen

In der Überschrift der Kommentierung[446] zur „Dauer" stellt *Pape*[447] auf wenige Wochen als anzunehmende Dauer ab. In der weiteren Kommentierung nimmt *Pape* dann aufgrund des Wortes *„kurzfristig"* aus der amtlichen Begründung[448]

---

440 BGH, Beschluss vom 19.07.2007 – IX ZB 36/07 = NZI 2007, 579 [580].

441 Harz, ZInsO 2001, 193.

442 Vgl. B. III. 2.; hier vor allem die Fn. 164 ff.

443 Harz, ZInsO 2001, 193.

444 Jäger, BB 1997, 1575 [1576 f.].

445 Begründung RegE-InsO, BT-Drucks. 12/2443, 1 [114].

446 Festzuhalten ist an dieser Stelle, dass die Kommentierung des § 17 InsO von *Pape* in: Kübler/Prütting/Bork, InsO, 48. L., 04/2012, § 17, seit der 1. Lieferung 08/1998 keine Aktualisierung erfahren hat.

447 Pape in: Kübler/Prütting/Bork, InsO, 48. L., 04/2012, § 17 Rn. 9.

448 Begründung RegE-InsO, BT-Drucks. 12/2443, 1 [114].

zunächst an, dass der Gesetzgeber die Betrachtung einer Zeitraumilliquidität wollte, welche nach seiner Ansicht aber nur wenige Tage andauern kann.[449] Diese ungenaue und extrem kurz wirkende Angabe konkretisiert *Pape* dahingehend, dass nach Verstreichen eines Zeitraums von *„etwa zwei Wochen“*[450], innerhalb dessen der Schuldner es nicht schafft, die Forderungen seiner Gläubiger zu befriedigen, nicht mehr eine Zahlungsstockung, sondern die Zahlungsunfähigkeit anzunehmen sei. Er sieht diese Frist als für den Schuldner ausreichend, seine Zahlungsfähigkeit wiederherzustellen.

cc) Zwei Wochen als Höchstfrist

Eine Frist von mehr als einer, höchstens aber zwei Wochen interpretieren auch *Burger* und *Schellberg*[451] aus dem Wortlaut der amtlichen Begründung zur InsO. Auch diese beiden Autoren sehen innerhalb der zwei Wochen für den Schuldner eine reelle Chance, seine Zahlungsfähigkeit bspw. mittels eines Bankkredites wieder zu gewährleisten, und damit das *„finanzielle Gleichgewicht wiederherzustellen.“*[452]

Ebenfalls einen Zeitraum von zwei Wochen nimmt das *AG Köln* in einem Beschluss aus dem Juni 1999 an.[453] Das *AG* stützt seine Entscheidung dabei auf den Willen des Gesetzgebers[454], den Zeitraum, in dem eine Zahlungsstockung anzunehmen ist, enger zu fassen. Dabei nimmt es Bezug auf verschiedene theoretische Ansätze in der Literatur, welche längere Zeiträume vorschlagen und verwirft diese mit dem Argument, dass die dort entwickelten Zeiträume, eben diesem Willen entgegen, zu lang bemessen seien.[455] Zudem betont das *AG*, dass die von ihm angenommene Frist unflexibel ist, und damit nicht individuell nach branchentypischen Gegebenheiten modifiziert werden kann.[456]

---

449 Pape in: Kübler/Prütting/Bork, InsO, 48. L., 04/2012, § 17 Rn. 9.
450 Pape in: Kübler/Prütting/Bork, InsO, 48. L., 04/2012, § 17 Rn. 10 m.w.N.
451 Burger/Schellberg, BB 1995, 261 [262 f.].
452 Burger/Schellberg, BB 1995, 261 [263].
453 AG Köln, Beschluss vom 09.06.1999 – 73 IN 16/99 = NZI 2000, 89.
454 Begründung RegE-InsO, BT-Drucks. 12/2443, 1 [114].
455 AG Köln, Beschluss vom 09.06.1999 – 73 IN 16/99 = NZI 2000, 89 [91] m.w.N.
456 AG Köln, Beschluss vom 09.06.1999 – 73 IN 16/99 = NZI 2000, 89 [91].

dd) Drei Wochen als angemessene Dauer

Kirchhof[457] argumentiert für eine Frist von drei Wochen. Er begründet diese unter reiner Betrachtung der Lebensrealität. Der Schuldner soll mit der ihm gewährten Frist in die Lage versetzt werden, sich frische Liquidität zu verschaffen. Hierfür setzt *Kirchhof* den Zeitraum für eine bankinterne Entscheidung bei einem unproblematischen Fall auf zwei Wochen fest und gewährt dem Schuldner, welchem er eine „*wenigstens noch durchschnittliche Buchhaltung*" unterstellt, eine weitere Woche, um die nötigen Unterlagen für die Gewährung eines Kredits bereitzustellen.[458]

Haas[459] knüpft direkt an *Kirchhof*[460] an. Er sieht den vom *AG Köln*[461] auf zwei Wochen festgelegten Zeitraum als „*sehr kurz*" an.[462] Der Schuldner sei in dieser kurzen Zeit nicht in der Lage, seine Liquidität wiederherzustellen. Als Argument hierfür führt *Haas* an, dass es nach *Kirchhof* schon in einem unproblematischen Fall zwei Wochen nur für die bankinterne Entscheidung brauche. *Haas* sieht deshalb wohl auch einen Zeitraum von drei Wochen als angemessen an.[463]

Dem schließt sich auch das *LG Bonn*[464] in einem Beschluss aus dem Januar 2001 an. Dieses übernimmt die Dauer von zwei bis höchstens drei Wochen ohne weitere Begründung von *Kirchhof*.[465]

ee) Ein Monat als Frist – Die frühere Ansicht des BGH

Noch im Jahr 2001 sah der *BGH*[466] eine Dauer von 4 Wochen als den Zeitraum, den ein Schuldner außerstande sein darf, seine fälligen Verbindlichkeiten zu erfüllen.

Dies führte der *BGH*[467] so auch schon im Jahr 1995 aus. In der Entscheidung betonte der Senat, dass der Gesetzgeber in Zukunft ausdrücklich auf das Merk-

457 Kirchhof in: Kölner Schrift zur Insolvenzordnung, (Fn. 30), S. 289, Rn. 14.
458 Kirchhof in: Kölner Schrift zur Insolvenzordnung, (Fn. 30), S. 289 f., Rn. 14.
459 Haas, DStR 2000, 1705.
460 Kirchhof in: Kölner Schrift zur Insolvenzordnung, (Fn. 30), S. 289, Rn. 14.
461 AG Köln, Beschluss vom 09.06.1999 – 73 IN 16/99 = NZI 2000, 89.
462 Haas, DStR 2000, 1705 [1706].
463 Haas, DStR 2000, 1705 [1706].
464 LG Bonn, Beschluss vom 08.01. 2001 - 2 T 58/00 = NZI 2001, 488.
465 Kirchhof in: Kölner Schrift zur Insolvenzordnung, (Fn. 30), S. 289 f., Rn. 14.
466 BGH, Urteil vom 25.10.2001 – IX ZR 17/01 = BGHZ 149, 101 [108] m.w.N.

mal der „Dauer“ verzichte und sah deshalb nach kaufmännischer Übung eine Überschreitung des Zahlungsziels um einen Monat als gerade noch erträglich an.[468]

Sich auf den *BGH*[469] berufend nahm das *IDW* in seinem Prüfungsstandard zur Prüfung eingetretener oder drohender Zahlungsunfähigkeit vom 22.01.1999 ebenfalls einen Monat als den Begriff „kurzfristig“ erfüllend an.[470]

ff) Begründung einer Dauer über den Verzug und somit für 30 Tage

Systematische Bedenken äußern die Autoren *Himmelsbach* und *Thonfeld.*[471] Der § 286 Abs. 3 BGB normiere klar, dass der Verzug des Schuldners bei Entgeltforderungen erst nach 30 Tagen eintrete. Die Annahme einer kürzeren Dauer begründe somit die Zahlungsunfähigkeit des Schuldners, obwohl dieser noch nicht einmal im Verzug sei. Diesen Widerspruch in sich halten die Autoren für unvereinbar.

gg) Für 3 Monate als Zeitraum

Aus der strafrechtlichen Sicht der Dinge äußert sich *Bittmann*[472] als Oberstaatsanwalt. Dieser meint, dass Kreditzusagen nicht innerhalb von zwei Wochen zu erlangen seien. Zudem sieht er erst spät ein ernsthaftes Risiko für Gläubigerforderungen, da der Markt „*kleinere Schwierigkeiten*“ selbst regele. Unter diesen Gesichtspunkten und unter Einbeziehung eines Beschlusses des *Bayerischen Obersten Landesgerichts*[473] aus dem April 1987 will er deshalb Zahlungsunfähigkeit i.S.d. §§ 283 ff. StGB erst nach Ablauf eines Zeitraums von drei Monaten annehmen.[474]

---

467 Zwar noch zu § 30 KO, aber schon auf das neue Recht Bezug nehmend: BGH, Urteil vom 27.04.1995 – IX ZR 147/94 = ZIP 1995, 929 [930].

468 BGH, Urteil vom 27.04.1995 – IX ZR 147/94 = ZIP 1995, 929 [930].

469 BGH, Urteil vom 27.04.1995 – IX ZR 147/94 = ZIP 1995, 929 [930].

470 Fachausschuss Recht, IDW PS 800 i.d.F. vom 22.01.1999 = FN-IDW Nr. 3/1999, 85 [88].

471 Himmelsbach/Thonfeld, NZI 2001, 11 [13].

472 Bittmann, wistra 1998, 321.

473 BayObLG, Beschluss vom 14.04.1987 – RReg. 4 St 34/87 = BB 1988, 1840, welches neben einer Dauer der Zahlungsstockung von drei Monaten auch das Merkmal der Wesentlichkeit erst bei einer Unterdeckung von 25 % annimmt.

474 Bittmann, wistra 1998, 321 [323 f.].

hh) Bestimmung einer Frist – Stellungnahme

Wie schon unter der KO gilt auch unter der InsO, dass es aufgrund der Vielfalt der Fälle erhebliche Schwierigkeiten bereitet, sich einer solchen Frist zu nähern. Erschien es unter der KO aber noch unmöglich eine Frist festzulegen[475], die allen Fällen in ihrer Individualität gerecht wird, so erscheint es unter der InsO sogar notwendig, eine solche Frist aus Gründen der Rechtssicherheit und -klarheit zu bestimmen.

(a) Einzubeziehende Faktoren - Maßstabsbildung

Eine geeignete Frist ist unter Berücksichtigung mehrerer Faktoren zu finden. Auf der einen Seite ist der Grundgedanke der Zahlungsstockung zu wahren, nämlich dem Schuldner einen letzten Aufschub zu gewähren, in welchem er, sofern er kreditwürdig ist, die Zahlungsunfähigkeit abwenden kann. Auf der anderen Seite sind aber auch die Interessen der am Verfahren beteiligten Personen zu wahren. Das Interesse der Gläubiger geht dahin, ein etwaiges Insolvenzverfahren mit einer möglichst großen Eröffnungsmasse, also zu einem möglichst frühen Zeitpunkt, zu eröffnen. Der Schuldner hingegen ist an einer möglichst langen Dauer des ihm gewährten Aufschubs interessiert, damit seine eventuelle Neufinanzierung auch gelingt – selbst dann wenn er nicht mehr unbedingt kreditwürdig ist. Insofern bedarf es einiger Sensibilität bei der Bestimmung einer annehmbaren Frist.

Dabei darf jedoch nicht vergessen werden, dass eine solche Frist letztendlich auch rechtfertigbar sein muss und zwar sowohl gegenüber den Gläubigern als auch gegenüber dem Schuldner. Da mit der Eröffnung des Insolvenzverfahrens stets tiefe Eingriffe in aus Art. 2 Abs. 1, 12 und 14 GG grundrechtlich geschützte Positionen verbunden sind, muss insbesondere der Grundsatz der Verhältnismäßigkeit gewahrt sein.[476] Der dabei anzulegende Maßstab muss sich maßgeblich über den Grundsatz von par condicio creditorum, aber auch über die Lebens- oder vielmehr Bankenrealität[477] bestimmen. Letztendlich werden es zumeist die Banken sein, welche mit ihrer Wertung über die Kreditwürdigkeit des Schuldners den Ausschlag geben, ob der Schuldner als zahlungsunfähig gilt oder nicht.

---

475 Vgl. B. III. 2.

476 So auch: Himmelsbach/Thonfeld, NZI 2001, 11 [15].

477 Gemeint sind die organisatorischen Abläufe innerhalb eines Bankhauses, wenn es um eine Kreditgewährung geht.

(b) Differenzierung nach Schuldnertypen

Unter Anlegung dieses Maßstabs ist zwischen drei verschiedenen Schuldnertypen weiter zu differenzieren:

Zum Ersten gibt es den Schuldner mit vollen Auftragsbüchern, der nur aufgrund unerwarteter Liquiditätsengpässe in den Verdacht der Zahlungsunfähigkeit gerät.

Zum Zweiten gibt es den Schuldner, der ein saisonales Geschäft, wie z.B. ein Bau- oder Tourismusgewerbe, betreibt und die Nebensaison bewältigen muss, dabei aber reelle Chancen hat, die Zahlungsunfähigkeit wiederherzustellen.

Diese beiden Schuldnertypen sollten generell in der Lage sein, durch entsprechende Nachweise und Prognosen, ihre Kreditwürdigkeit unter Beweis zu stellen.

Der dritte Schuldnertyp ist in den Augen der Banken aufgrund seiner Kreditrisikobewertung nicht unbedingt kreditwürdig. Sollte dieser sich das Geld auch nicht aus schnell liquidierbarem Anlagevermögen beschaffen können, so stehen ihm lediglich Wege wie hoch verzinste Kreditlinien offen, die eine Zahlungsunfähigkeit zwar vorerst abwenden, jedoch zu einem späteren Zeitpunkt mit noch stärkerer Intensität wieder zu Buche schlagen.

Daher ist es bei Annahme einer Frist, welche die Zahlungsstockung mit hoher Wahrscheinlichkeit ausschließt, gerechtfertigt die gebotene Sensibilität gegenüber dem dritten Schuldnertyp zu vernachlässigen. Die Frist muss für diejenigen angemessen sein, die mit ihrer Kreditwürdigkeit[478] innerhalb des oben festgelegten Maßstabs bestehen. Die Frage nach der Zahlungsunfähigkeit ist zugleich stets die Frage nach einem Rating[479] des Schuldners. Kann der Schuldner sich am freien Markt keine Liquidität mehr beschaffen, da sein Rating hierzu nicht ausreicht, so ist der Schuldner schon deshalb vom Markt zu nehmen, um den Geschäftsverkehr vor weiteren Risiken zu schützen.

(c) Bestimmung einer sinnvollen Frist

Legt man nun die Kreditwürdigkeit des Schuldners als primären Maßstab an und bezieht die Lebens- bzw. Bankenrealität mit ein, so erschließt sich bzgl. der Frist und vor allem des Wortes „kurzfristig“, dass der anzunehmende Zeitraum nicht

478 Auf das Kriterium der Kreditwürdigkeit ausdrücklich abstellend: Begründung RegE-InsO, BT-Drucks. 12/2443, 1 [114].

479 Wie es bspw. die Schufa oder die Creditreform durchführen, wie es aber auch der § 18 KWG sicherstellen soll.

unter zwei Wochen[480] liegen kann, auch wenn *Pape*[481] sogar zunächst nur auf wenige Tage abstellt. *Jäger*[482], welcher aus dem Wortlaut der amtlichen Begründung eine Dauer von einer Woche deutet, legt zwar dem Wortlaut entsprechend konsequent und richtig aus, verkennt aber den Willen des Gesetzgebers. Dieser fordert eine der Realität entsprechende Chance für den Schuldner, sich kurzfristig frische Liquidität zu beschaffen. Eine Woche ist in der Lebensrealität definitiv ein zu kurz bemessener Zeitraum, um eine vorhandene Liquiditätslücke durch Kreditaufnahme zu schließen.

Ein Zeitraum von drei Monaten[483] hingegen reicht hierfür sicher aus, ist jedoch wenig lebensnah. Zusätzlich ist die Annahme, dass kleinere finanzielle Schwierigkeiten sich innerhalb dieser Zeit von selbst regeln, geradezu fahrlässig und würde in der Praxis dazu führen, dass sich die Antragsstellung verzögert und damit die spätere Insolvenzmasse geschmälert wird.

Jedoch erscheint auch eine Frist von zwei Wochen mit *Haas*[484] wirklich extrem kurz. Gerade unter Betrachtung der aktuellen Lage auf den Finanzmärkten seit dem Jahr 2008[485] und der daraus resultierenden allgemeinen Zurückhaltung der Banken bei der sowie der verschärften Anforderungen an die Kreditvergabe durch Basel II und III, wird eine Entscheidung einer Bank wohl kaum innerhalb von zwei Wochen zu erlangen sein. Dagegen erscheint ein Monat[486] für das Vorliegen einer Zahlungsstockung schon zu lang, zumal von einem kreditwürdigen Schuldner auszugehen ist. Es ist zu bedenken, dass der Eröffnungszeitpunkt mehreren Interessen gerecht werden muss. Nach Ablauf eines Monats ist die Wahrscheinlichkeit hoch, dass die Masse nicht unerheblich geschmälert wurde. Die Wahrscheinlichkeit, dass der Schuldner, welcher nach einem Monat noch keine Kreditzusage hat, diese noch erhält, ist dagegen gering.

Annehmbar erscheint damit der Vorschlag von *Kirchhof*[487], dass zu den zwei Wochen für eine Entscheidung innerhalb der Bank noch eine weitere Woche zu addieren sei, innerhalb welcher der Schuldner bei noch halbwegs organisierter Buchführung in der Lage sein sollte, einen Kredit zu erhalten.

---

480 So AG Köln, Beschluss vom 09.06.1999 – 73 IN 16/99 = NZI 2000, 89.

481 Pape in: Kübler/Prütting/Bork, InsO, 48. L., 04/2012, § 17 Rn. 9.

482 Jäger, BB 1997, 1575 [1577].

483 So Bittmann, wistra 1998, 321 [323 f.].

484 Haas, DStR 2000, 1705.

485 Das Jahr des Zusammenbruchs der US-Bank „Lehman Brothers" und der sich seitdem anschließenden Finanzkrise.

486 BGH, Urteil vom 27.04.1995 – IX ZR 147/94 = ZIP 1995, 929 [930]; und Fachausschuss Recht, IDW PS 800 i.d.F. vom 22.01.1999 = FN-IDW Nr. 3/1999, 85 [88].

487 Kirchhof in: Kölner Schrift zur Insolvenzordnung, (Fn. 30), S. 289 f., Rn. 14.

Nur diese Frist trägt auch dem § 18 KWG Rechnung. Dieser stellt die Kreditvergabe ab einem Betrag von 750.000 € oder ab 10 % des haftenden Eigenkapitals der Bank unter die Anforderung der Vorlage von verschiedenen, die wirtschaftliche Situation des potentiellen Kreditnehmers widerspiegelnde, Unterlagen.

Die angenommene Frist von drei Wochen ist zudem innerhalb des Widerstreits der Interessen von Gläubigern und Schuldner realistisch und rechtfertigbar i.S.v. par condicio creditorum. Der Schuldner wird, unter der Voraussetzung der Kreditwürdigkeit, in die Lage versetzt, sich frische Liquidität am Markt zu beschaffen, hat auf der anderen Seite jedoch nur - erträgliche - drei Wochen, um die etwaig vorhandene Masse zu schmälern.

Der Frist von drei Wochen ist somit zuzustimmen, womit nach Ablauf dieser „Dauer" nicht mehr nur eine bloße unbeachtliche Zahlungsstockung, sondern die Zahlungsunfähigkeit des Schuldners anzunehmen ist.

c. Das Tatbestandsmerkmal der „Wesentlichkeit" unter der InsO

aa) Erforderlichkeit einer Wesentlichkeitsgrenze

(a) Die Konsequenzen aus der KO: Unbestimmbarkeit einer Grenze

Die bloße unbeachtliche Zahlungsstockung allein unter Zuhilfenahme einer Frist von der Zahlungseinstellung i.S.v. § 17 Abs. 2 S. 2 InsO abzugrenzen, erscheint auch unter der InsO schwierig bis unmöglich.

Noch im Ursprung[488] des Merkmals der „Wesentlichkeit" sah das RG die Zahlungseinstellung als die Tatsache der allgemeinen Nichterfüllung von fälligen Geldschulden und hätte damit den Schuldner solange als nicht zahlungsunfähig ansehen müssen, solange dieser Geldleistungen gleich welcher Quantität erbringt.[489] Diese Schwäche bald erkennend ging deshalb schon das RG davon aus, dass nicht auf die allgemeine Nichterfüllung abzustellen sei. Vielmehr sei das Verhältnis der bezahlten zu den unbezahlten Schulden zu bilden und dabei zu fragen, ob die Erfüllung von Geldschulden die Regel oder die Ausnahme dar-

488 Vgl. hierzu auch B. III. 3.

489 RG, Urteil vom 06.06.1902 – Rep. VII. 111/02 = RGZ 51, 412 [413]; Urteil vom 06.06.1902 – Rep. VII. 111/02 = RGZ 51, 412 [413]; Urteil vom 28.09.1920 – VII. 93/20 = RGZ 100, 62 [65].

stelle.[490] Damit stellte im Prinzip auch das RG schon auf das Merkmal der „Wesentlichkeit“ ab.

Innerhalb der Diskussion, welches Verhältnis der Aktiva und Passiva welche Wert- bzw. Prozentgrenze rechtfertige, bildeten sich Werte von 10, 15, 20[491] und 25 %[492] heraus. Andere hingegen hielten eine Grenze für unbestimmbar[493], oder jeden Versuch eine Bestimmung vorzunehmen für rein willkürlich.[494] Insgesamt ist festzuhalten, dass eine Bestimmung einer abstrakt-generellen Wertgrenze höchst problematisch, und daher im Grunde immer eine Einzelfallbetrachtung geboten ist. Die eine feste Grenze theoretisch zu ermitteln ist unmöglich.[495]

(b) Neue Betrachtungsweisen unter der InsO

Unter Geltung der InsO ist nunmehr aus zwei Gründen eine andere Betrachtungsweise geboten, und eine Wesentlichkeitsgrenze, wenn nicht vollständig begründbar, hilfsweise auch weitgehend willkürlich festzulegen.

Zum einen sollte nach dem Willen des Gesetzgebers[496] mit der – vermeintlichen – Abschaffung des Merkmals der „Wesentlichkeit“ mehr Rechtsklarheit Einzug in die Legaldefinition der Zahlungsunfähigkeit in § 17 InsO halten. Da das Merkmal aber weiterhin stillschweigend vorausgesetzt wird, und der Entfall damit nicht die erwünschte Rechtsklarheit brachte, muss diese nunmehr durch eine Festlegung auf einen „Wesentlichkeitswert“ erreicht werden.

Zum anderen war es der ausdrückliche Wille des Gesetzgebers, die Insolvenzauslöser vorzuverlagern.[497] Um dies zu erreichen, bedarf es erst recht der Festlegung auf eine Wertgrenze, ab der die „Wesentlichkeit“ anzunehmen ist, damit bei der objektiven Bewertung der Eröffnungsvoraussetzungen durch die Insolvenzgerichte[498] einheitliche und klare Maßstäbe Anwendung finden, die das Erreichen dieses Ziels ermöglichen.

---

490 RG, Urteil vom 01.06.1911 – VII. 582/10. = JW 1911, 724; und Urteil vom 24.09.1926 – VI. 185/26 = JW 1927, 386.

491 Schedlbauer, DB 1984, 2205 [2212]; Mathews, WPg 1950, 250 ff.

492 Papke, DB 1969, 735; Hoffmann, DB 1980, 1527 [1528].

493 So Henckel in: Jaeger, KO, (Fn. 11), § 30 Rn. 28.

494 So Veit, ZIP 1982, 273 [278].

495 Vgl. B. III. 3.

496 Begründung RegE-InsO, BT-Drucks. 12/2443, 1 [114].

497 Begründung RegE-InsO, BT-Drucks. 12/2443, 1 [114]; Harz, ZInsO 2001, 193.

498 Hierzu Kirchhof in: Heidelberger Kommentar InsO, (Fn. 311), § 17 Rn. 19 m.w.N. insb. Fn. 63.

Es musste also neben der erneuten Aufnahme des Elements der „Dauer“ und mit der Bestimmung der „Wesentlichkeit“ die Definition des § 17 InsO so ausgestaltet werden, dass die mit der Reform der InsO angestrebten Ziele auch verwirklicht werden.

bb) Der Meinungsstand zu der Grenze der Wesentlichkeit

Wann nun eine geringfügige Liquiditätslücke i.S.d. der Begründung zur InsO vorliegt, ist unklar. Es wurden verschiedene Ansätze vertreten, welche auch unter der InsO eine enorme Spannbreite von 1 bis hin zu 25 % erreichen.

(a) Null Toleranz – Für maximal 1 %

Als Wirtschaftsprüfer sieht *Jäger*[499] die nach dem Willen des Gesetzgebers anzunehmende Grenze bei rund 1 %. Nach seiner Ansicht ist jeden Tag der Liquiditätsquotient von dem Schuldner zu ermitteln. Da nunmehr nur noch geringfügige Lücken außer Acht zu lassen sind, können sich diese nur noch zwischen 0,01 % und 0,99 % bewegen. Alles darüber begründe eine Zahlungsunfähigkeit. Dabei gibt *Jäger*[500] jedoch gleichzeitig zu, dass ein Gutachter in der Praxis wohl kaum solch enge Fälle zu bewerten habe. Meist wäre die Beurteilung anhand des Liquiditätsquotienten deutlich klarer vorzunehmen.

(b) 5 % als fester Richtwert

Eine Grenze von 5 % befürworteten bei Einführung der InsO neben dem *AG Köln*[501] auch *Smid*[502] sowie *Möhlmann.*[503] Die gelieferten Begründungen lauten dabei fast einheitlich dahingehend, dass der Wille des Gesetzgebers umgesetzt werden soll. Dieser sei mit der Formulierung „geringfügige Liquiditätslücken“ und dem Bestreben ein effizienteres Insolvenzverfahren mit früherer Eröffnung zu schaffen[504] dahingehend zu verstehen, dass eine maximale Grenze der Unterdeckung von 5 % anzunehmen sein kann. Eine fundierte Begründung für die Annahme der Grenze bei 5 % bleiben alle drei schuldig.

499 Jäger, BB 1997, 1575 [1577].
500 Jäger, BB 1997, 1575 [1577].
501 AG Köln, Beschluss vom 09.06.1999 – 73 IN 16/99 = NZI 2000, 89.
502 Smid, Grundzüge des Insolvenzrechts, 4. Aufl., 2002, S. 71 Rn. 34.
503 Möhlmann, Wpg 1998, 947 [953].
504 Vgl. Begründung RegE-InsO, BT-Drucks. 12/2443, 1 [114].

(c) Wesentlichkeitsannahme ab einem Wert von 10 %

Kirchhof[505] fordert eine Grenze von 10 % der Verbindlichkeiten, um die Wesentlichkeit festzustellen. Als Begründung nennt aber auch *Kirchhof*[506] lediglich Gläubigerinteressen und das Bestreben einer früheren Verfahrenseröffnung. Wie er konkret auf den Wert von 10 % kam, bleibt innerhalb seiner Ausführungen, trotz eines Verweises[507], offen.

(d) Für 20 bis sogar 25 %

Die Abgrenzung der Zahlungsstockung von der Zahlungseinstellung bei einer Liquiditätslücke von 20 % vorzunehmen, schlugen *Haarmeyer*, *Wutzke* und *Förster*[508] bei Einführung der InsO vor. Die Autoren betonten, dass es wichtig sei, „*handhabbare Kriterien*" zur Abgrenzung zu entwickeln. Unterstützend für die Annahme eines Schwellenwertes von 20 % nannten die Autoren die Besonderheiten der neuen Bundesländer und führten den Willen des Gesetzgebers an. Eine nähere Begründung unterblieb. Der angenommene Wert erscheint aber bei Betrachtung der übrigen Literatur und unter der Prämisse, dass der Gesetzgeber „geringfügige Liquiditätslücken" außer Acht lassen wollte, sehr hoch.

Bittmann[509] bezieht sich auf das *BayObLG*[510] und nimmt mit diesem einen Wert von 25 % an, ab welchem die Zahlungsunfähigkeit aufgrund der Wesentlichkeit der Liquiditätslücke zwingend anzunehmen sei. Während das *BayObLG* überhaupt keine Begründung gibt, weshalb es der Auffassung ist, dass 25 % Unterdeckung genügend, aber auch erforderlich seien, um die Zahlungsunfähigkeit zu begründen[511], trifft *Bittmann* nur vage Aussagen. Letzterer sieht vor allem den dynamischen Unternehmer, welcher zuvörderst danach strebt, etwaige Kri-

---

505 Kirchhof in: Kölner Schrift zur Insolvenzordnung, (Fn. 30), S. 291, Rn. 16.

506 Kirchhof in: Kölner Schrift zur Insolvenzordnung, (Fn. 30), S. 291, Rn. 16.

507 Kirchhof verweist auf Klebba, Wpg 1959, 41 [43]. Dieser nennt eine Grenze von 10 % der Verbindlichkeiten, nimmt diese aber nicht starr an. Klebba will vielmehr auf den Geschäftsumfang eines Unternehmens abstellen. Nach seiner Auffassung können 10 % wesentlich sein, die Grenze könne aber auch höher liegen, wenn bald Besserung zu erwarten sei.

508 Haarmeyer/Wutzke/Förster, Handbuch zur Insolvenzordnung, 2. Aufl. 1998, S. 36 Kap. 1 Rn. 81.

509 Bittmann, wistra 1998, 321 [323].

510 BayObLG, Beschluss vom 14.04.1987 – RReg. 4 St 34/87 = BB 1988, 1840.

511 BayObLG, Beschluss vom 14.04.1987 – RReg. 4 St 34/87 = BB 1988, 1840.

sen aus eigener Kraft zu überwinden, weshalb er ihm zumindest aus strafrechtlicher Sicht einen großzügigen Rahmen hierfür zugestehen möchte.[512]

cc) Auswertung der Meinungen und Bestimmung einer Grenze

Bei Betrachtung der verschiedenen Meinungen ergibt sich die gleiche Lage wie unter der KO. Eine einzelne Meinung sticht nicht wirklich hervor, und die Prozentspanne der Vorschläge ist weit. Somit ist der Schluss zu ziehen, dass der Meinungsstand vielfältig ist, eine Grenze aber im Prinzip nicht bestimmbar. Unterstrichen wird diese Auffassung durch die entweder vollständig fehlenden Begründungen der Autoren oder die spärlichen Begründungsversuche anhand des Gesetzgeberwillens. Der einzige Weg, eine Grenze zu finden, führt deshalb wohl über eine gewisses Maß an Willkür, welches *Veit*[513] schon unter der KO für den einzigen Weg hielt.

Bei dem Versuch, eine Grenze wie auch immer zu bestimmen, muss unzweifelhaft immer wieder an die seit über 135 Jahren[514] schwelende Vorgabe gedacht werden, dass eine festgelegte Grenze eine Vielzahl von Fällen abdecken muss, die durch ihre Individualität und Vielfalt gekennzeichnet sind. Zum anderen sind aber auch die widerstreitenden Interessen innerhalb der Gläubiger-Schuldner-Konstellation zu berücksichtigen. Als Resultat und Konsequenz dieses Zwiespalts ist unter der InsO der Schluss zu ziehen, dass man der Vielfalt und Individualität mit einer starren Wertgrenze ohnehin nur schwer gerecht werden kann und innerhalb der Gläubiger-Schuldner-Konstellation mit der gebotenen Willkür eine für alle Seiten annehmbare und erträgliche Grenze ziehen muss.

Eine so bestimmte Grenze ist zum einen geboten, um die Zahlungsunfähigkeit zu definieren und damit handhabbar zu machen, zum anderen ist sie schlicht erforderlich, um das Interesse der verhältnismäßigen Verfahrenseröffnung zum idealen Zeitpunkt zu wahren.
Wie man eine solche Grenze nunmehr zu bestimmen versucht, oder gar endgültig bestimmt, ist dabei weiterhin eine offene Frage.

Sicherlich kann man sich wiederum an dem Kriterium der Lebensrealität orientieren, allerdings versagt dieses hier relativ schnell. War die Lebensrealität bei dem Merkmal der „Dauer" noch geprägt durch den Einfluss eines Außenste-

---

512 Bittmann, wistra 1998, 321 [323].

513 Veit, ZIP 1982, 273 [278].

514 Seit Einführung der KO im Jahr 1875 herrscht Einigkeit darüber, dass sich die Insolvenz und in ihr die Zahlungsunfähigkeit durch die Vielzahl und Individualität der Fälle auszeichnet, derer ein modernes Insolvenzrecht Herr werden muss: vgl. Kapitel B.

henden, nämlich der Bank, so ist bei dem Merkmal der „Wesentlichkeit“ allein auf die Leistungsfähigkeit und interne Kriterien des Schuldners abzustellen. Diese liegen jedoch verborgen und sind nach außen kaum sichtbar. Allein die Gesamtlage des Unternehmens[515] als Maßstab anzusetzen, ist deshalb ebenso schwierig. Geht man zudem, wie es die Realität lehrt, davon aus, dass ein Schuldner ohnehin nur über eine unzureichende, schlecht geordnete und häufig lückenhafte Buchführung verfügt, so ist rein logisch zu fragen, wie man einen solchen Wert anwenden soll. Wie sollte ein solcher Wert theoretisch zu bestimmen sein, wenn man in der Praxis eine solche Grenze niemals sicher anwenden kann, da nicht alle erforderlichen Parameter direkt und abschließend zu Tage treten?

Gerade diese Frage erleichtert jedoch den Weg zur Grenzbestimmung. In der Praxis ist zweifelsfrei die festgelegte Grenze anzuwenden, jedoch im Einzelfall bei positiver Prognose in Abstimmung zwischen Gutachter und Insolvenzgericht auch auszudehnen. Zudem werden sich die Fälle in der Praxis deutlich klarer darstellen, als es die blanke Theorie zu überdenken vermag. Die Grenze ist also an einer Stelle zu ziehen, die eine frühe Verfahrenseröffnung sicherstellt, aber auch dem Schuldner die Möglichkeit gibt, seine finanziellen Schwierigkeiten noch selber zu regeln.

Abzustellen ist deshalb mit der notwendigen und nunmehr gebotenen Willkür auf eine Grenze, welche in der Mitte aller Meinungen liegt.

Der Wert von 25 % ist zweifellos zu hoch gewählt. Stellt man sich ein mittleres bis größeres Unternehmen vor, so erreichen 25 % der Außenstände leicht eine Höhe, die sowohl insolvenzrechtlich als auch insgesamt nicht mehr rechtfertigbar sein würde. Eine Grenze von 1 % als gegensätzliches Extrem lässt dem Schuldner dagegen kaum Spielräume und käme einer Forderung von 100 % Liquidität gleich, sodass auch von einer Null-Toleranz gesprochen werden kann. Die Grenze von 5 % wird hingegen dem Gedanken, dass der Schuldner noch die Chance haben soll sich selbst zu reorganisieren und zu -strukturieren nicht gerecht. Gerade in der heutigen Wirtschaftswelt dürfte eine Unterdeckung von 5 % eine gewisse Regel darstellen. Zudem ist gerade bei einer Liquiditätslücke dieses geringen Ausmaßes noch mit einer gewissen Wahrscheinlichkeit zu erwarten, dass der Schuldner wieder die volle Liquidität zurückerlangt.

Der Wert von 10 % erscheint daher als Mittelwert die ideale Grenze zu bilden, wobei dieser bei Vorliegen von begründeten Umständen auch auf 6 - 7 % zu mindern oder teilweise auf 15 % auszudehnen sein kann. Das Merkmal der

515 Wie es u.a. *Klebba* vorschlägt: Wpg 1959, 41 [43].

„Wesentlichkeit“ bleibt, trotz aller Bemühungen es zu vereinheitlichen und sicher zu bestimmen, ein Individualkriterium, das in praxi in jegliche Richtung anpassungsfähig[516] bleiben muss. Sicher festzustellen ist lediglich, dass es nur über die Anwendung von Willkür zu bestimmen ist. Eine Wesentlichkeitsgrenze ist demnach bei 10 % der Verbindlichkeiten anzusetzen.

516 So wollte es auch der Gesetzgeber, welcher in der Begründung zur InsO, BT-Drucks. 12/2443, 1 [114], betont, dass zur Bestimmung der Wesentlichkeit nicht auf „*einen bestimmten Bruchteil der Gesamtsumme*“ der Verbindlichkeiten abzustellen sei.

D. Kapitel 4: Die „neue Formel“ zur Bestimmung der Zahlungsunfähigkeit – Der Weg des BGH und seine Urteile vom 24.05.2005, 12.10.2006 und 19.07.2007

Trotz des Entwicklungszeitraums von über 130 Jahren herrschte noch immer große Uneinigkeit zwischen den Meinungen darüber, wie die bloße unbeachtliche Zahlungsstockung von der beachtlichen Zahlungseinstellung abzugrenzen und damit die Zahlungsunfähigkeit objektiv zu begründen sei. Diese Ungewissheit machte es Schuldnern in der Folge leicht, die Antragsstellung hinauszuzögern, und damit die Gläubigergleichbehandlung zu mindern oder gar zu vereiteln.[517]

Mit der Grundsatzentscheidung vom 24.05.2005[518] legte der BGH, von der Praxis und der Wissenschaft lang erwartet, Kriterien für die Abgrenzung der Zahlungsstockung von der Zahlungseinstellung fest und definierte damit für die Praxis handhabbare und „objektive“[519] Voraussetzungen, wann eine Zahlungsunfähigkeit anzunehmen ist.

Der Gesetzgeber hatte es 1999 bewusst ausgelassen[520], die Merkmale der „Dauer“ und der „Wesentlichkeit“ gesetzlich in der InsO auszugestalten. Hieraus können zwei Schlüsse gezogen werden: Zum einen kann man die Grenzen für unbestimmbar halten und mit der amtlichen Begründung zur InsO davon ausgehen, dass diese den Begriff der Zahlungsunfähigkeit zu stark einengen.[521] Andererseits ist zutreffend mit dem BGH[522] und *Karsten Schmidt*[523] davon auszugehen, dass auf zahlenmäßige Vorgaben nicht völlig verzichtet werden kann[524] und es innerhalb eines Gesetzgebungsverfahrens immer Fragen gibt, die ein Gesetzgeber nicht selber regeln kann, sondern der Diskussion in der Recht-

517 Pape in: Kübler/Prütting/Bork, InsO, 48. L., 04/2012, § 17 Rn. 4 und 8.

518 BGH, Urteil vom 24.05.2005 - IX ZR 123/04 = NZI 2005, 547; bestätigt durch Urteil vom 12.10.2006 – IX ZR 228/03 = NZI 2007, 36 ff.; und Beschluss vom 19.07.2007 - IX ZB 36/07 = NZI 2007, 579.

519 Das Wort „objektiv“ ist hier nicht einfach so zu verwenden, denn im Grunde sind es individuelle und subjektive Auffassungen des BGH, welche er in dem Urteil vertritt.

520 Zu dieser richtigen Entscheidung vgl. C. II. 3.

521 Begründung zur InsO, BT-Drucks. 12/2443, 1 [114].

522 BGH, Urteil vom 24.05.2005 - IX ZR 123/04 = NZI 2005, 547 [549]; Smid, Praxishandbuch Insolvenzrecht, (Fn. 36), § 3 Rn. 57.

523 Schmidt, ZGR 1986, S. 179 [195].

524 BGH, Urteil vom 24.05.2005 - IX ZR 123/04 = NZI 2005, 547 [549].

sprechung und Wissenschaft überlassen sollte.[525] Zudem ist der BGH der Auffassung, dass der Gesetzgeber absichtlich keine starre Grenze in das Gesetz eingeführt habe und der Rechtspraxis hier eine gewisse Flexibilität ermöglichen wollte.[526] Hierdurch fühlt er sich zugleich zu einer Bestimmung von Schwellenwerten legitimiert.[527]

Mit der von ihm gelieferten Definition beschreitet der BGH aber auch den richtigen Weg, indem er sich auf der einen Seite zu der Annahme von festen Grenzen bekennt, auf der anderen Seite aber gleichzeitig ein flexibles Element installiert, welches diese Grenzen als nicht starr statuiert.

Das Urteil vom 24.05.2005 ist eigentlich eine Entscheidung zu § 64 Abs. 2 GmbHG a.F. Der BGH sieht den Begriff der Zahlungsunfähigkeit innerhalb der Vorschriften des § 64 GmbHG[528] und des § 17 InsO aber als einheitlich, weshalb seine Aussagen zu § 64 GmbHG auch für § 17 InsO zutreffen.

Im Kern behandelt das Urteil die Frage, ob die im Sachverhalt benannte schuldnerische GmbH bei einer ermittelten und belegten Unterdeckung von 9,2 % als zahlungsunfähig i.S.d. § 17 InsO anzusehen war.

Der BGH nimmt die Entscheidung zum Anlass, hinsichtlich der Zahlungsstockung eine widerlegbare Vermutung aufzustellen, dass der kreditwürdige Schuldner, der innerhalb von drei Wochen nicht mindestens 90 % seiner fälligen Verbindlichkeiten bedienen kann, sich nicht mehr nur in einer bloß unbeachtlichen Zahlungsstockung befindet, sondern zahlungsunfähig ist.[529]

Drei Wochen erscheinen dem BGH dabei als notwendig aber auch als ausreichend, um sich bei Kreditwürdigkeit die benötigte Liquidität zu verschaffen.[530] Der Zeitraum ist nur dann auszudehnen, *„wenn mit an Sicherheit grenzender Wahrscheinlichkeit zu erwarten ist, dass die Liquiditätslücke demnächst*

---

525 Hierzu insb. Auch B. III. und Schmidt, ZGR 1986, S. 179 [195].

526 BGH, Urteil vom 24.05.2005 - IX ZR 123/04 = NZI 2005, 547 [549].

527 BGH, Urteil vom 24.05.2005 - IX ZR 123/04 = NZI 2005, 547 [549]; vgl. auch Smid, Praxishandbuch Insolvenzrecht, (Fn. 36), § 3 Rn. 57.

528 Mittlerweile geändert durch das MoMiG (BT-Drucks. 16/6140). Im Urteil daher noch in der Fassung vor dem 01.11.2008. Der BGH bezieht sich jedoch innerhalb der Norm nur auf den Begriff der Zahlungsunfähigkeit, weshalb diese Äquivalenz der Begriffe weiter besteht, da § 64 GmbHG auch in der n.F. diesen Begriff weiterhin enthält.

529 BGH, Urteil vom 24.05.2005 - IX ZR 123/04 = NZI 2005, 547 [547 und 550].

530 BGH, Urteil vom 24.05.2005 - IX ZR 123/04 = NZI 2005, 547.

vollständig oder fast vollständig beseitigt werden wird und den Gläubigern ein Zuwarten nach den besonderen Umständen des Einzelfalls zuzumuten ist.“[531]

Bezüglich des Schwellenwertes hält der BGH es für angemessen, diesen bei 10 % anzusetzen.[532] Aber auch hier ist es dem Schuldner nach dem BGH zuzugestehen, dass er trotz der Feststellung des Erreichens des Schwellenwertes seine Zahlungsfähigkeit darlegen kann. Dem Schuldner steht es offen, darzulegen, dass sich die Liquiditätslücke zwar nicht innerhalb von zwei bis drei Wochen, aber innerhalb absehbarer Zeit schließen lässt. Dies hat er durch die Benennung konkreter Umstände, welche einen Lückenschluss mit an Sicherheit grenzender Wahrscheinlichkeit erwarten lassen, zu belegen. Die Anforderungen an diese Umstände bemessen sich dabei nach dem Abstand der tatsächlichen Unterdeckung von dem festgelegten Schwellenwert.[533]

Der BGH betont innerhalb der gesamten Entscheidung immer wieder die Widerlegbarkeit der Vermutung und weicht die gefundene Definition selbst sogleich wieder auf. Er stellt damit klar, dass starre Grenzen zur Abgrenzung wenig hilfreich, zahlenmäßige Vorgaben aber nötig seien, wobei diese aber eine gewisse Flexibilität wahren müssten.[534] Diese von ihm geforderte Flexibilität zu Gunsten des Schuldners stellt der Senat dabei unter die Bedingung, dass ein Zuwarten den Gläubigern zumutbar ist.[535]

I. Die Drei-Wochen-Frist

Die Frist, die dem Schuldner bleibt, um sich frische Liquidität am Markt zu verschaffen gab bislang mit dem Wort „kurzfristig“ aus der amtlichen Begründung zur InsO[536] reichlich Anlass zu Spekulationen. Nach Meinung des BGH soll diese nun drei Wochen dauern.

---

531 BGH, Urteil vom 24.05.2005 - IX ZR 123/04 = NZI 2005, 547.

532 BGH, Urteil vom 24.05.2005 - IX ZR 123/04 = NZI 2005, 547 [550].

533 BGH, Urteil vom 24.05.2005 - IX ZR 123/04 = NZI 2005, 547 [550].

534 BGH, Urteil vom 24.05.2005 - IX ZR 123/04 = NZI 2005, 547 [549].

535 In verschiedenen Formulierungen: BGH, Urteil vom 24.05.2005 - IX ZR 123/04 = NZI 2005, 547; Urteil vom 12.10.2006 – IX ZR 228/03 = NZI 2007, 36 ff.; Beschluss vom 19.07.2007 - IX ZB 36/07 = NZI 2007, 579.

536 Begründung RegE-InsO, BT-Drucks. 12/2443, 1 [114].

1. Begründung der Drei-Wochen-Frist

Die Dauer von drei Wochen begründet der BGH zum einen, im Einklang mit der Literatur[537], damit, dass ein solcher Zeitraum ausreichend, aber auch erforderlich erscheine, um dem kreditwürdigen Schuldner eine annehmbare Frist zur Kreditbeschaffung und damit zur Wiederherstellung der Liquidität zu gewähren. Zum anderen stellt er maßgeblich auf die Drei-Wochen-Frist des § 64 Abs. 1 GmbHG a.F.[538], nunmehr § 15a Abs. 1 InsO, ab.[539] Innerhalb dieser gesetzlichen Frist sind die Organe einer juristischen Person nach Erkennbarkeit[540] der Zahlungsunfähigkeit oder der Überschuldung verpflichtet, einen Insolvenzantrag zu stellen. Der Sinn und Zweck des § 64 GmbHG a.F.[541] ist es, die Masse für ein Insolvenzverfahren durch eine möglichst frühe Antragsstellung zu erhalten.[542] Der § 64 GmbHG a.F. war dabei, ebenso wie heute der § 15a Abs. 1 InsO, eng mit den §§ 1 und 17 ff. InsO verbunden. Alle Vorschriften bezwecken, die Gläubigergleichbehandlung bestmöglich zu verwirklichen und bieten hierfür verschiedene Instrumente. Im Falle des § 64 GmbHG a.F., heute § 15a Abs. 1 InsO, war und ist dies vor allem der Anreiz für den Geschäftsführer einer GmbH, sich durch rechtzeitige Insolvenzantragsstellung von der Haftung des § 64 GmbHG[543] zu befreien.[544]

a. Historie und rechtliche Bedeutung des § 64 GmbHG a.F.

Bei Inkrafttreten des GmbHG am 19.05.1892[545] enthielt der § 64 GmbHG a.F.[546] zunächst überhaupt keine Frist zur Antragsstellung. Der damalige Wortlaut forderte lediglich, dass die Geschäftsführer den Konkurs zu beantragen hatten, „*sobald* *die Zahlungsunfähigkeit der Gesellschaft*" eintrat. Mit dem „Gesetz über die Pflicht zum Antrag auf Eröffnung des Konkurses" vom 25.03.1930[547] wurde

537 Vgl. C. II. 3. a).

538 In der Fassung vor dem MoMiG, vor dem 01.11.2008.

539 So schon vor dem BGH Hefermehl in: Wimmer, Handbuch des Fachanwalts Insolvenzrecht, 1. Aufl., 2002, Kap. 1 Rn. 162.

540 Auf eine positive Feststellung kommt es nicht an: BGH, Urteil vom 29.11.1999 – II ZR 273/98 = BGHZ 143, 184, 185 = NJW 2000, 668 [668].

541 Nun § 15a Abs. 1 InsO, mit gleichgebliebenem Zweck.

542 Vgl. Haas in: Baumbach/Hueck, GmbH-Gesetz, (Fn. 81), § 64 Rn. 1 und 5 f.

543 Die Haftung des Geschäftsführers ist weiter in § 64 S. 1 und 2 GmbHG geregelt. Nur die Antragspflichten wurden ausgelagert.

544 Vgl. Haas in: Baumbach/Hueck, GmbH-Gesetz, (Fn. 81), § 64 Rn. 1.

545 RGBl. 1892, S. 477.

546 In der Fassung von 1892 bis 1930.

547 RGBl. 1930 Bd. I, S 93 f.

später zunächst eine Frist von 2 Wochen in den § 64 Abs. 1 GmbHG a.F. eingeführt. Ein gutes Jahr später wurde diese durch Verordnung vom 06.08.1931[548] auf 3 Wochen erhöht.

Bis zur Einführung der Frist im Jahre 1930 ging die Rechtsprechung[549] zu § 64 GmbHG a.F.[550] davon aus, dass der Paragraph mit dem Wortlaut „sobald" klare Anforderungen stelle. Da das Gesetz eindeutig keine Frist kenne[551], hatte der Geschäftsführer demnach den Antrag ohne Verzug[552] und unmittelbar, ohne Anspruch auf eine Überlegungsfrist[553], zu stellen. Weiter führte die Rechtsprechung aus, dass die Pflicht zur Antragsstellung öffentlichen und allgemeinen Interessen diene, welche sich aus der gemeinen Gefahr *„für das mit der Gesellschaft in Geschäfts- und Kreditverkehr stehende Publikum"* ergeben.[554] Dem Geschäftsführer einer GmbH blieb hiernach bei Erkennen der Zahlungsunfähigkeit nicht der *„mindeste zeitliche Spielraum"*[555], um im Vorfeld eines Antrages etwaige Alternativen zur Antragsstellung, wie bspw. eine Sanierung, zu prüfen.

Die Einführung der Frist des § 64 Abs. 1 GmbHG a.F. im Jahre 1930 diente daher in erster Linie dazu, die Verschuldensfrage hinsichtlich der Haftung des Geschäftsführers, aber auch seiner strafrechtlichen Verantwortung, zu klären und außerdem die bis dahin mit dem Wort „sobald" unklare Frage nach der zeitlichen Ausdehnung zu lösen. Der Geschäftsführer sollte innerhalb dieser Frist aber auch ein mögliches Vergleichsverfahren prüfen und vorbereiten.[556]

---

548 RGBl. 1931 Bd. I, S. 433.

549 Vgl. zu den unter Fn. 551 bis 553 genannten Rspr.-Fundstellen des RG und des OLG inkl. der Leitsätze: Freymuth, Die GmbH in der Rechtsprechung der deutschen Gerichte von 1911 bis 1916, Köln 1919, §64 S. 417 ff.; Reidnitz Die GmbH in der Rechtsprechung der deutschen Gerichte seit 1892, Köln 1919, §64 S. 281 ff.; sowie Schmidt, Die GmbH in der Rechtsprechung der deutschen Gerichte seit 1924, Köln 1932, § 64.

550 In der Fassung von 1892 bis 1930.

551 Vgl. Fn. 549: RG, Urteil vom 12.12.1913 – II 843/13; sowie Urteil vom 15.05.1914 – II 305/14.

552 Vgl. Fn. 549: RG, Urteil vom 26.11.1904 – Rep. 4121/04 = RGSt 37, 324.

553 Vgl. Fn. 549: RG, Urteil vom 25.06.1928 – III 432/28; sowie Urteil vom 12.07.1928 – II 197/28; dem entgegen sah das OLG Stuttgart in einem Urteil vom 19.10.1914 (Az. unbekannt: Leitsatz und Zusammenfassung abgedruckt bei: Freymuth, (Fn. 549), S. 418) zumindest eine zeitlich mäßige Frist, die zugunsten der Geschäftsführer anzunehmen sei.

554 RG, Urteil vom 14.12.1909 – II 528/09 = RGZ 72, 285 [289].

555 Ullmann, JW 1930, 1344 [1345].

556 Vergleichsverfahren nach der Vergleichsordnung (VglO) vom 26. Februar 1935; in Kraft bis zum 31.12.1998. Gedanke der VglO war es, einen sanierungswürdigen

Der Gesetzgeber erkannte die hier bis dahin vorhandene begriffliche Ungenauigkeit mit dem Wort „sobald“, welches allgemein i.S.v. „unverzüglich“ interpretiert wurde.[557] Durch diese unbestimmte Formulierung blieb dem ordentlichen Kaufmann weder Zeit den Konkursgrund der Zahlungsunfähigkeit noch die Möglichkeiten eines Vergleichsverfahrens, insbesondere das Einverständnis der Mehrheit der Gläubiger, zu prüfen und zu sondieren.[558] Vor allem der Gedanke, dass der Geschäftsführer vor Antragsstellung noch die Möglichkeiten und die Chancen eines Vergleichsverfahrens ausloten sollte, wurde ohne einen hierfür zusätzlich gewährten Zeitraum praktisch sinnentleert.[559] Insgesamt wurde den Geschäftsführern somit durch die Frist ein Zeitraum für Überlegungen und Verhandlungen eingeräumt, innerhalb welchem sie den Antrag zwar früher stellen können, den Antrag aber bis zum Ablauf der Frist nicht schuldhaft hinauszögern.[560] Die Frist ist dabei keine Frist im verfahrensrechtlichen Sinne, welche gehemmt, unterbrochen oder aufgeschoben werden könnte.[561] Damit ist die Frist des § 64 Abs. 1 GmbHG a.F., wie der gesamte Haftungstatbestand der Norm auch, eigener Art und nicht konventionell im Rechtssinne.

Die Länge der Frist wurde vor allem nach ihrem Sinn und Zweck bestimmt. So musste auch hier den Interessen sowohl der Gläubiger an einem massereichen Konkursverfahren als auch der Gesellschaft auf Fortbestand und Sanierung Rechnung getragen werden.[562]

b. Die Deutung der Frist und die Parallelen zur InsO

Der BGH sieht die Frist von drei Wochen vor allem deshalb als begründet an, da aus der in § 64 GmbHG a.F. implementierten Frist von drei Wochen hervorgehe, dass „*das Gesetz eine Ungewissheit über die Wiederherstellung der Zahlungsfä-*

Schuldner vor den persönlichen und wirtschaftlichen Folgen eines Konkurses durch konkursabwendenden gerichtlichen Zwangsvergleich zu bewahren: Kilger/Schmidt, Insolvenzgesetze, 1997, Vorbemerkung II, S. 2. Die Mindestvergleichsquote von 35 %, nach § 7 VglO, war jedoch so enorm hoch, dass das gerichtliche Vergleichsverfahren nur eine minimale Bedeutung erlangte.

557 Becker, GmbHR 1930, 422 [426].

558 Ullmann, JW 1930, 1344 [1345].

559 Vgl. Becker, GmbHR 1930, 422 [426]; sowie Ullmann, JW 1930, 1344 [1345].

560 Hachenburg, GmbHG – Kommentar, 6. Aufl., 1959, § 64 Anm. 5.

561 Bähr/Smid, DZWIR 2002, 455 [456].

562 Becker, GmbHR 1930, 422 [426].

higkeit der Gesellschaft längstens drei Wochen hinzunehmen bereit ist.“[563] Die Frist des § 64 GmbHG a.F. wurde dabei jedoch - auch aufgrund ihrer eigenen Art – im Ursprung ebenso willkürlich bestimmt[564], wie es bei der Bestimmung der Frist zur Annahme einer dauerhaften Zahlungsunfähigkeit heute wohl ebenfalls geboten ist. Sie wurde ursprünglich geschaffen, um dem Geschäftsführer einer Gesellschaft die Möglichkeit zu geben, die Aussichten eines Vergleichsverfahrens und damit die Abwendbarkeit der Insolvenzreife zu prüfen.[565] Heutzutage sind innerhalb der Frist die Chancen einer außergerichtlichen Sanierung zu eruieren. Sie bildet eine Bedenkfrist[566] und ist zugleich die Frist zur Feststellung des Verschuldens.[567]

Abgesehen von der Willkür ihrer Bestimmung und Implementierung im Gesetz von 1930[568] finden sich noch weitergehende Parallelen zwischen der Drei-Wochen-Frist des § 64 GmbHG a.F. und der Frist innerhalb der Definition der Zahlungsunfähigkeit des § 17 InsO. Beide geben mit Gewährung der Frist eine Chance zur Prüfung von Sanierungschancen. Zugleich beinhalten beide auch eine Frist, nach deren Ablauf im einen Fall die Zahlungsunfähigkeit, im anderen Fall das Verschulden festzustellen ist. Beide definieren damit einen „Zeitraum der letzten Chance“, um die Insolvenzreife abzuwenden. Dies gilt jedoch nur insoweit, als der Beginn der Frist auch zur Kenntnis ihrer Adressaten gelangt.

Daher ist das Verständnis von *Kamm* und *Köchling*[569], die Drei-Wochen-Frist des § 64 GmbHG a.F. sei zur objektiven Begründung der Zahlungsunfähigkeit nicht geeignet, da diese Frist bereits den Eintritt der Zahlungsunfähigkeit voraussetze, nicht nachvollziehbar. Natürlich ist die Zahlungsunfähigkeit bei Beginn der Frist zum Stichtag eingetreten. Jedoch dient die Frist gerade der eventuellen Abwendung derselben. Zudem ist auch gerade bei der Frist aus § 64 GmbHG a.F. die Frage, ob es sich nicht nur um eine Zahlungsstockung handelt. Äußerlich sind diese beiden Äußerungen von Zahlungsschwierigkeiten gleichartig.[570]

563 BGH, Urteil vom 24.05.2005 – IX ZR 123/04 = NZI 2005, 547 [548].

564 Aus dem Gesamtkontext ersichtlich und mit einzelnen Hinweisen auf den Gesetzgeber: Becker, GmbHR 1930, 422 et passim; Ullmann, JW 1930, 1344 et passim.

565 Nerlich in: Michalski, GmbHG-Komm., 2. Aufl., 2010, § 64 Rn. 29 f.; sowie Wicke, GmbHG-Komm., 2. Aufl., 2011, § 64 Rn. 8.

566 Nerlich in: Michalski, GmbHG-Komm., (Fn. 565), § 64 Rn. 30.

567 Hachenburg, GmbHG – Kommentar, (Fn. 560), § 64 Anm. 5.

568 RGBl. 1930 Bd. I, S. 93 f.

569 Kamm/Köchling, ZInsO 2006, 732 [734].

570 Schmidt, JZ 1982, 165.

Diese Parallelen werden umso deutlicher, seitdem die Insolvenzantragspflichten zentral in § 15a InsO geregelt sind. Der Gesetzgeber sieht den Sinn und Zweck der Antragspflichten als einen insolvenzrechtlichen und diese deshalb auch als am besten in der InsO aufgehoben.[571] Die davor herrschende Verteilung der Antragspflichten über die einzelnen, die Gesellschaften betreffenden Gesetze, sah derselbe als historisch bedingt an.[572]

Bezüglich der ohne weitere Begründung vorgenommenen Übernahme der Drei-Wochen-Frist aus dem § 64 GmbHG a.F. in den § 15a Abs. 1 InsO ist wohl zu vermuten, dass der Gesetzgeber hier keine Notwendigkeit einer weiteren Begründung sah. Die Frist ist mittlerweile wohl ebenfalls historisch bedingt und hat sich bewährt. Diese wortlose Übernahme der Frist im Jahr 2008, drei Jahre nach dem Grundsatzurteil des BGH und in Kenntnis von dessen Urteilsbegründung, kann man dabei auch als Indiz des Willens des Gesetzgebers deuten, sich dem BGH anzuschließen. Die nunmehr direkt innerhalb der InsO normierte Antragspflicht mit Ihrer Frist von drei Wochen, ist deshalb wohl als mittlerweile erfolgte gesetzliche Normierung der Drei-Wochen-Frist zu sehen.

2. Stellungnahme zu der Entscheidung des BGH

a. Drei Wochen als „richtige Dauer“?

Drei Wochen erscheinen im Ergebnis mit dem BGH[573], der Literatur[574] und dem Gesetzgeber erforderlich, aber auch ausreichend, um die Abgrenzung der bloßen unbeachtlichen Zahlungsstockung von der beachtlichen Zahlungseinstellung sicher vornehmen zu können. Die vom BGH gegebene Begründung ist mit der Argumentation über die Insolvenzantragspflicht der GmbH nachvollziehbar und scheint sinnvoll. Tatkräftige Unterstützung erfährt diese Auffassung mittlerweile durch die Verlagerung der Antragspflichten in den § 15a InsO. Zudem bezieht sich der BGH auch auf die zu der Zeit vorhandenen Literaturmeinungen und geht mit diesen zutreffend davon aus, dass ein Zeitraum von drei Wochen ebenfalls aus der gebotenen realitäts- und lebensnahen Betrachtung der Möglichkeit der Abwendung der Insolvenzreife durch Kredit- oder anderweitige Liquiditätsbeschaffung anzunehmen sei. Dabei geht der BGH insbesondere auch

---

571 Begründung RegE-MoMiG, BT-Drucks. 16/6140, 1 [55].

572 Begründung RegE-MoMiG, BT-Drucks. 16/6140, 1 [55].

573 BGH, Urteil vom 24.05.2005 – IX ZR 123/04 = NZI 2005, 547.

574 Vgl. C. II. 3. a); insb. Kirchhof in: Kölner Schrift zur Insolvenzordnung, (Fn. 30), S. 289 f., Rn. 14.

auf die geäußerten systematischen Bedenken von *Himmelbach* und *Thonfeld*[575] ein. Diese sahen aus § 286 Abs. 3 BGB eine Frist von 30 Tagen als begründet an, da der Schuldner sonst als zahlungsunfähig gelte, bevor er überhaupt in Verzug gekommen sei. Der BGH entgegnet hier zu Recht, dass § 286 Abs. 3 BGB eine Höchstfrist[576] für die Annahme des Verzuges normiere, eine Begründung des Verzuges durch Mahnung gemäß § 286 Abs. 1 BGB aber nicht ausschließe. Zudem werde über einen Insolvenzantrag in der Praxis nicht vor Ablauf von 30 Tagen entschieden.[577] Neben den Argumenten des BGH bemerkt *Smid*[578] hierauf vollkommen zutreffend, dass diese Argumentation über den zivilrechtlichen Verzug *„in der Tat"* nichts mit der Frage zu tun habe, ob *„der Schuldner zahlungsunfähig ist oder ob nur eine ausräumbare Liquiditätsstockung vorliegt."*

b. Warnung vor einem zu starren Verständnis

Die Frist von drei Wochen ist in keinem Fall starr zu verstehen. Grundsätzlich ist ein Schuldner zwar nach dem BGH am Ende des Drei-Wochen-Zeitraums bei Vorliegen einer Liquiditätslücke von mehr als 10 % als zahlungsunfähig anzusehen, jedoch betont der BGH auch, dass, *„wenn mit an Sicherheit grenzender Wahrscheinlichkeit zu erwarten ist, dass die Liquiditätslücke demnächst vollständig oder fast vollständig beseitigt werden wird und den Gläubigern ein Zuwarten nach den besonderen Umständen des Einzelfalls zuzumuten ist"*[579], der Zeitraum auch mehr als drei Wochen betragen kann. Der BGH weicht damit seine Definition der Zahlungsunfähigkeit sogleich wieder auf.[580] Die so gewahrte Flexibilität ist aber unverzichtbar und steht unter der Bedingung, dass den Gläubigern ein Zuwarten zumutbar ist.

Gerade in der Bankenwelt der Jahre 2011 und 2012 mit kaum gekannten Schuldenkrisen ganzer Staaten oder gar Kontinenten sowie mit Basel II und III[581], welche strenge Anforderungen an das Risikomanagement[582] von Bankin-

---

575 Himmelsbach/Thonfeld, NZI 2001, 11 [13].

576 Smid, Praxishandbuch Insolvenzrecht, (Fn. 36), § 3 Rn. 54 m.w.N.

577 BGH, Urteil vom 24.05.2005 – IX ZR 123/04 = NZI 2005, 547 [548].

578 Smid, Praxishandbuch Insolvenzrecht, (Fn. 36), § 3 Rn. 54.

579 BGH, Urteil vom 24.05.2005 - IX ZR 123/04 = NZI 2005, 547.

580 Vgl. auch die Kritik bei: Nickert in: Nickert/Lamberti, (Fn. 89), Rn. 199 ff.

581 Mit den internationalen bankenaufsichtsrechtlichen Beschlüssen Basel II und III soll der Finanzmarkt durch Eigenkapitalpuffer sowie einer strengeren und damit verbesserten Bewertung von finanziellen Risiken stärker kontrolliert, gesichert, aber auch reguliert werden. Nachzulesen und weitere Unterlagen und Informationen hierzu unter: http://www.bundesbank.de/bankenaufsicht/bankenaufsicht.php.

stituten stellen, gestaltet sich die Kreditbeschaffung weitaus schwieriger. Hier kann eine Frist von drei Wochen unter Umständen nicht ausreichend sein.[583] In einem Fall, in dem unter Andeutung positiver Signale seitens der Liquiditätsgeber aber eine zeitnahe Besserung zu erwarten ist, ist zwangsläufig auch der Zeitraum über drei Wochen hinweg auszudehnen. Hieran vermag auch die nunmehr gesetzliche Normierung der Drei-Wochen-Frist in § 15a InsO nichts zu ändern. Selbst wenn die GmbH-Geschäftsführer hieraus verpflichtet sind, nach Erkennen der Zahlungsunfähigkeit höchstens drei Wochen später einen Insolvenzantrag zu stellen, so verbleibt immer noch die Phase der Begutachtung und des vorläufigen Verfahrens, um die Liquidität hier durch eine Entscheidung der Bank wiederherzustellen.

Jedoch ist auch der umgekehrte Fall denkbar. Bleibt beispielsweise eine als sicher geglaubte Kundenzahlungen aus, die eine positive Prognose maßgeblich begründet hat, so ist schon vor Ablauf der Drei-Wochen-Frist die Zahlungsunfähigkeit anzunehmen, wenn sicher davon ausgegangen werden kann, dass diese nach dem Forderungsausfall nicht mehr zu beseitigen ist.[584]

Die in praxi dringend benötigte Flexibilität der Frist ist somit in jedem Fall gewahrt.

c. Ergebnis

Im Ergebnis kann man, nachdem auch der BGH sich zu der Dauer von drei Wochen bekannt hat, und die Drei-Wochen-Frist in den § 15a InsO übernommen wurde, wohl davon sprechen, dass diese Frist die „richtige Dauer" ist, um die Zahlungsstockung sinnvoll von der Zahlungseinstellung abzugrenzen. Dauert eine Zahlungsstockung länger als drei Wochen, so ist die Zahlungsunfähigkeit anzunehmen. Stets zu beachten ist jedoch, dass diese Frist auf keinen Fall als starr zu verstehen sein darf. Die Aussage der „richtigen Dauer" steht zudem immer unter der Bedingung, dass eine sorgfältige Prognose und Begutachtung vorgenommen wurde.

---

582 Hier besonders zu erwähnen die Mindestanforderungen an das Risikomanagement (MaRisk), einzusehen und nachzulesen unter: http://www. bundesbank.de /bankenaufsicht/bankenaufsicht_risiko_marisk.php.

583 Der Ansicht, dass die Frist von 3 Wochen auch unter Basel II immer ausreichend ist: Gero Fischer, ZGR 2006, 403 [406].

584 Fischer in: FS für Ganter, 153 [162].

II. Die 10 % - Grenze

Die Dauer von drei Wochen kann nunmehr als statuiert angesehen werden. Allerdings ist diese anzunehmende Dauer allein noch ein schwaches Instrument, um die Abgrenzung sicher vorzunehmen. Weiter steht das Problem im Raum, dass jeder Schuldner zum Zeitpunkt der Krise eine in der Größe variierende Liquiditätslücke aufweist. Diese muss bewertet und deren Wesentlichkeit festgestellt werden.

Der Gesetzgeber besteht darauf, dass die Annahme eines „*bestimmten Bruchteils*“[585] ungeeignet ist, um die Zahlungsunfähigkeit zu begründen. Außerdem ist zu beachten, dass eine solche Wesentlichkeitsgrenze verschiedene Anforderungen erfüllen muss.[586]

Der BGH[587] geht allerdings zutreffend davon aus, dass es zumindest zahlenmäßiger Vorgaben bedarf, damit eine Orientierung in der Praxis vorhanden ist. In seinem Urteil vom 24.05.2005[588] nimmt der BGH dabei eine Grenze in Höhe von 10 % als Vorgabe an.[589] Dieser Wert steht im Einklang mit der Literatur[590], in welcher dieser Wert ebenfalls vertreten wird.

1. Die Begründung des BGH – Praxis versus Theorie

Wie schwierig die Bestimmung einer solchen Grenze ist, wurde bereits dargelegt.[591] Auch lassen sich kaum geeignete Argumente zur Begründung einer Grenze finden. Der BGH lässt daher eine fundierte Begründung für die Annahme des Wertes von 10 % ebenso vermissen wie die Autoren in der Literatur.[592] Der IX. Zivilsenat hält es schlicht für „*angemessen*“, den Schwellenwert bei 10 % anzusetzen.[593]

Darüber hinaus stellt auch der IX. Zivilsenat des BGH als Hauptargument dafür, dass er den Wert für „*angemessen*“ hält, lediglich den Willen des Gesetzgebers, die Eröffnungsvoraussetzungen zu verschärfen heraus und äußert, dass ein Wert unter 10 % zu sehr in die Richtung eines „Null-Toleranz-Prinzips“ ten-

---

585 Begründung RegE-InsO, BT-Drucks. 12/2443, 1 [114].
586 Vgl. ausführlich C. II. 3. b).
587 BGH, Urteil vom 24.05.2005 – IX ZR 123/04 = NZI 2005, 547 [549].
588 BGH, Urteil vom 24.05.2005 – IX ZR 123/04 = NZI 2005, 547 [549].
589 BGH, Urteil vom 24.05.2005 – IX ZR 123/04 = NZI 2005, 547.
590 Vgl. C. II. 3. b).
591 Vgl. C. II. 3. b).
592 Hierzu ebenfalls kritisch: Smid, Praxishandbuch Insolvenzrecht, (Fn. 36), § 3 Rn. 54.
593 BGH, Urteil vom 24.05.2005 – IX ZR 123/04 = NZI 2005, 547 [550].

diere.[594] *Gero Fischer*, der bis zum Jahr 2008 Vorsitzender des IX. Zivilsenates war, bestärkt diese Annahme in einem Beitrag aus 2006[595], indem er betont, dass sich eine prozentbasierte Grenze auch am Grundsatz der Verhältnismäßigkeit orientieren muss. Mit der Insolvenzeröffnung findet ein tiefer Eingriff in die Grundrechte des Schuldners aus Art. 2 Abs. 1, 12 und 14 GG statt, welcher auch, und erst recht im Rahmen der Verhältnismäßigkeit, gerechtfertigt sein muss.

Daneben sieht der BGH[596] wie auch *Himmelsbach* und *Thonfeld*[597] die Gefahr von saisonalen Flauten, welche in manchen Branchen typisch zwar eine vorübergehende Zahlungsstockung zur Folge haben, prognostisch aber nicht zwingend zur Zahlungsunfähigkeit ausarten müssen. Gerade diesem Argument muss jedoch entgegengehalten werden, dass ein ordentlicher Kaufmann diese Saisonalität seiner Unternehmung kennen und dieser mit einem über das Jahr ausgeglichenen Zahlungsvermögen zu begegnen hat.[598] Dieses Gegenargument ist aber ein rein theoretisches. In der Praxis wäre nicht auszudenken, was diese Anforderungen für den Unternehmer, der mit solchen saisonalen Schwankungen konfrontiert ist, bedeuten würden. Ganze Branchen wie Baugewerbe, Gastronomie, Tourismus und Hersteller von Saisonartikeln[599] wären hiervon betroffen und würden wohl regelmäßig in die Zahlungsunfähigkeit fallen. Somit sind in der Praxis diese saisonalen Besonderheiten über das ausdrücklich flexible und prognostische Element der Dauer zu korrigieren.

Eine ordentliche Begründung für die Annahme des konkreten Zahlenwertes von 10 % stellt dies alles gewiss nicht dar. Damit wird noch einmal mehr die Ansicht[600], dass eine gewisse Willkür bei der Bestimmung dieses Schwellenwertes auszuüben ist, unterstrichen.

2. Keine starre Grenze

Der BGH betont auch an dieser Stelle, dass die festgelegte Grenze zum einen nicht starr ist, und dass zum anderen allein die Feststellung, dass eine 10 %ige Unterdeckung vorliegt, noch nicht die Zahlungsunfähigkeit begründe. Vielmehr müssten noch weitere Umstände hinzutreten. Der BGH nennt als Beispiel die

594 BGH, Urteil vom 24.05.2005 – IX ZR 123/04 = NZI 2005, 547 [550].
595 Fischer, ZGR 2006, 403 [407].
596 BGH, Urteil vom 24.05.2005 – IX ZR 123/04 = NZI 2005, 547 [549].
597 Himmelsbach/Thonfeld, NZI 2001, 11 [13].
598 So auch: Hölzle, ZIP 2006, 101 [103].
599 Auflistung mit BGH, Urteil vom 24.05.2005 – IX ZR 123/04 = NZI 2005, 547 [549].
600 Vgl. C. II. 3. b).

Erwartung des Niedergangs des Unternehmens und sieht das Insolvenzgericht aus § 5 InsO in der Pflicht, solche Umstände zu ermitteln. Weiter betont der BGH aber auch, dass die Anforderungen an diese Umstände umso weiter sinken, je näher die ermittelte Unterdeckung dem Wert von 10 % kommt.[601] Es ist somit eine Prognose über den Fortgang des Unternehmens vorzunehmen. Diese Prognose bezieht sich dabei auf die reine Liquiditätssituation eines Schuldners, aber auch auf tatsächliche Faktoren und Gegebenheiten, wie z.B. die wirtschaftliche Entwicklung am Markt oder Saisonalitäten.[602]

3. Stellungnahme zu der Wesentlichkeitsgrenze des BGH

Nach den oben beschriebenen Schwierigkeiten, sich einem endgültigen Schwellenwert zu nähern[603], scheint der aufgezeigte Weg der Implementierung einer flexiblen 10 %-Grenze einen guten Kompromiss zwischen allen Meinungen zu schaffen. Dabei ist es enorm wichtig, dass der angenommene Wert nicht starr verstanden wird. Die Entscheidung über die Wesentlichkeit beinhaltet, wie auch das Element der Dauer, stets ein prognostisches Element, welches sorgfältig angewandt werden muss. Sollte dies nicht geschehen, so könnten hieraus erhebliche Fehlentscheidungen entstehen. Ein Verfahren könnte nicht eröffnet werden, obwohl der Schuldner unmittelbar nach Ablauf der Drei-Wochen-Frist zahlungsunfähig sein wird. Denkbar ist aber auch der umgekehrte Fall, dass ein Verfahren zu früh eröffnet wird, obwohl schon in Kürze wieder frische Liquidität zu erwarten ist.[604] Ein gewisser Beurteilungsspielraum, sowohl ober- als auch unterhalb des Wertes von 10 %, muss also erhalten bleiben, soweit er durch geeignete Belege über Umstände hinreichend sicher begründet wird.

Es bleibt ein Faktum, dass der Wert der Wesentlichkeit der am schwersten zu begründende ist. Dennoch ist er zur sicheren Abgrenzung der Zahlungsstockung von der Zahlungseinstellung unverzichtbar. Auf eine sinnvolle und nachvollziehbare Begründung, wie etwa zur Dauer der Zahlungsstockung, muss hier verzichtet werden. Der Wert bestimmt sich schlicht aus Erfahrungen, Praxis-

601 BGH, Urteil vom 24.05.2005 – IX ZR 123/04 = NZI 2005, 547 [550].

602 BGH, Urteil vom 24.05.2005 – IX ZR 123/04 = NZI 2005, 547 [549]; Himmelsbach/Thonfeld, NZI 2001, 11 [13].

603 Vgl. C. II. c.

604 Gerade um diesen Fall drehen sich die Gedanken und die Kritik von Himmelsbach/Thonfeld, NZI 2001, 11 ff.

Anforderungen und einem gewissen Maß an Willkür.[605] Nur hiermit lässt sich eine Grenze bestimmen und anschließend auch vertreten.

Mit dem Schwellenwert von 10 %, welcher durch Ermittlung weiterer Umstände auf den Einzelfall anzupassen ist, gehen sowohl der BGH[606] als auch die Literatur[607] den richtigen Weg. Einer solchen variablen Schwelle und zugleich zahlenmäßigen Vorgabe bedarf es in der Praxis, um die Abgrenzung sicher vornehmen zu können. Die Wesentlichkeit bleibt jedoch, ebenso wie die Dauer, eine Frage des Einzelfalles. Generelle Kriterien bieten nur Orientierung und begründen – widerlegliche - Vermutungen, welche die Praxis erleichtern. Eine gesonderte Betrachtung und Bewertung des Einzelfalles machen sie aber in keinem Fall entbehrlich.

III. Prognostisches Element und die zeitliche Ausdehnung der Prognose

Der BGH betont vollkommen zutreffend, dass die von ihm statuierten Grenzen nicht starr verstanden werden dürfen, um eine gewisse Flexibilität der Vorgaben zu wahren.[608] Diese Flexibilität der Grenzwerte ist dabei Grundvoraussetzung für das richtige Verständnis des Begriffs der Zahlungsunfähigkeit. Nur ein in den Grenzen flexibles Verständnis vermag der Vielfalt der Einzelfälle und der Erscheinungsformen der Zahlungsunfähigkeit gerecht zu werden. Diese Flexibilität ist dabei auszuüben und zu wahren, indem die Grenzwerte über eine sorgfältig ausgeführte Prognose behutsam auf den Einzelfall angepasst werden. Dabei dürfen jedoch die verschiedenen Interessen von Gläubigern und Schuldnern nicht außer Acht gelassen werden.

1. Zeitliche Grenzen der Prognose

Wie der BGH[609] selbst ausführt, wird in der Praxis wohl niemals innerhalb von 30 Tagen über einen Insolvenzantrag entschieden. Aus Sicht der Praxis ist dies zu bestätigen. Einem nach § 5 InsO mit der Frage nach der Zahlungsunfähigkeit

---

605 Diese Willkür wendet auch der BGH an, indem der Senat es – praktisch ohne Begründung - für angemessen hält, die Grenze bei 10 % zu statuieren: Urteil vom 24.05.2005 - IX ZR 123/04 = NZI 2005, 547 [550].

606 BGH, Urteil vom 24.05.2005 – IX ZR 123/04 = NZI 2005, 547.

607 Vgl. C. II. 3. b).

608 BGH, Urteil vom 24.05.2005 – IX ZR 123/04 = NZI 2005, 547 [549].

609 BGH, Urteil vom 24.05.2005 – IX ZR 123/04 = NZI 2005, 547 [548].

beauftragten Gutachter werden durch das Gericht schon für die Gutachtenerstellung regelmäßig zeitliche Vorgaben von vier Wochen erteilt. Der vorläufige Insolvenzverwalter als Gutachter, sollte er die Zahlungsunfähigkeit festgestellt haben, wird das Gutachten erst zum Termin der Eröffnung abgeben. Je nach Umfang und Schwierigkeitsgrad der Vermögensverhältnisse kann eine vorläufige Insolvenzverwaltung bis zu drei Monate[610] in Anspruch nehmen. Dabei hat der vorläufige Verwalter als Gutachter nach § 22 Abs. 1 Nr. 3 InsO in den meisten Fällen sicher schon früher die Erkenntnis, ob Zahlungsunfähigkeit vorliegt. Eine Ausdehnung der Prognose ist bei schon angeordneter vorläufiger Verwaltung jedoch unschädlich. Insgesamt verbleibt also stets ein deutlich größerer Zeitraum sowohl für den Gutachter, um seine Prognose zu treffen, als auch für den Schuldner, um sich möglicherweise doch noch die fehlende Liquidität zu beschaffen.

2. Das Aufweichen der Definition durch den BGH – Eine Einschränkung von Gläubigerrechten?

In den Entscheidungen[611] vom 24.05.2005, 19.10.2006 und 12.07.2007 stellt der BGH immer wieder klar, dass die gegebene Definition nicht starr zu verstehen ist. Der IX. Zivilsenat räumt dem Schuldner in der Entscheidungstrias stets die Möglichkeit ein, trotz Überschreiten des Schwellenwerts von 10 % Umstände darzulegen, welche seine Zahlungsunfähigkeit mit an Sicherheit grenzender Wahrscheinlichkeit widerlegen. Damit ist klar, dass die vom BGH festgelegte Dauer von drei Wochen auszudehnen ist, wenn die Prognose ergibt, dass zwar auch nach Ablauf von drei Wochen eine Liquiditätslücke von mehr als 10 % besteht, diese jedoch *„in absehbarer Zeit“*[612] zu schließen ist. Trotz der Anforderung, dass diese Umstände mit an Sicherheit grenzender Wahrscheinlichkeit vorliegen müssen, handelt es sich hier – wie immer bei einer Prognose – ein Stück weit auch um reine Spekulation. Zudem nennt das Urteil keine zeitliche Grenze

---

610 Da bei Betriebsfortführung nach drei Monaten das über die Bundesagentur für Arbeit finanzierte Insolvenzgeld endet: Haarmeyer/Wutzke/Förster, (Fn. 59), § 12 Rn. 53 und 54;
Ebenfalls zu dem Zusammenhang der „Verfahrensfinanzierung durch Vorfinanzierung des Insolvenzgeldes“: Smid, Praxishandbuch Insolvenzrecht, (Fn. 36), § 4 Rn. 101 ff. m.w.N.

611 BGH, Urteil vom 24.05.2005 - IX ZR 123/04 = NZI 2005, 547ff.; Urteil vom 12.10.2006 – IX ZR 228/03 = NZI 2007, 36ff.; Beschluss vom 19.07.2007 - IX ZB 36/07 = NZI 2007, 579 ff.

612 BGH, Urteil vom 24.05.2005 - IX ZR 123/04 = NZI 2005, 547 [549].

für diese maximal anzunehmende Dauer.[613] Der IX. Zivilsenat stellt in der Entscheidungstrias als Bedingung für eine Ausdehnung der Prognose allein stets auf die Zumutbarkeit eines Zuwartens der Gläubiger ab.[614] Faktisch weicht der BGH hiermit die von ihm geschaffene Definition wieder auf.

Als Begründung, warum ein Zuwarten der Gläubiger im Einzelfall zumutbar sein soll, gibt der BGH in seinem Urteil vom 24.05.2005[615] folgendes an:

> „Ein Insolvenzverfahren soll immer - aber auch erst - dann eingeleitet werden, wenn die Einzelzwangsvollstreckung keinen Erfolg mehr verspricht und nur noch die schnellsten Gläubiger zum Ziele kommen, die anderen hingegen leer ausgehen, eine gleichmäßige Befriedigung somit nicht mehr erreichbar ist. Je geringer der Umfang der Unterdeckung ist, desto eher ist es den Gläubigern zumutbar, einstweilen zuzuwarten, ob es dem Schuldner gelingen wird, die volle Liquidität wieder zu erlangen. Das Geschäftsleben ist in weiten Teilen dadurch gekennzeichnet, dass Phasen mit guter Umsatz- und Ertragslage und Rückschläge sich abwechseln. Insbesondere mittelständische Unternehmen mit geringer Eigenkapitalausstattung, etwa Handwerksbetriebe, sind oft darauf angewiesen, dass Kundenzahlungen vollständig und zeitnah erfolgen. Wird ein größerer Auftrag nicht bezahlt, kann dies eine Liquiditätskrise auslösen. Je kleiner die Liquiditätslücke ist, desto begründeter ist die Erwartung, dass es dem Schuldner gelingen wird, das Defizit in absehbarer Zeit zu beseitigen - sei es durch eine Belebung seiner Geschäftstätigkeit, sei es durch die anderweitige Beschaffung neuer flüssiger Mittel, sei es durch Einigung mit Gläubigern -, also die Zahlungsfähigkeit wieder zu erlangen. In einem solchen Fall brächte die Insolvenzeröffnung den Gläubigern keinen Vorteil, insbesondere keine schnellere und betragsmäßig höhere Befriedigung."

Eine konkrete Aussage über die zeitliche Dimension eines zumutbaren Zuwartens enthält keine der Entscheidungen.

Gero Fischer, der bis 2008 Vorsitzender des IX. Zivilsenates und damit maßgeblich mit für die Entscheidungstrias verantwortlich war, äußerte sich Mitte 2006 in einem Beitrag[616] wie folgt: „*Das Urteil* (vom 24.05.2005) *nennt insoweit keine zeitliche Obergrenze. Man wird jedoch mit aller Vorsicht sagen können, dass als Ausnahmefälle in der Regel nur Verzögerungen bis zu drei Monaten in Betracht kommen, und solche, die länger als sechs Monate dauern, generell undiskutabel sind.*" Hiernach ist also eine Ausdehnung des Prognosezeit-

---

613 Selbst einräumend: Gero Fischer, ZGR 2006, 403 [408].

614 BGH, Urteil vom 24.05.2005 - IX ZR 123/04 = NZI 2005, 547 [549]; Urteil vom 12.10.2006 – IX ZR 228/03 = NZI 2007, 36 [37]; Beschluss vom 19.07.2007 - IX ZB 36/07 = NZI 2007, 579 [581].

615 BGH, Urteil vom 24.05.2005 - IX ZR 123/04 = NZI 2005, 547 [549].

616 Fischer, ZGR 2006, 403 [408].

raums und damit auch eine, auf einer reinen Prognose basierende, eventuelle Verzögerung der Eröffnung eines Insolvenzverfahrens von drei bis zu sechs Monaten möglich. Eine konkrete Aussage, inwieweit eine zeitliche Ausdehnung den Gläubigern zumutbar ist, oder wann drei oder gar sechs Monate zumutbar erscheinen, trifft weder der IX. Zivilsenat selbst, noch dessen mittlerweile ehemaliger Vorsitzender im Nachgang.

Nickert[617] sieht diese Unbestimmtheit der Formulierung „*in absehbarer Zeit*“[618] überaus kritisch und meint, dass diese zu Spekulationen auf Kosten der Gläubiger einlade. Er sieht die Gefahr, dass der Schuldner bis zu sechs Monate zur „*fast vollständigen Beseitigung*“[619] der Liquiditätslücke erhält. Zudem sieht er die Frage als ungeklärt, ob an diesem Punkt dann wieder die 10%-Grenze gelten soll, nimmt dies aber wohl an.[620] Nach seinem Verständnis kommt man zu einer Art Prognose-Schleife: Wenn der Schuldner es schafft die Liquiditätslücke binnen 3 Monaten unter 10 % zu drücken, so stehen ihm nach erneutem Überschreiten der 10 % wieder drei Monate offen usw.

Mithin ist die Frage zu stellen, inwieweit ein Zuwarten der Gläubiger vertretbar ist.

a. Zumutbarkeit eines Zuwartens der Gläubiger

Zur Klärung der Frage, inwieweit eine Überziehung der Frist zu dulden ist, ist das Kriterium der „Zumutbarkeit“ auszulegen.

In der gesamten Entscheidung vom 24.05.2005 hält sich der BGH eng an die Vorgabe des Gesetzgebers, mit der InsO die Verfahrensauslöser zu verschärfen und vorzuverlagern.[621] Jedoch war es auch gerade dieser Gesetzgeber, welcher in der Begründung zur InsO betonte, dass eine über Wochen oder gar Monate dauernde Illiquidität nicht zu einer unbeachtlichen Zahlungsstockung erklärt werden dürfe.[622] Der Gesetzgeber wollte zwar eine vorübergehende Zahlungsstockung ausdrücklich tolerieren, diese aber nicht, wie unter der KO geschehen, zeitlich ausufern lassen. Konsequenz hieraus war das Streichen der Merkmale der „Wesentlichkeit“ und der „Dauer“ aus der Definition der Zahlungsunfähig-

617 Nickert in: Nickert/Lamberti, (Fn. 89), Rn. 203 ff.
618 BGH, Urteil vom 24.05.2005 - IX ZR 123/04 = NZI 2005, 547 [549].
619 So der BGH, Urteil vom 24.05.2005 - IX ZR 123/04 = NZI 2005, 547 [552].
620 Nickert in: Nickert/Lamberti, (Fn. 89), Rn. 204.
621 BGH, Urteil vom 24.05.2005 - IX ZR 123/04 = NZI 2005, 547 ff. et passim.
622 Begründung RegE-InsO, BT-Drucks. 12/2443, 1 [114].

keit.[623] Weitere Konsequenz hieraus war das Abfassen einer gesetzlichen Definition in § 17 Abs. 2 S. 1 InsO, in der es schlicht heißt: „*Der Schuldner ist zahlungsunfähig, wenn er nicht in der Lage ist, die fälligen Zahlungspflichten zu erfüllen.*" Nimmt man diese Definition wörtlich, so ist den Gläubigern ein Zuwarten überhaupt nicht zuzumuten. Bei Fälligkeit ihrer Forderungen können sie Erfüllung derselben verlangen. Ist der Schuldner zur Erfüllung nicht im Stande, so ist er zahlungsunfähig.

Zu diesem Punkt ist aber auch festzuhalten, dass das Merkmal der „Dauer" wiedereinzuführen und ein angemessener Zeitraum zu bestimmen war.[624] Dieser darf bei gleichzeitiger Beachtung des Willens des Gesetzgebers maximal drei Wochen dauern.[625] Ein erhebliches Ausdehnen dieser Frist ist aus der hier eingenommenen Perspektive problematisch.

Uhlenbruck[626] versucht zu begründen, dass eine Zumutbarkeit eines Zuwartens auf jeden Fall gegeben sei, wenn saisonale Flauten zu überbrücken sind, welche durchaus auch mehrere Monate anhalten können. Weiter führt *Uhlenbruck* aus, dass die Prognose zu ergeben hat, ob in der nächsten Saison eine wirtschaftliche Erholung zu erwarten ist.[627] Bezüglich der Branchen und welche Saisonalitäten hier anzunehmen sind, trifft *Uhlenbruck* keine Aussage. Nimmt man dies wörtlich, so kann sich bspw. ein Campingplatz, der allein vom Sommertourismus lebt, in der Wintersaison von Oktober bis März, also insgesamt 6 Monate, in der Liquiditätsunterdeckung befinden, ohne dass diese ein Insolvenzverfahren auslöst, wenn nach der Prognose in der nächsten Saison mit einer wirtschaftlichen Erholung zu rechnen ist. Den Gläubigern wäre hiernach ein Zuwarten und damit eine erzwungene Stundung von einem halben Jahr zumutbar.

Diese Auffassung deckt sich in weiten Teilen mit der Begründung des BGH. Auch dieser sah saisonale Flauten und verschiedene wirtschaftliche Phasen als Anlass, ein Zuwarten der Gläubiger als zumutbar anzunehmen.[628] Der BGH bringt zudem für das Zuwarten das Argument aus, dass gerade mittelständische und kleine Handwerksbetriebe oft in Liquiditätskrisen fallen, wenn Zahlungseingänge ausbleiben; bei wirtschaftlicher Genesung des Schuldners durch das

---

623 Vgl. C. II. 2. a.

624 Vgl. C. II. 2. b.

625 Vgl. C. II. 2. c. und D. I. 2.

626 Schmidt/Uhlenbruck, Die GmbH in Krise, Sanierung und Insolvenz, 4. Aufl., 2009, Rn. 5.92.

627 Schmidt/Uhlenbruck, (Fn. 626), Rn. 5.92.

628 BGH, Urteil vom 24.05.2005 - IX ZR 123/04 = NZI 2005, 547 [549].

Zuwarten, könnten diese jedoch mit einer betragsmäßig höheren Befriedigung rechnen.

Gerade Kleingläubigern wie bspw. den erwähnten Handwerksbetrieben ist ein Zuwarten aber gerade nicht zumutbar, wenn diese dadurch selbst in Zahlungsschwierigkeiten geraten. Dies verdeutlicht auch geradezu bildlich das obige Beispiel des Campingplatzes. Hat ein Handwerker hier Leistungen erbracht und der Campingplatz fällt im September in eine Unterdeckung, so ist es diesem Kleingläubiger, welcher auf pünktliche Zahlungseingänge angewiesen ist und Ausfälle weniger kompensieren kann als ein Großgläubiger, nicht zumutbar bis April zuzuwarten, ob er sein Geld möglicherweise dann erhält.

Ein Verlagern der Unterdeckung auf die Gläubiger kann i.S.d. Gläubigerschutzes nicht hinnehmbar sein.

b. Stellungnahme zu der Zumutbarkeit eines Zuwartens

Zusammengefasst ist festzuhalten, dass sich nur schwer konkretisieren lässt, ob und inwieweit ein Zuwarten zeitlich zumutbar ist.

Der Vorschlag *Gero Fischers*[629], die Zumutbarkeit eines Zuwartens höchstens innerhalb von drei bis sechs Monaten anzunehmen, ist, wie er es selbst formuliert, *„mit aller Vorsicht“* ausgebracht. Auch *Fischer* wollte sich nicht festlegen und war sich wohl selbst nicht sicher, ob ein Zuwarten in dieser zeitlichen Größenordnung zumutbar ist. Verstärkt wird diese Auffassung durch die Entscheidungen des BGH vom 12.10.2006 und 19.07.2007.[630] Diese sind zeitlich nach der Äußerung von *Fischer* ergangen. Hätte der IX. Zivilsenat es für nötig oder auch möglich gehalten, eine konkrete Aussage über die Dauer eines Zuwartens zu treffen, so hätte der BGH hier die Möglichkeit dazu gehabt, auch wenn der Sachverhalt hierzu keinen direkten Anlass bot.

aa) Allgemeine Zweifel an der Zumutbarkeit eines Zuwartens

Insofern darf es erlaubt sein, grundsätzliche Zweifel an der Zumutbarkeit des Zuwartens zu äußern. Unverändert ist zu betonen, dass das Einfügen des Elementes des Zuwartens und die damit geschaffene Flexibilität, das Element der Dauer auch über drei Wochen hinaus auszudehnen, enorme Wichtigkeit besitzt. Unter dem Gesichtspunkt der Verhältnismäßigkeit, welche ein Insolvenzverfahren stets rechtfertigen muss, ist dieses Element unverzichtbar. Zudem muss es bei der Frage nach den konkreten Anforderungen an eine Definition der Zahlungsunfähigkeit immer um einen Interessenausgleich zwischen Schuldner und

---

629 Fischer, ZGR 2006, 403 [408].

630 BGH, Urteil vom 12.10.2006 – IX ZR 228/03 = NZI 2007, 36 ff.; Beschluss vom 19.07.2007 - IX ZB 36/07 = NZI 2007, 579 ff.

Gläubigern gehen. Das Insolvenzverfahren dient in seiner Gesamtheit nicht allein den Gläubigern, sondern eröffnet auch dem Schuldner die Chance auf Sanierung bzw. Restschuldbefreiung, § 1 InsO.

Der BGH rechtfertigt ein Zuwarten der Gläubiger damit, dass diese in einem Insolvenzverfahren keine schnellere und betragsmäßig höhere Befriedigung erlangen könnten. Dem ist insoweit zuzustimmen. Nur stellt sich zugleich die Frage, ob ein Zuwarten der Gläubiger auch die Sanierungschancen beim Schuldner wahrt. Ein Zuwarten der Gläubiger hat auch immer nachteilige Folgen. Zum einen sammeln sich weitere Verbindlichkeiten beim Schuldner an, zum anderen wird sich die beim Schuldner vorhandene Vermögensmasse eher mindern als mehren. Dennoch ist dem BGH hier in gewissem Maße Recht zu geben. Unbestritten ist es für den Gläubiger der bessere Weg, wenn der Schuldner seine Zahlungsfähigkeit zurückerlangt und der Gläubiger seine volle Forderung realisieren kann. Gleichzeitig ist aber auch zu berücksichtigen und abzuwägen, dass die Aussicht der Gläubiger auf quotale Befriedigung sich umso stärker vermindert, je länger die Gläubiger zuwarten. Weiter ist festzuhalten, welches Risiko den Kleingläubigern aufgebürdet wird und welche Gefahr besteht, dass diese womöglich selbst in Liquiditätsschwierigkeiten geraten.

In einem Zwischenergebnis ist festzuhalten, dass ein Zuwarten der Gläubiger erforderlich und diesen in gewissem Umfang auch zumutbar ist. Allein fraglich ist die zeitliche Dimension der Zumutbarkeit.

bb) Zeitliche Dimension eines zumutbaren Zuwartens

Eine Dauer von sechs Monaten kann den Gläubigern nicht zuzumuten sein. Zwar scheinen *Fischer*[631] und *Uhlenbruck*[632] eine solch lange Dauer zu befürworten, die Begründung *Uhlenbrucks* stützt sich jedoch nur auf die mögliche Saisonalität von wirtschaftlichen Unternehmungen, *Fischer* begründet überhaupt nicht.

Weiter ist an diesem Punkt nicht zu vergessen, dass die Ausgangslage, auf deren Basis den Gläubigern ein Zuwarten überhaupt erst zugemutet wird, eine Prognose ist. Diese kann sich stets als Fehleinschätzung entpuppen.[633] Die Gefahr einer Fehlprognose besteht insbesondere, da die vorzunehmende Prognose neben den zu erwartenden Einnahmen der nächsten sechs Monate auch die ent-

631 Fischer, ZGR 2006, 403 [408].

632 Schmidt/Uhlenbruck, (Fn. 626), Rn. 5.92.

633 Zur Hauptproblematik der Prognose: vgl. Reischl, Insolvenzrecht, 1. Aufl., 2008, Rn. 103.

stehenden Verbindlichkeiten antizipieren muss, um zu einem aussagekräftigen Ergebnis zu gelangen.

Aber selbst wenn keine Fehleinschätzung zugrunde liegt, den Gläubigern aber ein Zuwarten von sechs Monaten zugemutet wird, so kann dies kaum zu rechtfertigen sein. Sollten unter den Gläubigern nicht nur Groß- sondern auch Kleingläubiger sein, welche durch den sechsmonatigen Forderungsausfall selbst in Liquiditätsschwierigkeiten kommen, so wird man in einem solchen Fall nicht nur die Verhältnismäßigkeit hinsichtlich der Eröffnung eines Insolvenzverfahrens über den Schuldner, sondern auch hinsichtlich der kollidierenden Gläubigerrechte, ebenfalls aus Art. 2 Abs. 1, 12 und 14 GG, prüfen müssen. In dieser Prüfung wird man sodann nicht zu der Annahme einer Dauer von sechs Monaten kommen können. Dies gilt erst recht, da der BGH[634] explizit davon ausgeht, dass eine kreditwürdige Person nur drei Wochen benötigt, um sich die fehlende Liquidität am Markt zu beschaffen. Eine Ausweitung des Drei-Wochen-Zeitraums mag zwar in manchen Fällen geboten sein, um zu einem Verständnis zu gelangen, welches der Vielfalt der Zahlungsunfähigkeit gerecht wird. Der Zahlungsunfähigkeit an sich, in Abgrenzung zu der vorübergehenden und unbeachtlichen Zahlungsstockung, wird die Annahme einer sechs Monate statt drei Wochen dauernden Illiquidität aber nicht gerecht.

Ebenso schwierig wird eine solche Rechtfertigung bei dem von *Gero Fischer*[635] ausgebrachtem Vorschlag von bis zu drei Monaten. Im Einzelfall kann ein solches Zuwarten jedoch unter Umständen zumutbar sein. Bezogen darauf, dass ohnehin selten schneller als binnen eines Monats über einen Insolvenzantrag entschieden wird[636], bedeutet eine Annahme von drei Monaten eine Überschreitung des ohnehin angenommenen Zeitraums von rund 8 Wochen. Ein solches Zuwarten kann unter dem Aspekt, dass der Schuldner hier mit an Sicherheit grenzender Wahrscheinlichkeit seine volle Liquidität wiedererlangt und die Gläubiger eine hundertprozentige Befriedigung ihrer Forderungen erlangen können, gerechtfertigt sein. Dies muss jedoch zwingend hinreichend sicher sein.

Abschließend ist festzuhalten, dass es sich bei den Vorschlägen zur möglichen Dauer eines zumutbaren Zuwartens um reine Spekulationen handelt.[637] Konkret ist nur schwer auszumachen, inwieweit der dem Schuldner ohnehin zu-

634 BGH, Urteil vom 24.05.2005 – IX ZR 123/04 = NZI 2005, 547, 1. Leitsatz; Urteil vom 12.10.2006 – IX ZR 228/03 = NZI 2007, 36 ff.; Beschluss vom 19.07.2007 - IX ZB 36/07 = NZI 2007, 579 ff.

635 Fischer, ZGR 2006, 403 [408].

636 So der BGH selbst: Urteil vom 24.05.2005 – IX ZR 123/04 = NZI 2005, 547 [548].

637 Wie Nickert es kritisiert in: Nickert/Lamberti, (Fn. 89), Rn. 203.

gestandene Zeitraum von 3 Wochen im gegenseitigen Verhältnis von Schuldner- zu Gläubigerinteressen auszudehnen ist. Sicher ist nur davon auszugehen, dass ein Zeitraum von sechs Monaten nicht zu rechtfertigen ist, eine Überschreitung um drei Monate aber bei Vorliegen von Umständen, welche mit an Sicherheit grenzender Wahrscheinlichkeit eine vollständige Wiedererlangung der Liquidität erwarten lassen, annehmbar sein kann. Weiter steht fest, dass die vom BGH gegebene Definition hierdurch aufgeweicht wird. Dies geschieht jedoch nicht allein im Interesse des Schuldners und im Nichtinteresse der Gläubiger, wie *Nickert*[638] es versteht. Der BGH setzt hier nur konsequent seine Warnung vor einem starren Verständnis der Grenzen fort.[639]

---

638 Nickert in: Nickert/Lamberti, (Fn. 89), Rn. 199 ff.
639 Vgl. D. I 2. b. und D. II. 2.

E. Kapitel 5: Ende des ersten Abschnittes - Erkenntnisse zu dem Begriff der „Materiellen Insolvenz“

Die vorstehenden Seiten belegen die zentrale Bedeutung der Zahlungsunfähigkeit für und die enge Verbindung mit dem Begriff der materiellen Insolvenz. Die zunächst vollständige Klärung des zentralen Begriffes der Zahlungsunfähigkeit ist für die retrograde Ermittlung unabdingbar.

I. Widerstreitende Meinungen als Abbild der Gegensätzlichkeit von Theorie und Praxis

Trotz der 1999 in § 17 Abs. 2 S. 1 InsO eingeführten Legaldefinition blieb der Begriff der Zahlungsunfähigkeit grundsätzlich vollständig unbestimmt. Dies mag zunächst kritisch klingen, der Gesetzgeber tat bei der Formulierung der Vorschriften der InsO aber gut daran, den Begriff der Zahlungsunfähigkeit nicht zu stark gesetzlich auszugestalten und selber durch eine vollständige Definition unnötig einzuengen. Eine vollständig ausformulierte Definition zu liefern war ihm allerdings auch weder möglich, noch wäre dies der richtige Weg gewesen. Wie bereits fast 125 Jahre zuvor bei Einführung der KO, blieb es auch unter der InsO der Rechtsprechung und der Rechtswissenschaft überlassen, den Begriff zu vervollständigen und auszuformen. Dieser schon 1875 zur KO eingeschlagene Weg war und ist dabei der einzig richtige. Als Konsequenz aus der Vielfalt der individuellen Erscheinungsformen der Zahlungsunfähigkeit sowie der wirtschaftlichen Weiterentwicklung, bedarf es jeweils nach Ablauf eines Erkenntniszeitraums einer Anpassung der Werte und Maßstäbe, die hinter den einzelnen Merkmalen stehen, und welche in ihrer Gesamtheit den Zustand der Zahlungsunfähigkeit und der materiellen Insolvenz bestimmbar machen.

1. Versäumnis der früheren Festlegung auf allgemein definierte Grenzwerte

Nach der ländereinheitlichen Einführung des Begriffs der Zahlungsunfähigkeit in die KO[640] waren die Rechtsprechung und die Wissenschaft bemüht, den Begriff näher zu bestimmen. Dabei legten sie den Grundstein für das heutige Verständnis des Begriffes.

---

640 Vgl. hierzu B. I.

Der Gesetzgeber hatte 1875 bewusst darauf verzichtet, feste Werte für die Annahme einer Zahlungsunfähigkeit in das Gesetz aufzunehmen.[641] In der Literatur wurde daher lange um die Antwort auf die Frage nach den „richtigen" anzunehmenden Werten für die einzelnen Merkmale gestritten. In dieser Diskussion verpasste es die höchstrichterliche Rechtsprechung, die ihr durch den Gesetzgeber ausdrücklich erteilte Legitimation[642] zu nutzen und eine Grundsatzentscheidung über die Merkmale der Zahlungsunfähigkeit im Stile des Urteils vom 24.05.2005[643] zu fällen. Insgesamt war die Rechtsprechung des RG und später des BGH bis zum Jahr 2005 nicht einheitlich und damit weit entfernt von einer Grundsatzentscheidung.[644] In ihren Urteilen schlossen sich die Spruchkörper unter der KO maximal der gegen Ende der Geltung der KO gefundenen Definition an, welche frei von zahlenmäßigen Vorgaben war, und äußerten sich nur in Tendenzen zu konkreten Werten, die eine Zahlungsunfähigkeit ausmachen sollten. Von einer ständigen Rechtsprechung war daher ebenfalls nicht zu sprechen. Mit einer solchen wäre schon unter der KO eine Entscheidung in dieser Streitfrage möglich gewesen. Diese Möglichkeit wurde aber schlicht versäumt.

Da von der nicht nur durch den Gesetzgeber legitimierten, sondern zusätzlich auch in ihrer Funktion als Organ der Rechtspflege hierzu bestimmten, Gerichtsbarkeit keine konkreten Aussagen zu den Grenzwerten getroffen wurden, schwelte der Streit zwischen den Meinungen bis 2005 weiter. Fest stand über 130 Jahre lediglich die Tatsache, dass der Begriff der Zahlungsunfähigkeit sich aus den Merkmalen der „Fälligkeit", der „Dauer" und der „Wesentlichkeit" zur Abgrenzung der unbeachtlichen Zahlungsstockung von der beachtlichen Zahlungseinstellung bestimmt. Es bedurfte daher dringend eines Schnittes[645] bzw. eines Machtwortes innerhalb der verschiedenen Auffassungen, um zu einem einheitlichen Ergebnis zu kommen.

2. Erforderlichkeit eines Machtwortes – Schaffung eines Maßstabs für die Praxis

Der Gesetzgeber der InsO sah 1999 den Begriff der Zahlungsunfähigkeit zu Recht als zu stark eingeengt.[646] Da keine Meinung wirklich hervorstand, konnte

641 Vgl. B. I.

642 Motive zu: Entwurf KO 1875, S. 323.

643 BGH, Urteil vom 24.05.2005 - IX ZR 123/04 = NZI 2005, 547.

644 Vgl. B. III.

645 Wie ihn der Gesetzgeber 1999 zu ziehen versuchte.

646 Begründung RegE-InsO, BT-Drucks. 12/2443, 1 [114].

der Begriff der Zahlungsunfähigkeit in der Praxis in jegliche Richtung gedeutet, und der Zeitpunkt bis zur Feststellung des Vorliegens einer Zahlungsunfähigkeit erheblich verzögert werden. Der Versuch des Gesetzgebers, mit der Reform 1999 einen Schnitt im Meinungsstreit zu erzielen und den Begriff der Zahlungsunfähigkeit noch einmal von Null an neu zu bestimmen, war deshalb im Grunde ein guter Ansatz. Er übersah dabei aber, dass die bereits unter der KO gefundenen Merkmale nicht in der reinen Theorie aus dem Begriff der Zahlungsunfähigkeit herausgestrichen werden konnten. In der Praxis sind es nämlich genau diese Merkmale, welche eine Prüfung, ob Zahlungsunfähigkeit vorliegt, überhaupt ermöglichen und daher unentbehrlich sind.[647]

Dennoch gelang es, einen, wenn auch weitaus geringeren Schnitt, zu vollziehen. Der Gesetzgeber gab in der Begründung zur InsO mit der Zielsetzung, eine frühere Verfahrenseröffnung zu erreichen[648], eine Richtung vor, in welche die zukünftigen Meinungen zu tendieren hatten. Unter Beachtung dieser Vorgabe gelang mit dem Grundsatzurteil des BGH[649], welches im Prinzip auch nur die in den Jahren zuvor entwickelten Meinungen sichtete und dann ein Machtwort sprach, der Durchbruch. Seit dieser Entscheidung des BGH wird in der Praxis ein einheitliches Verständnis der Zahlungsunfähigkeit angenommen, auch wenn es in Deutschland keine Bindung der unteren Gerichte[650] an die Entscheidungen des BGH gibt. Die Zahlungsunfähigkeit ist endlich an Grenzwerten festgemacht. Die Festlegung auf zahlenmäßige Vorgaben, welche die Rechtsprechung in den 130 Jahren zuvor nicht vollzogen hat, hat der BGH 2005 vollbracht. Dieser hat damit, auch im Sinne und mit Ermächtigung des Gesetzgebers[651], eine längst überfällige Entscheidung getroffen.[652]

Der Vielfalt der Fälle der Zahlungsunfähigkeit in der Praxis wird die gefundene Definition gerecht. Nur eine Definition unter Zugrundelegung flexibler Schwellenwerte eröffnet die notwendige Flexibilität und Sensibilität, welche der Begriff der Zahlungsunfähigkeit benötigt.

---

647 Vgl. C. I. und II.

648 Begründung RegE-InsO, BT-Drucks. 12/2443, 1 [114].

649 BGH, Urteil vom 24.05.2005 - IX ZR 123/04 = NZI 2005, 547.

650 Wie es bspw. im Common Law der Fall ist.

651 Motive zu: Entwurf KO 1875, S. 323; und wohl ebenso, wenn auch nicht ausdrücklich zwischen den Zeilen: Begründung RegE-InsO, BT-Drucks. 12/2443, 1 [114].

652 So auch Kamm/Köchling, ZInsO 2006, 732, welche davon sprechen, dass der BGH sich „endlich" geäußert habe.

Mit dem Grundsatzurteil vom 24.05.2005[653] hat der BGH die ihm zugedachte Aufgabe wahrgenommen. Letztendlich kann auch nur die Rechtsprechung zu einer Festlegung von Grenzwerten legitimiert sein. Zwar hätte der Gesetzgeber von der Möglichkeit einer Verordnungsermächtigung i.S.v. Art. 80 GG[654] Gebrauch machen und so ausnahmsweise die Exekutive direkt zur gesetzlichen Festlegung von Schwellenwerten ermächtigen können.[655] Allerdings könnte die Exekutive schon aus mangelnder Nähe zur Praxis nicht ständig neue Maßstäbe und Schwellenwerte für diese bestimmen.[656] Diese Aufgabe, welche sich nah an der Praxis orientieren muss, ist für Organe wie den Gesetzgeber und die Exekutive völlig fremd und in deren Kompetenzen fehl am Platz. Der Rechtsprechung hingegen liegen die Fälle direkt vor, weshalb diese auch am ehesten die notwendigen Erkenntnisse sammeln und hieraus die notwendigen Konsequenzen ziehen kann. Zudem wird die Rechtsprechung ständig und auch der BGH relativ stetig die Möglichkeit erhalten, sich in einem Urteil zu der Zahlungsunfähigkeit zu verhalten. Hiermit wird auch die zeitliche Bedingung der Wiedervorlage gewahrt, welche eine Flexibilität der Definition und damit auch eine Anpassung an sich eventuell verändernde Verhältnisse erst ermöglicht.

3. Kontinuität der Definition als Indiz der Qualität des deutschen Insolvenzrechts

Festzuhalten bleibt nach allen Ausführungen zu dem Begriff der Zahlungsunfähigkeit, dass sich dieser seit nun fast 135 Jahren maßgeblich durch die stets vorzunehmende Abgrenzung der Zahlungsstockung von der Zahlungseinstellung und damit durch die drei Merkmale der „Fälligkeit“, der „Dauer“ und der „Wesentlichkeit“ bestimmt.

Festzuhalten ist weiter, dass die Feststellung des Vorliegens der Merkmale sich seit der BGH-Entscheidung vom 24.05.2005[657] auf die mehr oder minder einfache Formel zusammenfassen lässt, dass keine Zahlungsstockung sondern Zahlungsunfähigkeit anzunehmen ist, wenn der Schuldner länger als drei Wo-

---

653 BGH, Urteil vom 24.05.2005 – IX ZR 123/04 = NZI 2005, 547 ff.

654 Zu Art. 80 GG Pieroth in: Jarass/Pieroth, GG, 11. Aufl., 2011, Art. 80 Rn. 1 ff.

655 Eine solche Festlegung wäre dann ohne eine Parlamentszustimmung und damit flexibler und beschleunigt möglich gewesen.

656 Verordnungen werden vom Gesetzgeber üblicherweise dort eingesetzt, wo zum einen – wie hier - stetige Anpassungen „auf kurzen Wege“ erforderlich sind und wo das Parlament nicht über den notwendigen Sachverstand verfügt, über welchen dann wiederum die Ministerialbürokratie verfügen soll. Dies können z.B. Grenzwerte und technische Details sein. (Maurer, Staatsrecht I, 6. Aufl., 2010, § 17 Rn. 141).

657 BGH, Urteil vom 24.05.2005 - IX ZR 123/04 = NZI 2005, 547.

chen außer Stande ist weniger als 90 % seiner fälligen Verbindlichkeiten zu erfüllen. Andere Meinungen werden noch erwähnt[658], diese haben sich aber scheinbar sämtlich dem BGH untergeordnet, weshalb sie mittlerweile deutlich Aktualität im Vertreten ihrer Position vermissen lassen.[659]

Vor allem aber ist ein scheinbares Phänomen festzustellen: Die Entwicklung der Definition der Zahlungsunfähigkeit.

Unter Geltung der KO wurde die Zahlungsunfähigkeit zuletzt nahezu einheitlich im Wortlaut so definiert: „Zahlungsunfähigkeit ist das auf dem Mangel von Zahlungsmitteln beruhende andauernde Unvermögen des Schuldners, seine sofort zu erfüllenden Geldschulden noch im Wesentlichen zu berichtigen."[660]

Mit der Reform 1999 versuchte der Gesetzgeber die Definition der Zahlungsunfähigkeit in § 17 Abs. 2 S. 1 InsO auf einen einfachen Wortlaut herunterzubrechen: „*Der* Schuldner *ist zahlungsunfähig, wenn er nicht in der Lage ist, die fälligen Zahlungspflichten zu erfüllen.*"

Diese stark vereinfachte Definition wurde in den Folgejahren aufgrund der praktischen Notwendigkeit der sicheren Abgrenzung der Zahlungsstockung von der Zahlungseinstellung durch die Rechtsprechung und die Wissenschaft jedoch wieder erweitert und kann im Ergebnis so formuliert werden: „*Der Schuldner ist zahlungsunfähig, wenn er nicht in der Lage ist, mehr als 90 % seiner fälligen Verbindlichkeiten innerhalb von drei Wochen zu erfüllen.*"[661]

---

658 Andere Meinungen werden u.a. noch erwähnt bei: Smid/Leonhardt in: Leonhardt/Smid/Zeuner, InsO, (Fn. 40), § 17 Rn. 6 ff. m.w.N.; Smid, Praxishandbuch Insolvenzrecht, (Fn. 36), § 3 Rn. 54.
Dagegen im Grunde nur auf den BGH abstellend u.a.: Häsemeyer, (Fn. 34), Rn. 7.15 ff.; Kirchhof in: Heidelberger Kommentar InsO, (Fn. 311), § 17 Rn. 17 ff.; Leithaus in: Andres/Leithaus, (Fn. 60), § 17 Rn. 2.
Einschränkend und nicht unbedingt dem BGH folgend dagegen: Mönning in Nerlich/Römermann, (Fn. 311), § 17 Rn. 12 ff.; Eilenberger in: Münchener Kommentar InsO, (Fn. 311), § 17 Rn. 18 ff., insb. 22.

659 Die meisten Meinungen sind mittlerweile im Schnitt 10 Jahre alt. Damit zeigt sich, dass die Frage entschieden scheint. Allerdings ist es wichtig diese Meinungen im Hinterkopf zu behalten, falls es die Praxis erforderlich macht die Grenzen anzupassen. Guter Überblick über die Meinungen mit Jahreszahlen bei Smid/Leonhardt in: Leonhardt/Smid/Zeuner, InsO, (Fn. 40), § 17 Rn. 6 ff. m.w.N.

660 Zu dem Begriff in st. Rspr.: zuerst: RG, Urteil vom 22.02.1882 – Rep. I. 668/81 = RGZ 6, 95 [96]; sowie Urteil vom 17.12.1901 – VII. 386/ 01 50 = RGZ 50, 39 [41] m.w.N.; später: BGH, Urteil vom 30.04.1959 – VIII ZR 179/58 = WM 1959, 891; Urteil vom 10.01.1985 - IX ZR 4/84 = NJW 1985, 1785; für die Lit. stellvertr.: Weber in: Jaeger, KO, (Fn. 20), § 102 Rn 2.

661 Elementar: BGH, Urteil vom 24.05.2005 - IX ZR 123/04 = NZI 2005, 547.

Auffällig ist, dass die Grundelemente der Definitionen identisch sind, diese Elemente aber mit dem Grundsatzurteil vom 24.05.2005[662] mit konkreten Werten ausgefüllt wurden. Die Definitionen sind im Übrigen deckungsgleich. Es ist also festzuhalten, dass die unter der KO in 120 Jahren entwickelte Definition unter der InsO zwar umgestellt wurde, der Kern und das Grundgerüst jedoch erhalten geblieben sind. Damit herrscht innerhalb des Konkursrechts seit nun gut 135 Jahren eine in den Grundgedanken kontinuierliche Definition vor, heute allerdings mit klaren Konturen.[663]

Eine grundlegende Veränderung der Definition wäre auch nicht möglich gewesen, da hierdurch die Abgrenzung der Zahlungsstockung von der Zahlungseinstellung nicht mehr sicher vorzunehmen gewesen wäre. Die deckungsgleichen Definitionen und deren langfristige Stabilität sind also weniger ein Phänomen, als eine nicht anders zu realisierende und notwendige Tatsache. Diese Identität der Definitionen entspricht dabei dem Willen des Gesetzgebers, der in der Begründung zur InsO klar ausdrückte, dass der neuen Definition, die Definition zugrunde liegt, die sich unter der KO in Rechtsprechung und Literatur durchgesetzt hatte.[664] Zugleich ist die Weiterentwicklung der Definition auch Ausdruck davon, dass unter der KO Verfahren zu einem Zeitpunkt eröffnet wurden, an dem nur noch eine schmale Masse vorhanden war. Dies ist allerdings nicht auf die damals geltende Definition, sondern vielmehr auf die zu den einzelnen Merkmalen streitenden Meinungen zurückzuführen.

II. Zahlungsunfähigkeit contra Materielle Insolvenz – Ein Fazit des ersten Teils

Nach Betrachtung des Begriffes der Zahlungsunfähigkeit drängt sich zunächst der Eindruck auf, die materielle Insolvenz eines Schuldners sei stets nach festen Kriterien anhand der oben genannten Werte zu ermitteln. Dem muss aber widersprochen werden. Zum einen sind die Werte flexibel zu betrachten und zu bewerten. Zum anderen ist eine Gesamtschau der Lage des Schuldners vorzunehmen, welche auch das beschriebene prognostische Element beinhaltet und die verschiedenen Illiquiditätsbegriffe in sich vereint. Dies gilt bei der Ermittlung des erstmaligen Eintritts der materiellen Insolvenz verstärkt, da hier die Daten-

662 BGH, Urteil vom 24.05.2005 - IX ZR 123/04 = NZI 2005, 547.

663 Welche Häsemeyer bei Einführung der Legaldefinition in § 17 Abs. 2 InsO vermisste: Häsemeyer, (Fn. 34), 7.18.

664 Begründung RegE-InsO, BT-Drucks. 12/2443, 1 [114].

basis der Ermittlung aufgrund der Bewertung von Ist- und nicht von Soll-Daten eine vollkommen andere ist.

An dieser Stelle ist außerdem ein Rückblick geboten. Der § 17 InsO beschreibt mit seinem Wortlaut sowie in Sinn und Zweck den Zeitpunkt, an dem die materielle Insolvenz des Schuldners vorliegt und damit der Eröffnungsgrund gegeben ist. Nicht zu vergessen ist jedoch, dass die Zahlungsunfähigkeit meist erst von dem durch das Insolvenzgericht im Rahmen der Ermittlungen bestellten Gutachter festgestellt wird. In der Regel liegt der Zeitpunkt des erstmaligen Eintritts der materiellen Insolvenz dann schon Tage, Wochen oder auch Monate in der Vergangenheit. Zudem erfolgt die Feststellung zu einem Zeitpunkt, an dem die Bewertung und das Ergebnis zumeist klar sind. Die Zahlen sprechen zu diesem - meist späten - Zeitpunkt erfahrungsgemäß eine deutliche Sprache, und die Feststellung der Zahlungsunfähigkeit fällt auch ohne Zuhilfenahme der erläuterten Merkmale und Schwellenwerte nicht schwer. Jedoch geht es in dieser Arbeit um die retrograde Ermittlung der Zahlungsunfähigkeit und damit um die Ermittlung des erstmaligen Eintritts der materiellen Insolvenz. Die retrograde Ermittlung beschreibt den Gedanken feinfühlig, oder falls nicht anders möglich, auch nur grob, den Zeitpunkt zu ermitteln, an welchem bereits vor Begutachtung durch einen Sachverständigen die Zahlungsunfähigkeit des Schuldners eingetreten ist. Hierzu bedarf es eben dieser Schwellenwerte, aber auch einer Reihe von weiteren Indizien und Indikatoren.

Die in § 17 InsO normierte Zahlungsunfähigkeit beschreibt einen Zeitpunkt, der deutlich nach der materiellen Insolvenz angesiedelt ist. Daher sind die Begrifflichkeiten nicht unbedingt als gleichbedeutend zu verstehen. Vielmehr teilt sich hier der Begriff der Zahlungsunfähigkeit in den Eröffnungsgrund gemäß § 17 InsO und die Zahlungsunfähigkeit i.S.d. materiellen Insolvenz.

Der Begriff der Zahlungsunfähigkeit beinhaltet damit eine gewisse Ambivalenz. Er ist zum einen der in § 17 InsO normierte Eröffnungsgrund und definiert als solcher den Zeitpunkt der Eröffnung des Insolvenzverfahrens. Zum anderen kommt ihm im Rahmen der Anfechtung, §§ 129 ff. InsO, der Geschäftsführerhaftung, § 64 GmbHG, und der Straftatbestände der §§ 283 ff. StGB eine erweiterte Funktion zu. In diesen Konstellationen ist maßgeblich auf die materielle Insolvenz abzustellen. Gleichzeitig ist festzuhalten, dass der Zeitpunkt der materiellen Insolvenz zwar häufig vermutet, hingegen nur selten konkret belegt werden kann.

Auch die Definition der Zahlungsunfähigkeit entwickelt damit zwei Qualitäten. Für den Eröffnungsgrund des § 17 InsO ist sie schlicht konstituierend. Für die Ermittlung der materiellen Insolvenz hingegen ist sie „nur" ein Indikator, wenn auch der wesentlichste. Bei der Ermittlung der materiellen Insolvenz kommt es darauf an, im Rahmen der Ermittlung der Zahlungsunfähigkeit i.S.d. § 17 InsO die entscheidenden Anhaltspunkte für den Zeitpunkt der materiellen Insolvenz zu erlangen.

Trotz der Teilung der Begrifflichkeiten an dieser Stelle, bilden beide Begriffe eine Einheit. Ohne materielle Insolvenz wäre eine Feststellung der Zahlungsunfähigkeit zum Zeitpunkt der Verfahrenseröffnung nach § 17 InsO nicht möglich, da die materielle Insolvenz dem Eröffnungsgrund zwingend voraus geht. Dabei hinterlässt sie anschließend retrograd zu ermittelnde Spuren in Form von Anzeichen und Indizien.

Der im Rahmen der Ermittlungen zu § 17 InsO gefundene Status und Zeitpunkt der Zahlungsunfähigkeit bildet im Gegenzug den Ausgangspunkt für die Ermittlung des erstmaligen Eintritts der materiellen Insolvenz. Mit Feststellung der Zahlungsunfähigkeit im Eröffnungsbeschluss nach § 27 i.V.m. § 17 InsO wird der Punkt definiert, ab dem die Ermittlung in die Vergangenheit zu erstrecken ist. Für eine retrograde Ermittlung des Zeitpunktes der materiellen Insolvenz, ist als Indikator im ersten Schritt also zunächst die Zahlungsunfähigkeit i.S.d. § 17 InsO zu ermitteln.

Im Ergebnis ist festzuhalten, dass der Begriff der Zahlungsunfähigkeit innerhalb des gesamten Insolvenzrechts einheitlich zu verstehen ist.[665] Innerhalb des Begriffes sind aber die zwei Stadien der Zahlungsunfähigkeit, nämlich der materiellen Insolvenz als erstmalige Äußerung der Zahlungsunfähigkeit, und der Zahlungsunfähigkeit i.S.v. § 17 InsO als später die Eröffnung begründende Zahlungsunfähigkeit, strikt zu unterscheiden.

665 BGH, Urteil vom 30.06.2011 – IX ZR 134/10 = NZI 2011, 589 [590].

Teil 2: Die Feststellung der Zahlungsunfähigkeit und Methoden der retrograden Ermittlung

F. Kapitel 6: Allgemeines zu der Feststellung und dem Nachweis der Zahlungsunfähigkeit

Nachdem die Merkmale geklärt sind, die eine Zahlungsunfähigkeit zumindest in der Theorie objektiv bestimm- und abgrenzbar machen, ist die weitergehende Frage, wie diese in der Praxis Anwendung finden und hier sinnvoll eingesetzt werden können.

Dazu ist zunächst festzustellen, dass der § 17 InsO keine Aussage über die Art und Weise der Prüfung der Zahlungsunfähigkeit enthält, wie es z.B. in § 19 Abs. 2 Satz 2 InsO für den Eröffnungsgrund der Überschuldung der Fall ist.[666] Die einzig richtige Methode zur Feststellung der Zahlungsunfähigkeit gibt es somit nicht.[667] Dementsprechend existieren verschiedenste Ansätze, welche jedoch allesamt einem Kriterium unterworfen sind: Der Daten- bzw. Indizlage.

Ist eine reichhaltige Datenlage vorhanden, so ist die – aufwändige – Auswertung von Zahlenwerken eine geeignete und zielsichere Feststellungsmethode. Bei nicht so umfangreichen bis hin zu nicht vorhandenen Daten kann die Zahlungsunfähigkeit auch anhand von Indizien, konkludenten Handlungen[668] oder im Anfechtungsprozess auch durch bis zur Verfahrenseröffnung nicht beglichene Forderungen belegt werden.[669]

Vergleichsweise einfach ist dabei noch die Feststellung der Zahlungsunfähigkeit i.S.v. § 17 InsO. Erheblich schwieriger ist hingegen die Bestimmung des Zeitpunktes, zu dem die Zahlungsunfähigkeit erstmalig eintrat. Im Prinzip ist nur der Schuldner selbst in der Lage, eine konkrete Aussage zu tätigen, wann die Zahlungsunfähigkeit eingetreten ist. In der Praxis hingegen wird der Durchschnittsschuldner in der Weise den Überblick über seine Finanzen verloren haben, dass auch von ihm keine konkrete Aussage zu erwarten ist. Deshalb sollen bspw. die Gläubiger aus dem konkludenten Verhalten des Schuldners auf die materielle Insolvenz schließen, um so spätere Anfechtungen zu vermeiden.[670] Gerade im Anfechtungsrecht ist die Problematik der Beweisbarkeit des erstmaligen Eintritts der materiellen Insolvenz gravierend. Die Rechtsprechung hat da-

666 Pape, WM 2008, 1949 [1951].
667 Pape, WM 2008, 1949 [1951].
668 Mehrere Beispiele bei Smid/Leonhardt in: Leonhardt/Smid/Zeuner, InsO, (Fn. 40), § 17 Rn. 16.
669 BGH, Urteil vom 12.10.2006 – IX ZR 228/03 = NZI 2007, 36 ff.
670 Eilenberger in: Münchener Kommentar InsO, (Fn. 311), § 17 Rn. 26.

her Vermutungen konstruiert, welche die Beweisbarkeit der Zahlungsunfähigkeit erleichtern.[671]

Grundsätzlich orientieren sich die Methoden, mit denen der erstmalige Eintritt der materiellen Insolvenz ermittelt werden soll, an den Methoden, welche zur Feststellung des Vorliegens einer Zahlungsunfähigkeit vorgeschlagen werden.

I. Allgemeines zu der retrograden Ermittlung der Zahlungsunfähigkeit

Allgemein werden zur Feststellung der Zahlungsunfähigkeit, und dementsprechend auch zur retrograden Ermittlung derselben, hauptsächlich zwei Methoden angewandt, die hier dargestellt werden sollen: Die betriebswirtschaftliche Methode, welche das beim Schuldner vorhandene Vermögen bewertet, und die wirtschaftskriminalistische Methode, welche Zahlenwerke vollkommen außer Acht lässt und nur auf sich nach außen manifestierende Anzeichen der Krise bzw. Zahlungsunfähigkeit abstellt.

1. Differenzierung nach dem Zweck des Nachweises

Wie der BGH in seinem Urteil vom 12.10.2006[672] festgestellt hat, hängt die Art des Nachweises der Zahlungsunfähigkeit maßgeblich von dem damit verfolgten Zweck ab. So ist der Nachweis i.R.d. § 17 InsO bei der Prüfung der Insolvenzantragsvoraussetzungen anders vorzunehmen als der Nachweis in einem Anfechtungsprozess.[673] Während der Nachweis im Rahmen des Gutachtens über den Insolvenzantrag prognostischen Charakter hat, ist im Anfechtungsprozess rückblickend auf den Zeitpunkt der anfechtungsrelevanten Rechtshandlung abzustellen.[674] Hierbei will der BGH unter Umständen auf eine Liquiditätsbilanz verzichten und ermöglicht den Beweis des Vorliegens der Zahlungsunfähigkeit über Indizien.[675]

---

671 BGH, Urteil vom 12.10.2006 – IX ZR 228/03 = NZI 2007, 36 ff.; Beschluss vom 12.07.2007 – IX ZR 210/04 = NZI 2007, 722 [723 und 2. Leitsatz der Redaktion].

672 BGH, Urteil vom 12.10.2006 – IX ZR 228/03 = NZI 2007, 36 ff.

673 Hölzle, ZIP 2007, 613 [616].

674 BGH, Urteil vom 12.10.2006 – IX ZR 228/03 = NZI 2007, 36 [37 f.]; Hölzle, ZIP 2007, 613 [616].

675 BGH, Urteil vom 12.10.2006 – IX ZR 228/03 = NZI 2007, 36.

Wie bereits dargestellt, enthält der Begriff der Zahlungsunfähigkeit ein prognostisches Element.[676] Dieses kommt voll innerhalb des Gutachtens zur Klärung der Frage, ob ein Eröffnungsgrund vorliegt, zum Tragen. Im Rahmen der retrograden Ermittlung hat es hingegen keine Bedeutung. Bei der retrograden Ermittlung wird der Zeitpunkt des Eintritts der Zahlungsunfähigkeit auf der Grundlage von Ist-Daten und Tatsachen aus der Vergangenheit ermittelt.

In dieser Arbeit soll es vordergründig um den Nachweis der Zahlungsunfähigkeit zum Zwecke der Beweisführung in einem Anfechtungs- oder Haftungsprozess gehen.

Im Zeitpunkt der Erstellung des Gutachtens und Prüfung des Insolvenzantrages im Hinblick auf eine etwaige Verfahrenseröffnung, ist die materielle Insolvenz nicht wirklich relevant. An dieser Stelle ist die Zahlungsunfähigkeit des Schuldners i.S.v. § 17 InsO festzustellen, welche aufgrund der meist erst spät erfolgenden Antragsstellung weitgehend unproblematisch zu ermitteln ist. Die materielle Insolvenz sollte im Gutachten dennoch gleichzeitig mit ermittelt werden[677], damit bei Verfahrenseröffnung sogleich die Basis für anfechtungs- und haftungsrechtliche Ansprüche bereitet ist.

2. Unterschiede zwischen natürlichen und juristischen Personen

Bei der retrograden Ermittlung ist zwischen natürlichen und juristischen Personen zu unterscheiden. Zwar ist es für beide Gruppen gleich bedeutsam, den Zeitpunkt der materiellen Insolvenz zu ermitteln, da in beiden Fällen der Zeitpunkt für die anfechtungs- und haftungsrechtliche Anspruchsbegründung benötigt wird. Jedoch sind die Unterschiede, und damit auch die Schwierigkeiten des Nachweises der materiellen Insolvenz, erheblich.

Natürliche Personen werden, wenn Sie nicht gerade Einzelkaufleute i.S.d. § 1 HGB sind, keine Bücher und Bilanzen über ihre wirtschaftliche und finanzielle Situation führen. Hier kann zur Ermittlung des Eintritts der materiellen Insolvenz also kein, den Ansprüchen an ein Rechnungswesen genügendes, Zahlenmaterial herangezogen werden. Aber auch eine etwaige Eintragung in das Handelsregister garantiert noch nicht das Vorliegen eines hinreichenden Rechnungswesens. Im Falle von natürlichen Personen kann deshalb zumeist nur auf

676 Vgl. D. III.

677 Vgl. die Forderungen aus: Anhörung des Rechtsausschusses des Dt. Bundestages vom 09.04.2008, ZInsO 2008, 367 [369]; und Haarmeyer, ZInsO 2009, 1273 ff.

„tatsächliche Daten“ abzustellen sein. Solche sind bspw. nicht beglichene Rechnungen, Mahnschreiben in verschiedenen Mahnstufen, eventuell schon erwirkte Titel, diverse Zwangsvollstreckungsmaßnahmen, aber gerade auch Handlungen des Schuldners selbst.

Bei Unternehmungen ist die Datenlage hingegen umfangreicher. Diese unterliegen der Buchführungspflicht aus § 238 HGB, womit eine Buchführung in der Regel, sollte sie nicht gerade untergegangen oder extrem lückenhaft sein, vorhanden ist. Zudem wird die Buchführung in den meisten Fällen durch externe Steuerberater betreut, womit das Datenmaterial zum einen bei diesen abrufbar ist und zum anderen auch weitestgehend vollständig sein sollte. Leider ist aber auch hier festzuhalten, dass eine externe Buchführung ebenfalls von der Sorgfalt des Schuldners lebt, welcher Belege und Unterlagen an den Externen weiterreichen muss. Auch hier sind deshalb noch die „tatsächlichen Daten“ mit zu berücksichtigen. In erster Linie sind aber die Unternehmenszahlen anhand der von der Rechtsprechung und Wissenschaft entwickelten Richtlinie zu bewerten.

Von der reinen Methodik der Ermittlung her unterscheiden sich die beiden Gruppen somit letztendlich kaum. Unterschiede bestehen aber bei dem Vorhandensein von für die Ermittlung relevanten Daten. Die hier vorgenommene Darstellung bezieht sich primär auf Unternehmungen. Das Meiste hierzu ist aber gleichfalls auf natürliche Personen zu übertragen.

II. Liquiditätsbegriffe

Bei Betrachtung der zugrunde gelegten Definitionen zeigt sich, dass sowohl die insolvenzrechtliche als auch die betriebswirtschaftliche Definition von ein und demselben Merkmal ausgehen, welches die Zahlungsfähigkeit grundlegend bestimmt: *Liquidität.*

Insolvenzrechtlich liegt Zahlungsunfähigkeit nach § 17 Abs. 2 S. 1 InsO vor, wenn der Schuldner nicht mehr in der Lage ist, die fälligen Zahlungspflichten zu erfüllen. Praktisch muss der Schuldner in der Lage sein, 90 % seiner fälligen Verbindlichkeiten binnen drei Wochen zu erfüllen. Dem Schuldner wird damit ein Zeitraum zugestanden, in welchem er, wenn er hierzu noch in der Lage ist, die Liquidität wiederherstellen kann.[678]

In der betriebswirtschaftlichen Definition wird unterschieden in die Liquidität im qualitativen und im quantitativen Sinn. In qualitativem Sinne ist Liquidität

678 Elementar: BGH, Urteil vom 24.05.2005 – IX ZR 123/04 = NZI 2005, 547.

die Fähigkeit eines Unternehmens, jederzeit alle unabweisbaren Zahlungsverpflichtungen fristgemäß erfüllen zu können.[679] In quantitativer Hinsicht ist Liquidität das Verhältnis zwischen den liquiden Mitteln und den kurzfristig liquidierbaren Vermögenswerten, dividiert durch die kurzfristigen Verbindlichkeiten.[680] Dabei sind die Auffassungen zu dem Begriff der Kurzfristigkeit nicht einheitlich. In der Betriebswirtschaftslehre kann die Kurzfristigkeit bis zu einem Jahr umfassen.[681] Abgestellt wird teilweise aber auch auf einen Zeitraum von drei Monaten, was als realistischer anzusehen ist.[682] Insolvenzrechtlich umfasst die Kurzfristigkeit nur einen Zeitraum von drei Wochen.[683]

Weiter wird der Begriff der Liquidität in der Betriebswirtschaftslehre unterschieden in die „Absolute Liquidität“ und die „Relative Liquidität“.[684] Die „Absolute Liquidität“ ist der reine Zerschlagungswert eines Unternehmens. Zur Ermittlung der „Absoluten Liquidität“ wird ein Kreditstatus[685] erstellt, der Auskunft darüber geben soll, welche Mittel tatsächlich zur Schuldentilgung bereit stehen.[686] Die „Relative Liquidität“ dagegen betrachtet den Fortführungswert eines Unternehmens und hier, wie es um die Zahlungsfähigkeit eines Unternehmens bestellt ist.[687] Eine solche Unterscheidung kennt auch das Insolvenzrecht, wenn es um die Überschuldungsprüfung und die dort enthaltene Fortführungsprognose geht, § 19 InsO.[688]

Insolvenzrechtlich setzt § 17 Abs. 2 InsO also – wie auch immer beschaffte[689] - Liquidität im Zeitpunkt der Fälligkeit voraus, die Betriebswirtschaftlehre dagegen permanente Liquidität. Dies ergibt sich aus der Natur der Sache:

In einem Unternehmen ist die Liquidität an sich ein Aspekt, der sowohl innerhalb der Finanzplanung sorgfältig prognostiziert und betrachtet, aber auch

679 Busse von Colbe/Crasselt/Pellens, Lexikon des Rechnungswesens, 5. Aufl., 2011, S. 542.

680 Busse von Colbe/Crasselt/Pellens, (Fn. 679), S. 542.

681 Lienhard/Nock in: Nickert/Lamberti, (Fn. 89), Rn. 99.

682 Olfert/Rahn, Lexikon der Betriebswirtschaftslehre, 7. Auflage, 2011, Nr. 568.

683 Nämlich den Zeitraum, welcher dem Schuldner gewährt wird, um sich die fehlende Liquidität kurzfristig wieder zu beschaffen: BGH, Urteil vom 24.05.2005 – IX ZR 123/04 = NZI 2005, 547 ff.

684 Zu beiden Begriffen: Olfert/Rahn, (Fn. 682), Nr. 566.

685 Busse von Colbe/Crasselt/Pellens, (Fn. 679), S. 521.

686 Küting/Weber, Die Bilanzanalyse, 10. Aufl., 2012, 3. Kapitel, S. 114 ff., insbesondere S. 115 f.; und Lienhard/Nock in: Nickert/Lamberti, (Fn. 89), Rn. 89 ff.

687 Küting/Weber, (Fn. 686), 3. Kapitel, S. 114 ff., insbesondere S. 115 f.; und Lienhard/Nock in: Nickert/Lamberti, (Fn. 89), Rn. 89 ff.

688 Vgl. hierzu Uhlenbruck in: Uhlenbruck, InsO, (Fn. 107), § 19 Rn. 10 ff.

689 Aus Kredit, unwirtschaftlich verwerteten Wirtschaftsgütern oder sogar Straftaten. Mit den entsprechenden Nachweisen und hierzu weiter: Smid, DZWIR 2010, 1 [4 f.].

innerhalb des anschließenden Controllings zu überwachen ist. Ist ein Unternehmen gesund, so orientieren sich beide Unternehmensbereiche an dem Geschäftsjahr, welches zumeist identisch mit dem Kalenderjahr sein wird. Berücksichtigt man zudem den Grundsatz bzw. die „*goldene Finanzierungsregel*“[690], dass langfristige Investitionen auch langfristig zu finanzieren sind, so ist es sinnvoll, die Liquidität regelmäßig für einen langen Zeitraum zu betrachten, wie es die Betriebswirtschaftslehre tut. Erst, wenn Zahlungsschwierigkeiten durch die innerbetrieblichen Überwachungsmechanismen aufgedeckt werden, kommt das Insolvenzrecht, und damit auch die Bewertung des Drei-Wochen-Zeitraums zur Klärung der Frage der Zahlungsunfähigkeit respektive Zahlungsfähigkeit, zum Zuge.

Somit ist es Aufgabe des insolvenzrechtlichen Liquiditätsverständnisses, im Zeitpunkt der Krise die Zahlungsfähigkeit des Schuldners hinsichtlich der bis dahin fälligen und zu begleichenden Verbindlichkeiten zu ermitteln. Der betriebswirtschaftliche Liquiditätsbegriff hat darüber hinausgehend die Aufgabe, im Rahmen einer soliden Finanzplanung die Liquidität eines Unternehmens für einen längeren Zeitraum, welcher sich vor allem in der Zukunft befindet und damit prognostisch ist, zu bewerten und so sicherzustellen.

Die im Insolvenzrecht zugrundegelegte Drei-Wochen-Frist, und die innerhalb dieser betrachteten Aktiva und Passiva, sind dabei aus betriebswirtschaftlicher Sicht unproblematisch. Wenn das Prinzip der Fristenkongruenz[691] hinsichtlich der Investitionen strikt eingehalten wurde, deckt sich hier sogar die insolvenzrechtliche mit der betriebswirtschaftlichen Liquiditätsbetrachtung.

Sowohl die Betriebswirtschaftslehre als auch das Insolvenzrecht lassen also dem Begriff der Liquidität den gleichen Inhalt und Stellenwert zukommen. Die Betrachtungsweise verschiebt sich allein in der zeitlichen Dimension durch die gebotene Sichtweise bzw. die Aufgabenbereiche der Betrachtungen. Hieran wird deutlich, dass auch die betriebswirtschaftlichen Aspekte im Insolvenzrecht Anwendung finden müssen.[692]

---

690 Perridon/Steiner, Finanzwirtschaft der Unternehmung, 15. Aufl., 2009, S. 569 ff.; Küting/Weber, (Fn. 686), S. 149 f.

691 Hierzu näher: Coenenberg/Haller/Schultze, Jahresabschluss und Jahresabschlussanalyse, 22. Aufl., 2012, S. 1075 ff.

692 So auch: Lienhard/Nock in: Nickert/Lamberti, (Fn. 89), Rn. 85.

G. Kapitel 7: Die Bewertung von Schuldnervermögen – Betriebswirtschaftliche Methoden

Trotz der juristischen Anwendung sind die verwendeten Elemente zumeist eigentlich betriebswirtschaftliche. Die hier von der Rechtswissenschaft vorgenommenen Bewertungsmethoden entsprechen in der Betriebswirtschaft der kurzfristigen statischen sowie der dynamischen Liquiditätsanalyse.[693] Diese sind von Unternehmen z.B. im Bereich der Finanzkontrolle einzusetzen.[694] Eine Betrachtung dieser Bewertungsmethoden ohne eine Auseinandersetzung mit betriebswirtschaftlichen Begrifflichkeiten ist daher nicht möglich.

I. Bewertungsmethoden und ihre Problemstellungen

1. Liquiditätsbilanz zum Stichtag mit gleichzeitiger Zeitraumbetrachtung nach dem BGH

Der BGH[695] und Teile der Literatur[696] fordern den Nachweis über die Zahlungsunfähigkeit eines Schuldners im Rahmen einer Liquiditätsbilanz. In seiner Entscheidung vom 12.10.2006[697] stellt der BGH zur Erforderlichkeit des Nachweises im Rahmen einer Liquiditätsbilanz klar, dass diese zur Ermittlung, ob ein Insolvenzantrag zu stellen ist oder ein Eröffnungsgrund vorliegt, unerlässlich ist. Im Anfechtungsprozess hingegen lässt sich die Zahlungsunfähigkeit auch anderweitig beweisen.

In der Liquiditätsbilanz werden Aktiva und Passiva des Schuldners gestaffelt nach ihrer Fälligkeit ins Verhältnis gesetzt, um hieraus eine etwaige Unterdeckung zu ermitteln. Nicht berücksichtigt werden dabei Einnahmen und Aus-

693 Hierzu ausführlich inkl. Musterfall: Lienhard/Nock in: Nickert/Lamberti, (Fn. 89), S. 80-91 bzw. Rn. 160 f.

694 Olfert/Rahn, (Fn. 682), Nr. 309.

695 BGH, Urteil vom 24.05.2005 - IX ZR 123/04 = NZI 2005, 547 [548]; nochmals bestätigt durch: BGH, Urteil vom 12.10.2006 - IX ZR 228/03 = NZI 2007, 36 f.

696 Eilenberger in: Münchener Kommentar InsO, (Fn. 311), § 17 Rn. 15 ff.; Kirchhof in: Heidelberger Kommentar InsO, (Fn. 311), § 17 Rn. 23.

697 BGH, Urteil vom 12.10.2006 - IX ZR 228/03 = NZI 2007, 36 [38].

gaben des Schuldners, welche zwar tatsächlich vorliegen, jedoch noch nicht bilanzwirksam geworden sind.[698]

In seiner Leitentscheidung zur Zahlungsunfähigkeit vom 24.05.2005[699] beschreibt der BGH die von ihm geforderte Liquiditätsbilanz wörtlich: „*Um dies* (die Zahlungsunfähigkeit) *festzustellen, werden im Rahmen einer Liquiditätsbilanz die aktuell verfügbaren und kurzfristig verfügbar werdenden Mittel in Beziehung gesetzt zu den an demselben Stichtag fälligen und eingeforderten Verbindlichkeiten.*“[700]

Mit dieser Beschreibung geht der BGH im Grunde unter dem Begriff der Liquiditätsbilanz gleichzeitig auch von einem Finanzplan aus. Durch das Miteinstellen der kurzfristig verfügbar werdenden Mittel verliert die Liquiditätsbilanz ihren an sich statischen, zeitpunktbezogenen Charakter und wird zu einer Mischform aus zeitpunktbezogenem Liquiditätsstatus und zeitraumbetrachtendem Finanzplan.[701] Konkret bedeutet dies, dass nach dem Wortlaut des BGH nicht nur die Aktiva und Passiva zu einem Stichtag, sondern auch alle binnen drei Wochen in Liquidität wandelbaren Aktiva innerhalb der Stichtagsbilanzierung zu berücksichtigen sind.[702] Unberücksichtigt bleiben die ebenfalls in diesem Zeitraum fällig werdenden Passiva. Nach Ansicht des BGH ist der Finanzstatus somit in zwei Teile gegliedert, welche eine asymmetrische Betrachtung[703] des Drei-Wochen-Zeitraums bedeuten.[704]

Aktiva I Alle zum Stichtag vorhandenen Aktiva	**Passiva I** Alle zum Stichtag fälligen Verbindlichkeiten
Aktiva II Alle innerhalb von 21 Tagen realisierbaren Aktiva	

698 Vgl. Eilenberger in: Münchener Kommentar InsO, (Fn. 311), § 17 Rn. 19 f.
699 BGH, Urteil vom 24.05.2005 - IX ZR 123/04 = NZI 2005, 547 [548].
700 BGH, Urteil vom 24.05.2005 - IX ZR 123/04 = NZI 2005, 547 [548]; nochmals bestätigt durch: Urteil vom 12.10.2006 - IX ZR 228/03 = NZI 2007, 36 f.
701 BGH, Urteil vom 24.05.2005 - IX ZR 123/04 = NZI 2005, 547 [548].
702 BGH, Urteil vom 12.10.2006 - IX ZR 228/03 = NZI 2007, 36 f.
703 Vgl. Prager/Jungclaus in: FS für Wellensiek, 101 [103].
704 Nachfolgende Abbildung entwickelt aus: Kriegel in: Nickert/Lamberti, (Fn. 89), Rn. 50; sowie Eilenberger in: Münchener Kommentar InsO, (Fn. 311), § 17 Rn. 19 f.

a. Der BGH und das Fehlen der Passiva II

Nach dem BGH[705] sind in einer Liquiditätsbilanz die Aktiva I und II zu erfassen, und diesen dann nur die Passiva I gegenüberzustellen. Nach den üblichen Bilanzierungsgrundsätzen müsste bei einer Gliederung nach Aktiva I und II dies so auch auf der Passivseite erfolgen.[706] Ansonsten besteht die Gefahr, dass das Abbild der tatsächlichen Liquiditätssituation verzerrt wird. Die offensichtlich fehlenden Passiva II, also alle nach dem Stichtag innerhalb von 21 Tagen fällig werdenden Verbindlichkeiten, erwähnt der BGH jedoch nicht.[707]

Ganter[708] führt hierzu aus, dass der BGH in dem Urteil vom 24.05.2005 lediglich die Meinung Dritter über den Aufbau einer Liquiditätsbilanz dargestellt habe, und deshalb aus der Äußerung des BGH nicht auf seine eigene Meinung hierzu zu schließen sei.[709] Aber selbst wenn der BGH hier nur die Meinung Dritter „*referiert*“[710], schließt er sich dieser Meinung in der Urteilsbegründung eindeutig an. Damit kann man nicht der Ansicht sein, der BGH hätte dies so nicht sagen wollen. Diese Äußerung *Ganters*[711] steht zudem im völligen Gegensatz zu der Äußerung *Gero Fischers*, dem damaligen Vorsitzenden des IX. Senates, welcher in seinem Beitrag in der Festschrift für Ganter aus 2010[712] betont, dass der Senat sich der Auswirkungen des Urteils auf die Praxis sehr wohl bewusst gewesen sei, weshalb der Senat die Entscheidung lange und intensiv beraten habe.

Nach dem BGH sind also Zahlungsmittel zeitraumbezogen auf drei Wochen darzustellen, während die Verbindlichkeiten nur stichtagbezogen Berücksichtigung finden.

Klarer formuliert: Der Schuldner begleicht Altverbindlichkeiten, die Passiva I, unter Ausnutzung von erst zukünftig vorhandenem Kapital, den Aktiva II. Damit steht das zukünftige Kapital dann aber nicht zur Begleichung der Neuschulden, den Passiva II, zur Verfügung. Dem Schuldner wird es damit möglich

---

705 BGH, Urteil vom 24.05.2005 - IX ZR 123/04 = NZI 2005, 547 [548]; ebenso: Urteil vom 12.10.2006 - IX ZR 228/03 = NZI 2007, 36 f.

706 So auch Ganter, ZInsO 2011, 2297 [2300].

707 BGH, Urteil vom 24.05.2005 - IX ZR 123/04 = NZI 2005, 547 [548]; Urteil vom 12.10.2006 - IX ZR 228/03 = NZI 2007, 36 f.

708 Welcher zu der Zeit stellvertretender Vorsitzender des IX. Zivilsenates war.

709 Ganter, ZInsO 2011, 2297 [2298].

710 Wie Ganter es ausdrückt: ZInsO 2011, 2297 [2298].

711 Ganter, ZInsO 2011, 2297 [2298].

712 Fischer in: FS für Ganter, 153 [160].

und zugleich auch aufgebürdet, stets einen gewissen Anteil von Verbindlichkeiten vor sich herzuschieben, sog. „Bugwelle“.[713]

Um die Frage, ob diese Prüfungsweise des BGH der Komplexität der Zahlungsunfähigkeit gerecht wird, entbrannte ein Streit, welcher insbesondere dadurch fortlebt, dass der BGH von einer weiteren Klärung der Frage und einer Auseinandersetzung mit dem Bugwellenmodell absieht.[714]

Dem BGH folgend ging auch das OLG Hamburg[715] davon aus, dass im Rahmen einer Liquiditätsbilanz die Passiva II nicht zu berücksichtigen seien. Der OLG-Senat führt dazu aus, dass dem BGH die Existenz dieser Passiva II sehr wohl bewusst gewesen sei, der BGH sich aber ebenso bewusst gegen eine Nennung der Passiva II entschieden habe. Es könne dem BGH nicht unterstellt werden, er hätte dies *„letztlich nicht so sagen wollen.“*[716] Die gegen diese Entscheidung des OLG Hamburg geführte Nichtzulassungsbeschwerde[717] wurde durch den BGH mit dem Hinweis zurückgewiesen, dass die Frage, ob die Passiva II in eine Liquiditätsbilanz mit einzubeziehen seien, nicht entscheidungserheblich gewesen sei. Weitere Ausführungen zu den Passiva II machte der BGH somit nicht.

Aufgrund der in der Literatur vorherrschenden Kritik[718] an der BGH-Entscheidung bestätigte *Gero Fischer* in einem Beitrag aus 2010[719] noch einmal nachdrücklich das oben dargestellte Verständnis, und versuchte das vom BGH vertretene Bugwellenmodell zu begründen.[720] Unter anderem führt *Fischer* aus, dass der Senat sich bewusst für die Gegenüberstellung von Aktiva I und II und Passiva I entschieden habe. Zudem sei diese Auffassung intensiv vom Senat beraten worden, da man sich der Bedeutung für die Praxis sehr wohl bewusst gewesen wäre.

---

713 Vgl. Bork, ZIP 2008, 1749 ff.; Pape, WM 2008, 1949 ff.; sowie Frystatzki, NZI 2010, 389 ff.

714 Die Historie beschreibend und die Langlebigkeit begründend: Prager/Jungclaus in: FS für Wellensiek, 101 [und insb. 102].

715 OLG Hamburg, Urteil vom 29.04.2009 - 11 U 48/08 = BeckRS 2009, 25496.

716 OLG Hamburg, Urteil vom 29.04.2009 - 11 U 48/08 = BeckRS 2009, 25496.

717 BGH, Beschluss vom 11.10.2010 – II ZR 130/09 = BeckRS 2010, 25759.

718 Vgl. vor allem Bork, ZIP 2008, 1749 ff.; Pape, WM 2008, 1949 ff.; sowie Frystatzki, NZI 2010, 389 ff.

719 Fischer in: FS für Ganter, 153 [160].

720 Hierzu weiter unten.

Der Fachausschuss des IDW[721] hingegen meint hierzu im Einklang mit einem Großteil der Literatur[722], dass die Ausdrucksweise des BGH nur missverständlich gewesen sei und nicht „*ernsthaft zweifelhaft*“ sein könne, dass die Passiva II zu berücksichtigen seien.

aa) Berechtigtes Auslassen der Passiva II? – Die sog. Bugwellentheorie und der Versuch einer Begründung

Allgemein wurden bis zur Äußerung von Gero Fischer in 2010[723] für ein Nichtberücksichtigen der Passiva II keine Argumente vorgebracht.[724] Bis dahin wurde lediglich spekuliert, warum der BGH der Ansicht ist, die Passiva II seien nicht zu berücksichtigen.

Mit *Bork*[725] waren aus Sicht des BGH zwei Argumente denkbar:

Zum einen sei anzudenken, dass, wenn man die Existenz eines ernsthaften Einforderns annimmt, man nicht schon bei Bilanzerstellung zum Stichtag sicherstellen kann, dass die Passiva II auch ernstlich eingefordert würden.

Diesen Gedanken beschreibt *Bork*[726] zutreffend als „*Ausflucht*“. Die Anforderungen an das „ernstliche Einfordern“ sind von dem IX. Zivilsenat derart herabgesetzt worden, dass ein solches erst recht im Rahmen einer hier vorzunehmenden Prognose stets anzunehmen sein wird und sein muss. Das „ernstliche Einfordern“ mit seinen geringen Anforderungen[727] kann eine Nichtberücksichtigung der Passiva II nicht begründen.

Zum anderen sei denkbar, über § 18 InsO ein Auslassen der Passiva II zu begründen. Die Abgrenzung zur drohenden Zahlungsunfähigkeit könnte nicht mehr klar vorzunehmen sein, wenn auch bei der allgemeinen Zahlungsunfähigkeit aus § 17 InsO schon prognostizierte Verbindlichkeiten mit einzubeziehen sind.

---

721 Fachausschuss Recht, IDW ZInsO 2009, 201 [202].

722 Vgl. vor allem die Kritik bei: Bork, ZIP 2008, 1749 ff.; Pape, WM 2008, 1949 ff.; sowie Frystatzki, NZI 2010, 389 ff.
Vertreter desselben Verständnisses sind aber auch u.a.: Smid/Leonhardt in: Leonhardt/Smid/Zeuner, InsO, (Fn. 40), § 17 Rn. 16a; IDW, PS 800, FN-IDW Nr. 4/2009, S. 161 [164]; Eilenberger in: Münchener Kommentar InsO, (Fn. 311), § 17 Rn. 19 f., insb. 20; Uhlenbruck in: Uhlenbruck, InsO, (Fn. 107), Rn. 39 ff.; *Schröder* in: Hamburger Kommentar InsO, (Fn. 408), § 17 Rn. 16.

723 Fischer in: FS für Ganter, 153 ff.

724 So bis 2010 richtig: Hölzle, ZIP 2007, 613 [615]; Bork, ZIP 2008, 1749 [1751].

725 Bork ist in diesem Fall der Wortführer der Literatur: ZIP 2008, 1749 [1751].

726 Bork, ZIP 2008, 1749 [1751].

727 Vgl. C. II. 1. b.

Die Übergänge zwischen den Eröffnungsgründen der Zahlungsunfähigkeit und der drohenden Zahlungsunfähigkeit sind jedoch fließend.[728] Nicht zuletzt, weil die Prüfung in weiten Teilen identisch ist.[729] Bei Erstellung der Liquiditätsbilanz geht es grundlegend um die Frage, ob eine Liquiditätslücke vorhanden ist, die sich binnen drei Wochen wieder schließen lässt. Hierbei geht es bezogen auf die Eröffnungsgründe um die Frage, ob der Schuldner nach Ablauf der drei Wochen als zahlungsunfähig anzusehen ist oder eben nicht. Die Frage, ob die Zahlungsunfähigkeit nach Ablauf der drei Wochen oder einem bis dahin erfolgten Lückenschluss erneut droht, ist hiervon losgelöst zu betrachten. Die Abgrenzung zur drohenden Zahlungsunfähigkeit wird in jedem Fall nicht durch das Einbeziehen der Passiva II in die Liquiditätsbilanz gefährdet.[730]

Eine wirkliche Begründung für das Weglassen der Passiva II lässt sich aus Sicht von *Bork* als maßgeblicher Wortführer der Literatur somit schwerlich finden.

Gero Fischer[731], der als damaliger Vorsitzender des Senates die Entscheidung vom 24.05.2005[732] selbst mit zu verantworten hatte, versuchte 2010 die Richtigkeit der Auffassung von der Bugwelle zu begründen. Er betont, dass sich der Senat der Bedeutung des Urteils für die Praxis sehr wohl bewusst gewesen sei, weshalb dieser sich vor der Urteilsfindung intensiv beraten habe.[733] Bei der Begründung des BGH-Verständnisses stützt sich *Fischer* hauptsächlich auf vier Argumente:

Zum einen sieht er den Wortlaut des § 17 Abs. 2 S. 1 InsO auf seiner Seite, der nur die „fälligen Zahlungspflichten" nennt und damit auch nur eine Einbeziehung der Passiva I vorsehe.[734]

Zum anderen besteht aus seiner Sicht keine Notwendigkeit für eine „*Verschärfung der gesetzlich normierten Voraussetzungen*" durch die Einbeziehung der Passiva II. An einer solchen hätten aus seiner Sicht weder der Schuldner, über dessen Vermögen das Verfahren eröffnet wird, noch die Gläubiger ein Interesse, da deren Befriedigungsaussichten bei Eröffnung eines Insolvenzverfahrens deutlich geringer ausfallen würden.[735]

---

728 Vgl. C. II. 1. a. cc).
729 Ganter, ZInsO 2011, 2297 [2302].
730 Vgl. Bork, ZIP 2008, 1749 [1751].
731 Fischer in: FS für Ganter, 153 [157].
732 BGH, Urteil vom 24.05.2005 – IX ZR 123/04 = NZI 2005, 547 ff.
733 Fischer in: FS für Ganter, 153 [160].
734 Fischer in: FS für Ganter, 153 [158].
735 Fischer in: FS für Ganter, 153 [158 f.].

Weiter stellt *Fischer* unter der Überschrift der „*Prognoseproblematik*“[736] fest, dass wohl kaum, und erst recht nicht in Großunternehmen, zweifelsfrei feststellbar sei, welche Positionen der Passiva II später auch tatsächlich von den Gläubigern ernstlich eingefordert würden. Ein Berücksichtigen der Passiva II ohne Gewissheit, welche hiervon tatsächlich später geltend gemacht würden, berge stets die Gefahr unrichtiger Prognosen.[737]

Zuletzt sieht *Fischer* eine Stichtagsbetrachtung der Zahlungsunfähigkeit als zwingend notwendig an, da allein die Feststellung der Zahlungsunfähigkeit zu einem Stichtag für die Insolvenzeröffnung und die Insolvenzanfechtung maßgeblich sei.[738]

bb) Die Kritik der h.M. und die Auswirkungen des Fehlens der Passiva II

In der Literatur ist der BGH mit seinen Formulierungen in den Urteilen vom 24.05.2005[739] und 12.10.2006[740] sowie dem Nichtabstellen auf die Passiva II auf harsche Kritik gestoßen.[741] In der Literatur wird die Meinung, dass die Passiva II bei der Prüfung der Zahlungsunfähigkeit mit zu berücksichtigen seien, mittlerweile so breit vertreten, dass man inzwischen von einer herrschenden Meinung sprechen kann.[742]

Hölzle[743] sieht die Formulierung des BGH als einen „*redaktionellen Missgriff*“ und das Ziel, die Eröffnung des Insolvenzverfahrens vorzuverlagern, dadurch klar konterkariert.[744]

Frystatzki[745] beschreibt die Frage nach den Passiva II als „*offene Frage*“ und bezeichnet die Formulierung des BGH als „*redaktionelle Nachlässigkeit*“. Außerdem unterscheidet er innerhalb der „Bugwelle“ noch weitergehend in eine „*kleine*“ und eine „*große*“. Die „*kleine Bugwelle*“ soll vorliegen, wenn zwar weitere Verbindlichkeiten angehäuft werden, diese aber die 10%-Grenze nicht

---

736 Fischer in: FS für Ganter, 153 [157 ff.].
737 Fischer in: FS für Ganter, 153 [159].
738 Fischer in: FS für Ganter, 153 [159].
739 BGH, Urteil vom 24.05.2005 – IX ZR 123/04 = NZI 2005, 547 [548].
740 BGH, Urteil vom 12.10.2006 - IX ZR 228/03 = NZI 2007, 36 f.
741 Vgl. Kriegel in: Nickert/Lamberti, (Fn. 89), Rn. 50 insb. Fn. 94, 97 und 98.
742 Vgl. auch Prager/Jungclaus in: FS für Wellensiek, 101 [102 f. m.w.N.].
743 Hölzle, ZIP 2007, 613 [615].
744 So auch Kriegel in: Nickert/Lamberti, (Fn. 89), Rn. 50.
745 Frystatzki, NZI 2010, 389 [390].

überschreiten. Eine „*große Bugwelle*“ soll hingegen dann vorliegen, wenn die aufgeschobenen Verbindlichkeiten mehr als 10 % betragen.

Bork[746] stellt zunächst zutreffend fest[747], dass für eine Nichtaufnahme der Passiva II in die Liquiditätsbilanz keinerlei Argumente genannt werden. Sodann spricht er sich klar für ein Berücksichtigen der Passiva II aus. Sein vorrangiges Argument der „*Bugwelle*“[748] aus Verbindlichkeiten, die der Schuldner hier entwickeln kann, ist dabei überzeugend.

Es ist ein Paradoxon dem Schuldner auf der Aktivseite ein über drei Wochen zu entwickelndes Zahlungsmittelkontingent anzurechnen, diesem auf der Passivseite aber lediglich die Altverbindlichkeiten gegenüberzustellen. Bei uneingeschränkter Anwendung dieser Auffassung, und unter Berücksichtigung der Drei-Wochen-Frist, hätte der Schuldner unter Umständen genug Liquidität, um seine Altverbindlichkeiten zu tilgen. Zugleich fehlt ihm jedoch die Liquidität aus dem Drei-Wochen-Zeitraum zur Befriedigung der Neuverbindlichkeiten, welche zusätzlich innerhalb dieses Zeitraums fällig geworden sind. Bei Feststellung dieser erneuten Unterdeckung gilt der Schuldner dann aber nicht als zahlungsunfähig. Vielmehr hat er abermals drei Wochen Zeit, um die „neuen Altverbindlichkeiten“ zu bedienen und wieder neue Verbindlichkeiten anzuhäufen. In diesem Kreislauf taumelt der Schuldner in einer permanenten Zahlungsstockung ohne als zahlungsunfähig zu gelten.[749]

Deutlich wird dies auch an folgendem Beispiel:[750]

Verfügt der Schuldner zum Stichtag über 80.000 € liquide Mittel, denen 100.000 € an Verbindlichkeiten gegenüberstehen, so beträgt seine Unterdeckung 20 %. Innerhalb der nächsten drei Wochen sind nun Zuflüsse in Höhe von 20.000 € zu erwarten. Nach Auffassung des BGH wäre am Ende des Drei-Wochen-Zeitraumes die Unterdeckung vollständig beseitigt und eine Zahlungsunfähigkeit damit ausgeschlossen worden.

Geht man jedoch mit der h.M. realistischerweise davon aus, dass nicht nur ein Zufluss von 20.000 € zu erwarten ist, sondern auch Verbindlichkeiten in Höhe von 20.000 € auflaufen, so würde nach h.M. die Liquiditätslücke auch nach

746 Bork, ZIP 2008, 1749 [1751].
747 So zumindest bis 2010 gültig, dann äußerte sich *Fischer* in: FS für Ganter, 153 [157].
748 Bork, ZIP 2008, 1749 [1752] m.w.N. hier insb. Fn. 32.
749 Vgl. Bork, ZIP 2008, 1749 [1752].
750 Nach Frystatzki, NZI 2010, 389 [390].

Ablauf der Drei-Wochen-Frist noch rund 17 % betragen, und damit eine die Zahlungsunfähigkeit begründende Unterdeckung vorliegen.

Im Ergebnis bedeutet dies: Nach Ansicht des BGH ist selbst dann keine Zahlungsunfähigkeit anzunehmen, wenn sich die Liquiditätssituation des Schuldners innerhalb des Zeitraums von drei Wochen verschlechtert.[751] In praxi gibt es jedoch immer planbare Werte und Festkosten, wie z.B. Miete, Strom und Lohn, welche mindestens als Passiva II zu berücksichtigen sind. Die Auffassung des BGH lässt sich daher schon buchhalterisch und bilanzrechtlich nicht nachvollziehen.

Bei der Literaturauffassung ist aber auch zu berücksichtigen, dass, wenn der Schuldner seine Aktiva I zur Erfüllung der Passiva I sowie die Aktiva II zur Erfüllung der Passiva II nutzt, das wohl zwingende Ergebnis lautet, dass die Liquiditätslücke nicht zu beseitigen ist. Der Schuldner wäre im Prinzip unmittelbar am Stichtag selbst als zahlungsunfähig anzusehen.[752] Eine Prüfung, ob die Aktiva den Passiva gegenüber genügen, wird schließlich erst erfolgen, wenn die Aktiva I nicht mehr den Passiva I genügen. Wenn schon dies der Fall ist, kann bei einer reinen Gegenüberstellung der Aktiva II und Passiva II wohl selten ein Überschuss ermittelt werden, mit dem die auf der ersten Stufe hervorgetretene Liquiditätslücke beseitigt werden kann. Ob die Unterdeckung aber tatsächlich nicht durch einen Überschuss beseitigt werden kann, ist eine Frage der Prognose.

Nimmt man mit dem BGH die Existenz eines ernstlichen Einforderns an, so ist zu bedenken, dass sich hieraus die Problematik ergibt, dass ein solches für die Passiva II nicht vorliegt und diese daher nicht zu berücksichtigen sein könnten.[753] Unabhängig von der Frage, ob man die Existenz des Merkmals annimmt, ist die Anforderungsschwelle für ein „ernstliches Einfordern" vom IX. Zivilsenat selbst jedoch derart herabgesetzt worden, dass diesem kaum noch eine Bedeutung zukommt. Wenn schon das Übersenden einer Rechnung ausreichend ist, so ist es auch das darauf zumeist enthaltene Zahlungsziel von meist 14 oder 30 Tagen. Hier ist eine Prognose vorzunehmen, welche die Fälligkeit der Passiva II antizipiert. Dieses Ergebnis der Prognose ist dabei leicht damit zu begründen, dass ein „ernstliches Einfordern", auch aufgrund der schwachen Anforderungen, wahrscheinlicher ist als eine Stundung.

---

751 Frystatzki, NZI 2010, 389 [390].

752 Vgl. Bork, ZIP 2008, 1749 [1752].

753 Dieses Problem behandelt *Fischer* unter dem Stichwort der „Prognoseproblematik": FS für Ganter, 153 [157 ff.]; stellvertretend für die Literatur: Prager/Jungclaus in: FS für Wellensiek, 101 [104 m.w.N.].

In 2011 hat sich auch *Hans Gerhard Ganter* der Literaturauffassung angeschlossen.[754] *Ganter* war bis Ende 2010 Vorsitzender des IX. Zivilsenates und 2005 als stellvertretender Vorsitzender maßgeblich an der Entscheidung vom 24.05.2005[755] beteiligt. *Ganter* spricht sich in seinem Beitrag klar für eine Berücksichtigung der Passiva II aus und begründet dies umfangreich. Dabei geht er auf die einzelnen Stimmen der Literatur und hier auch auf *Gero Fischer*[756] ein.[757]

Zwar geht *Ganter* zunächst davon aus, dass in praxi die Passiva II nur selten eine Rolle spielen, da die drei Wochen bei Beginn der Zahlungsunfähigkeitsprüfung meist schon abgelaufen seien.[758] Dann aber lehnt er die Annahme einer Bugwelle im Wesentlichen aus Gründen des Verkehrsschutzes[759] und mit dem Argument ab, dass der Schuldner auch das Risiko des Entstehens neuer, fälliger Verbindlichkeiten im selben Zeitraum zu tragen habe, wenn er schon davon profitiere, dass ihm die Neuliquidität der drei Wochen zugestanden wird.[760]

b. Ein Fürsprechen für die Berücksichtigung der Passiva II und Kritik an der Feststellungsmethode der Liquiditätsbilanz

aa) Die Einbeziehung der Passiva II

Nach Betrachtung sowohl einer möglichen Begründung der Bugwellentheorie als auch der ihr entgegenstehenden Kritik bleibt fraglich, welches Verständnis bei der Prüfung der Zahlungsunfähigkeit zugrundezulegen ist.

Grundsätzlich ist festzuhalten, dass ein Verständnis wie das des BGH dem insolvenzrechtlichen Grundsatz von par condicio creditorum nicht gerecht wird. Gerade vor dem Hintergrund und unter Berücksichtigung der Intention des Gesetzgebers, die Insolvenzauslöser vorzuverlagern[761], ergibt sich ein gewisses Unverständnis. Auf der einen Seite bemüht sich der BGH um eine klare Definition, wann ein Schuldner als zahlungsunfähig anzusehen ist[762], andererseits sollen dann zwar die innerhalb des Drei-Wochen-Zeitraums zur freien Verfügung

754 Vgl. Ganter, ZInsO 2011, 2297 ff.
755 BGH, Urteil vom 24.05.2005 – IX ZR 123/04 = NZI 2005, 547 ff.
756 Fischer in: FS für Ganter, 153 ff.
757 Vgl. im Einzelnen: Ganter, ZInsO 2011, 2297 [ab 2298 ff.].
758 Ganter, ZInsO 2011, 2297 [2297].
759 Ganter, ZInsO 2011, 2297 [2300].
760 Ganter, ZInsO 2011, 2297 [2301].
761 Vgl. Harz ZInsO 2001, 193.
762 Nämlich dann, wenn er nicht mehr als 90 % seiner fälligen Verbindlichkeiten innerhalb von drei Wochen bedienen kann: BGH, Urteil vom 24.05.2005 – IX ZR 123/04 = NZI 2005, 579 ff.

stehenden Aktiva II zu berücksichtigen sein, nicht aber die hier fällig werdenden Verbindlichkeiten. Durch das Nichtberücksichtigen der Passiva II wird eine Vorverlagerung der Insolvenzauslöser konterkariert.

Die Auffassung des BGH von der Ausgestaltung einer Liquiditätsbilanz kommt außerdem einer unzulässig praktizierten „Rosinentheorie" zu Gunsten des Schuldners gleich.[763] Die Annahme einer „Rosinentheorie" ist generell selten[764], hier aber insbesondere bei Berücksichtigung der allgemeinen insolvenzrechtlichen Grundsätze so nicht hinnehmbar. Die Folgen hieraus, nämlich dass der Schuldner seinen Schuldenberg immer weiter „vertagt", sind unter dem im Insolvenzrecht maßgeblichen Gesichtspunkt der Gläubigergleichbehandlung und damit auch des Gläubigerschutzes nicht vertretbar. Im Besonderen werden dadurch nicht nur die auflaufenden Verbindlichkeiten erhöht, sondern auch die gesamte zukünftige Zahlungsfähigkeit des Schuldners beeinträchtigt. Unter Umständen kann mit dem Auslassen der Passiva II eine zeitliche Verschiebung der Zahlungsunfähigkeit zu Lasten der Gläubigergemeinschaft eintreten.

Daran vermag auch die Argumentation mit dem Wortlaut des § 17 InsO[765] nichts zu ändern. Richtig ist, dass dort nur die fälligen Verbindlichkeiten und damit die Passiva I, nicht aber die Passiva II erwähnt werden. Genauso wenig werden jedoch auch die Aktiva II erwähnt. Grundsätzlich ist die Feststellung der Zahlungsunfähigkeit eine Betrachtung zum Stichtag, womit eigentlich auch nur die Aktiva I und die Passiva I Berücksichtigung finden würden. Nach dem Willen des Gesetzgebers[766] ist dem Schuldner aber ein Zeitraum zu gewähren, in dem er die Chance haben soll, sich die fehlende Liquidität kurzfristig wieder zu beschaffen. Wenn der BGH dem Schuldner hier einen Zeitraum von drei Wochen zugesteht[767], so sind neben den Zahlungsmitteln und Verbindlichkeiten zum Stichtag ebenso die Zahlungsmittel und Verbindlichkeiten des sich anschließenden Drei-Wochen-Zeitraums in die Bewertung der Zahlungsunfähigkeit aufzunehmen. Zusätzlich ist, wenn der Gesetzgeber in der Begründung zur InsO[768] nur auf die fehlende Liquidität abstellt, welche sich der Schuldner kurzfristig wiederbeschaffen soll, dies ebenfalls kein Anhaltspunkt für ein Weglassen der ebenfalls anfallenden Zahlungspflichten. Solch eine Asymmetrie der Be-

763 Vgl. Prager/Jungclaus in: FS für Wellensiek, 101 [110].

764 Mit Ausnahmen bspw. zu § 15 HGB, vgl. hierzu *Preuß* in: Oetker, HGB, 2. Aufl., 2011, § 15 Rn. 29 ff.

765 Fischer in: FS für Ganter, 153 [157].

766 Begründung RegE-InsO, BT-Drucks. 12/2443, 1 [114].

767 BGH, Urteil vom 24.05.2005 – IX ZR 123/04 = NZI 2005, 547 ff.

768 Begründung RegE-InsO, BT-Drucks. 12/2443, 1 [114].

trachtung kann der Gesetzgeber nicht gewollt haben. Nur eine konsequente und vor allem symmetrische Betrachtung von Bilanzwerten im gewährten Zeitraum bietet eine adäquate Lösung zur Prüfung der Zahlungsunfähigkeit.

Auch die „*Prognoseproblematik*" in der Darstellung von *Fischer*[769] vermag als Argument nicht zu überzeugen. Nach den Maßstäben des BGH mag den Passiva II ein „ernstliches Einfordern" zugrundezulegen sein. Die Frage der Prognostizierbarkeit der Passiva II ist hiervon aber losgelöst zu betrachten. Die Anforderungen an ein „ernstliches Einfordern" sind vom IX. Zivilsenat soweit herabgesetzt worden, dass auch einer Prognose der Passiva II hierdurch nichts entgegensteht. Die meisten Rechnungen sind mit Zahlungszielen versehen, aus denen die Fälligkeit abzulesen ist. Zudem werden gerade bei den größeren Unternehmen, bei denen die Passiva II nach *Fischer*[770] nicht prognostizierbar sein sollen, neue Verbindlichkeiten in Form von Plangrößen, wie z.B. Lohnzahlungen, Energiekosten, Miete, Nebenkosten etc., innerhalb des Drei-Wochen-Zeitraums entstehen. Diese sind bei der Prognose der Passiva II auf jeden Fall vorhersagbar bzw. als feste Planwerte und Bestandsgrößen zu übernehmen. Darüber hinaus ist ein „ernstliches Einfordern" wahrscheinlicher als eine Stundung. Eine „unrichtige *Prognose*"[771] ist damit hinreichend sicher ausgeschlossen.

Zusätzlich ist die Bugwellentheorie nicht mit der Rechtsprechung des IX. Zivilsenates vereinbar.[772] Auch der BGH spricht sich in seiner Grundsatzentscheidung vom 24.05.2005[773] deutlich für das vom Gesetzgeber[774] verfolgte Vorhaben, die Insolvenzauslöser vorzuverlagern, aus. Dabei setzen der BGH und der Gesetzgeber mit Annahme der Drei-Wochen-Frist eine überwiegend zeitraumbezogene Prüfung der Zahlungsunfähigkeit voraus.[775] Um diese Prüfung aber dogmatisch korrekt durchzuführen, müsste der BGH die Passiva II mit einbeziehen, um zu einer zeitlich symmetrischen Prüfung der Zahlungsunfähigkeit zu gelangen.[776]

---

769 Fischer in: FS für Ganter, 153 [157 ff.].

770 Fischer in: FS für Ganter, 153 [159].

771 Wie *Fischer* sie befürchtet in: FS für Ganter, 153 [159].

772 Prager/Jungclaus in: FS für Wellensiek, 101 [114 ff.]. *Ganter* beschreibt die Judikatur hingegen nur als „schwankend", weshalb sie „kein eindeutiges Bild" vermittle: Ganter, ZInsO 2011, 2297 [2298].

773 BGH, Urteil vom 24.05.2005 - IX ZR 123/04 = NZI 2005, 547 [548].

774 Begründung RegE-InsO, BT-Drucks. 12/2443, 1 [114].

775 BGH, Urteil vom 24.05.2005 – IX ZR 123/04 = NZI 2005, 547 [548]; Begründung RegE-InsO, BT-Drucks. 12/2443, 1 [114].

776 Vgl. Prager/Jungclaus in: FS für Wellensiek, 101 [116].

Im Rahmen der Unvereinbarkeit der Bugwellentheorie mit der Judikatur des IX. Zivilsenates zur Zahlungsunfähigkeit, sind zwei Entscheidungen des BGH zur Vorsatzanfechtung aus 2009 besonders hervorzuheben.[777] Der BGH führt hier folgendes aus: „*Zahlungsunfähig i.S. von § 17 InsO ist regelmäßig, wer nicht innerhalb von drei Wochen mehr als 90 Prozent seiner fälligen Gesamtverbindlichkeiten erfüllen kann.*"[778] Weiter führt der BGH aus, dass Zahlungsunfähigkeit drohe, „*wenn eine solche Liquiditätslücke unter Berücksichtigung der bestehenden, aber erst künftig fällig werdenden Verbindlichkeiten und der im entsprechenden Zeitraum verfügbaren Zahlungsmittel voraussichtlich eintreten wird.*"[779] Hier geht der BGH definitiv von einer Einbeziehung der Passiva II in die Prüfung zur Feststellung der (drohenden) Zahlungsunfähigkeit aus. Berücksichtigt man zudem das systematische Verhältnis der §§ 17 und 18 InsO, so entkräftet dieser Ansatz zur drohenden Zahlungsunfähigkeit maßgeblich die Argumente der Bugwellentheorie.[780] Für diese müsste sich der hier als drohende Zahlungsunfähigkeit beschriebene Zustand des Schuldners höchstens als drohende Zahlungsstockung darstellen.[781]

Treffend ist auch das „*Wertungsargument*" von *Ganter*[782], in welchem er das Risiko des Entstehens neuer, fälliger Verbindlichkeiten eindeutig beim Schuldner sieht, wenn dieser schon davon profitiere, dass ihm die Neuliquidität des Drei-Wochen-Zeitraums zugestanden wird.

Sollte die Bugwellentheorie Bestand haben, so wäre dem Schuldner in der Krise zudem stets zu raten, seine Passiva II überhaupt nicht mehr zu bedienen und stattdessen sein Bankguthaben soweit wie möglich anwachsen zu lassen, um hierüber seine Zahlungsunfähigkeit auszuschließen.[783]

Hinzu kommt, dass der Gesetzgeber zum 01.01.2011 den § 14 InsO geändert und in Absatz 1 die Sätze 2 und 3 sowie zusätzlich den Absatz 3 eingefügt hat. Intention war dabei, „*die wirtschaftliche Tätigkeit insolventer Unternehmen ein-*

---

777 BGH, Urteil vom 08.10.2009 – IX ZR 173/07 = NZI 2009, 847 ff.; und Urteil vom 13.08.2009 – IX ZR 159/06 = NZI 2009, 768 ff.

778 BGH, Urteil vom 13.08.2009 – IX ZR 159/06 = NZI 2009, 768 [769 Rn. 10]; ebenso Urteil vom 08.10.2009 – IX ZR 173/07 = NZI 2009, 847 [848 Rn. 11].

779 BGH, Urteil vom 13.08.2009 – IX ZR 159/06 = NZI 2009, 768 [769 Rn. 10]; und Urteil vom 08.10.2009 – IX ZR 173/07 = NZI 2009, 847 [848 Rn. 11].

780 Prager/Jungclaus in: FS für Wellensiek, 101 [117].

781 Prager/Jungclaus in: FS für Wellensiek, 101 [117].

782 Ganter, ZInsO 2011, 2297 [2301].

783 Treffender und zynischer Vorschlag von *Lienhard/Nock/Nickert* in: Nickert/Lamberti, (Fn. 89), Rn. 162.

zuschränken und die Zahlungsunfähigkeit des Schuldners möglichst frühzeitig abzuklären."[784]

Hat ein Gläubiger innerhalb von zwei Jahren schon einmal einen Eröffnungsantrag über das Vermögen des Schuldners gestellt, und erfüllt dieser nun die mit dem erneuten Antrag geltend gemachte Forderung, so ist dieser Antrag weiter zulässig, auch wenn der Schuldner die dem Antrag zugrundeliegende Forderung erfüllt.

Hiermit soll sichergestellt werden, dass eine mögliche Zahlungsunfähigkeit des Schuldners auch dann abgeklärt wird, wenn der Schuldner zwar den Gläubiger befriedigt, welcher den Antrag gestellt hat, aber weitere Gläubiger vorhanden sind, deren Forderungen die Zahlungsunfähigkeit weiter bestehen lassen.[785] Erfasst werden soll aber auch der Fall, dass der Schuldner zwar seine fälligen Verbindlichkeiten erfüllt, jedoch absehbar ist, dass in naher Zukunft wieder Rückstände, insbesondere bei Sozialversicherungsträgern und dem Finanzamt entstehen werden, welche der Schuldner dann erneut nicht begleichen kann.[786]

In einer solchen Betrachtung sind unmittelbar die Passiva II zu berücksichtigen, die eine Zahlungsunfähigkeit an dieser Stelle begründen, nachdem eine der zum Stichtag fälligen Forderungen erfüllt wurde. Auch hiernach sind also die Passiva II in eine Zahlungsunfähigkeitsprüfung einzubeziehen.

Eine annehmbare Begründung für ein Auslassen der Passiva II und damit für die Annahme der Bugwellentheorie lässt sich nicht finden. Zudem ist die Auffassung des IX. Zivilsenates mit seiner eigenen Judikatur nicht vereinbar. Die Bugwellentheorie ist daher abzulehnen. Die Passiva II müssen auch im Rahmen einer Liquiditätsbilanz Berücksichtigung finden.

Eine Liquiditätsbilanz kann sich demnach nur wie folgt gliedern:

Aktiva I Alle zum Stichtag vorhandenen Aktiva	**Passiva I** Alle zum Stichtag fälligen Verbindlichkeiten
Aktiva II Alle innerhalb von 21 Tagen realisierbaren Aktiva	**Passiva II** Alle innerhalb von 21 Tagen entstehenden und fällig werdenden Verbindlichkeiten

784 Begründung Haushaltsbegleitgesetz 2011, BT-Drucks. 17/3030, 1 [42].
785 Schmerbach in: FK-InsO, (Fn. 32), § 14 Rn. 168a.
786 Begründung Haushaltsbegleitgesetz 2011, BT-Drucks. 17/3030, 1 [42].

bb) Mehrstufige Prüfung

Mit der Frage nach der Berücksichtigung der Passiva II geht einher, ob die Prüfung der Zahlungsunfähigkeit mehrstufig oder doch einstufig zu vollziehen ist.

(a) Unterschiedliche Auffassungen über die Prüfung

Der BGH[787] schlägt vor, die „Wesentlichkeit“ sowie die „Dauer“ in einer einzelnen Liquiditätsbilanz zu prüfen. Diese soll zudem nur die Aktiva I und II sowie die Passiva I beinhalten. Der BGH prüft hier die Zahlungsunfähigkeit und den Ausschluss einer Zahlungsstockung in einem einzigen Schritt und auf einer gleichrangigen Stufe anhand einer einzelnen Liquiditätskennzahl[788] zu einem Bilanzstichtag. Nach Feststellung der Zahlungsunfähigkeit zum Stichtag nimmt er eine Fiktion vor, dass die festgestellte Zahlungsunfähigkeit zunächst nur als Zahlungsstockung gelte und widmet sich dann den kurzfristig realisierbaren Aktiva.[789] Einer zweiten Prüfungsstufe entspricht dies nicht, da nur ein Verhältnis zur Feststellung der Zahlungsunfähigkeit gebildet wird, nämlich das von Aktiva I und II zu den Passiva I.

Daneben nimmt der BGH innerhalb einer stichtagsbezogenen Liquiditätsbilanz auch eine Zeitraumbetrachtung vor.[790] Hieraus ergibt sich sogleich als weitere Frage, ob diese vom BGH geschaffene Mischform aus Liquiditätsstatus und - halbherzigem, nur die Aktiva II prognostizierendem - Finanzplan als sogenannte Liquiditätsbilanz der Prüfung der Zahlungsunfähigkeit mit ihren strengen Anforderungen gerecht werden kann.

Sicher und umfassend ist die Prüfung, wie sie das LG Augsburg vornimmt.[791] Dieses prüft innerhalb der von ihm erstellten Liquiditätsbilanz folgende Verhältnisse:

1. Aktiva I ./. Passiva I
2. Aktiva I + II ./. Passiva I + II
3. Aktiva I + II + III ./. Passiva I + II + III

Diese Prüfung ist sogar dreistufig. Sie ist außerdem nahezu abschließend und berücksichtigt fast jedes zu bildende Verhältnis. Unberücksichtigt bleibt ledig-

---

787 BGH, Urteil vom 24.05.2005 - IX ZR 123/04 = NZI 2005, 547 [548].

788 Zur Liquiditätskennzahl, allerdings unter Einbeziehung der Passiva II, Eilenberger in: Münchener Kommentar InsO, (Fn. 311), § 17 Rn. 20.

789 Vgl. Ganter, ZInsO 2011, 2297 [2299].

790 Vgl. Schemata unter G. I. 2.; und Frystatzki, NZI 2010, 389 [391].

791 LG Augsburg, Beschluss vom 30.12.2002 - 7 T 4420/02 = DZWIR 2003, 303 ff.

lich das vom BGH angenommene Verhältnis von Aktiva I + II zu Passiva I. Anhand dieser Prüfung wird mit drei Liquiditätskennzahlen sichergestellt, dass ein angemessener Gläubigerschutz besteht. Zugleich wird aber auch gegenüber dem Schuldner sichergestellt, dass seine Zahlungsunfähigkeit begründet ist.

Die hier vorgenommene Prüfung sämtlicher Größen ist dabei sehr umfassend und daher – wie auch im hier vorliegenden Urteil – nur retrospektiv möglich. Bei Prüfung der Zahlungsunfähigkeit selbst wären diese Größen prognostisch zu bestimmen, und damit ungenau. Außerdem ist eine solche vollständige Prüfung erst dann erforderlich, wenn nach der Gegenüberstellung von Aktiva I + II zu den Passiva I + II noch keine zur Begründung der Zahlungsunfähigkeit hinreichende Unterdeckung festgestellt werden kann.

Das oben dargestellte Verständnis[792], nach welchem eine Unterdeckung zum Stichtag festzustellen und anschließend darüber hinaus zu ermitteln ist, ob es sich hierbei um eine binnen drei Wochen zu beseitigende Zahlungsstockung handelt, beantwortet die oben gestellte Frage eindeutig. Die Prüfung der Zahlungsunfähigkeit muss zweistufig vollzogen werden.[793]

(b) Stellungnahme zum Stufenverhältnis

Schon der Gesetzgeber der InsO sah die Prüfung der Zahlungsunfähigkeit als zweistufig.[794] In der amtlichen Begründung zur InsO heißt es: *„Daß eine vorübergehende Zahlungsstockung keine Zahlungsunfähigkeit begründet, braucht im Gesetzestext nicht besonders zum Ausdruck gebracht werden; es versteht sich von selbst, daß ein Schuldner, dem in einem bestimmten Zeitpunkt liquide Mittel fehlen [...], der sich die Liquidität aber kurzfristig wieder beschaffen kann [...] ‚in der Lage ist, die fälligen Zahlungspflichten zu erfüllen'"*[795] Zunächst ist also festzustellen, dass der Schuldner zu einem Stichtag zahlungsunfähig ist. Danach erst beginnt die Frist zu laufen, innerhalb welcher er sich die fehlende Liquidität beschaffen kann. Dieses Verständnis ist eindeutig zweistufig.

---

792 Vgl. C. II. 2.

793 So auch Hölzle, ZIP 2007, 613 [615]; Smid/Leonhardt in: Leonhardt/Smid/Zeuner, InsO, (Fn. 40), § 17 Rn. 16a; Uhlenbruck dehnt diese zweistufige Prüfung auf vier „Stufen" aus. Diese vier Stufen sind jedoch vielmehr eine Schritt-für Schritt-Anleitung. Im Ergebnis sieht auch Uhlenbruck die Prüfung als zweistufig an: Uhlenbruck, InsO, (Fn. 107), Rn.39-42.

794 Begründung RegE-InsO, BT-Drucks. 12/2443, 1 [114].

795 Begründung RegE-InsO, BT-Drucks. 12/2443, 1 [114].

Entgegen der Auffassung des OLG Hamburg[796] ist dem BGH doch zu unterstellen, dass dieser die Prüfung der Zahlungsunfähigkeit ebenso zweistufig versteht, wie der Gesetzgeber es 1999 vorschlug.[797] In der gesamten Entscheidung vom 24.05.2005[798] beschreibt der BGH dieses zweistufige Verständnis. Der Senat betont an mehreren Stellen, dass der Schuldner nicht am Stichtag selbst zahlungsunfähig sei, auch wenn hier eine wesentliche Unterdeckung festgestellt werde. Ihm bleibe eben die Drei-Wochen-Frist zur Beseitigung der Liquiditätslücke.[799] In dieser sauberen Trennung zwischen Zahlungsunfähigkeit und Zahlungsstockung ist das zweistufige Verständnis auch in den Formulierungen des BGH zu erkennen.

Außerdem wird die „*redaktionelle Ungenauigkeit*"[800] des BGH, die Passiva II nicht zu berücksichtigen, sowohl der vom Gesetzgeber beschriebenen als auch der Zahlungsunfähigkeit im Allgemeinen nicht gerecht. Um die Zahlungsstockung im Drei-Wochen-Zeitraum endgültig auszuschließen und nicht zu dem Ergebnis einer permanenten Zahlungsstockung zu kommen, bedarf es der Passiva II. Hieraus ergeben sich auch die zwei Stufen der Prüfung. Zunächst ist ein Finanz- bzw. Liquiditätsstatus unter Berücksichtigung von Aktiva I und Passiva I zu einem Stichtag zu erstellen, und hieraus das Bestehen einer Liquiditätslücke zu ermitteln.[801] In einem zweiten Schritt sind in einem Finanzplan den Aktiva II die Passiva II gegenüberzustellen, und hiermit das Vorliegen einer Zahlungsstockung auszuschließen.

Eine Liquiditätsbilanz allein wird den Anforderungen an die Feststellung der Zahlungsunfähigkeit daher nicht gerecht. Es bedarf hier des Zusammenspiels aus Finanzstatus und Finanzplan[802], wie es vielfach vorgeschlagen wird.[803] Nur dieses wird den Anforderungen an eine sichere und endgültige Feststellung der Zahlungsunfähigkeit gerecht.

---

796 OLG Hamburg, Urteil vom 29.04.2009 - 11 U 48/08 = BeckRS 2009, 25496.

797 So wohl auch: Frystatzki, NZI 2010, 389 [391].

798 BGH, Urteil vom 24.05. 2005 - IX ZR 123/04 = NZI 2005, 547 ff.

799 BGH, Urteil vom 24.05. 2005 - IX ZR 123/04 = NZI 2005, 547 ff.

800 Hölzle, ZIP 2007, 613 [615].

801 IDW, PS 800, FN-IDW Nr. 4/2009, S. 161 [164].

802 Vgl. hierzu exemplarisch schon aus 2002: LG Augsburg, Beschluss vom 30.12.2002 - 7 T 4420/02 = DZWIR 2003, 303.

803 Vgl. u.a. Smid/Leonhardt in: Leonhardt/Smid/Zeuner, InsO, (Fn. 40), § 17 Rn. 16a; IDW, PS 800, FN-IDW Nr. 4/2009, S. 161 [164]; Eilenberger in: Münchener Kommentar InsO, (Fn. 311), § 17 Rn. 10 ff. insb. 23 Uhlenbruck in: Uhlenbruck, InsO, (Fn. 107), Rn. 39 ff.

Im Ergebnis ist festzuhalten, dass eine geeignete, alle Faktoren einbeziehende Prüfung der Zahlungsunfähigkeit, welche zugleich eine mögliche Zahlungsstockung hinreichend sicher ausschließt, sich zweistufig vollziehen muss.

2. Liquiditätsstatus und Finanzplan

a) Typisierung und Aufgabenstellung innerhalb der Zahlungsunfähigkeitsprüfung

Der Finanzstatus stellt die Aktiva I und die Passiva I zu einem Stichtag gegenüber. Er ist ebenso gegliedert wie der Finanzplan. Mit ihm ist das Vorliegen einer Unterdeckung, und bei Erreichen der 10 %-Grenze die Zahlungsunfähigkeit des Schuldners zum Stichtag festzustellen. Während der Finanzstatus aber tagesaktuell die Liquidität zu einem bestimmten Tag abbildet, ist der Finanzplan eine Aneinanderreihung von einzelnen Finanzstatus, erstellt für in der Zukunft liegende, prognostizierte Stichtage.[804] Dabei ist eine Prognose über die zukünftig zu erwartende Liquidität zu stellen.[805] Der Finanzplan ist eine notwendige Ergänzung[806] zu dem groben Mittel[807] der Feststellung im Rahmen einer Liquiditätsbilanz. Seine Aufgabe ist eine dynamische Messung der Liquidität, während der Finanzstatus eine statische Feststellung über die Liquiditätssituation trifft. Der Finanzplan ist dabei im Wesentlichen eine „*Zahlungsfähigkeitsprognose*“, welche nebenbei den Zahlungsmittelbedarf mit analysiert.[808] An sich aber sind der Finanzstatus und der Finanzplan strukturell identisch.[809]

Anhand des Finanzplans ist nach Erstellung des Finanzstatus und der darin getroffenen Feststellung der Existenz einer Liquiditätslücke darzustellen, ob zu erwarten ist, dass die aufgezeigte Unterdeckung wieder beseitigt werden kann.[810] Nur wenn der Finanzstatus eine Liquiditätslücke ausweist, ist ein Finanzplan zu erstellen.[811]

Zur Feststellung, ob eine Unterdeckung vorliegt, sind in dem Finanzstatus nur die zum Stichtag fälligen Verbindlichkeiten und die an demselben Tag ver-

804 Kriegel in: Nickert/Lamberti, (Fn. 89), Rn. 49.
805 Hierzu im Einzelnen weiter unten.
806 IDW, PS 800, FN-IDW Nr. 4/2009, S. 161 [163].
807 Eilenberger in: Münchener Kommentar InsO, (Fn. 311), § 17 Rn. 20.
808 Wolf, DStR 2006, 1339 [1342].
809 Kriegel in: Nickert/Lamberti, (Fn. 89), Rn. 49 m.w.N.
810 IDW, PS 800, FN-IDW Nr. 4/2009, S. 161 [164].
811 IDW, PS 800, FN-IDW Nr. 4/2009, S. 161 [163].

fügbaren Zahlungsmittel des Schuldners gegenüberzustellen.[812] Der Finanzstatus ist eine inventarmäßige Erfassung der Vermögensgegenstände und Verbindlichkeiten des Schuldners. Zahlungsströme bezieht er nicht mit ein.[813]

In dem Finanzplan sind dagegen auch Zahlungsströme und liquiditätswirksame, aber noch nicht bilanzierte, Vorgänge aus der Geschäftstätigkeit des Schuldners zu erfassen.[814] Unter dem Punkt Einnahmen bzw. Ausgaben des Finanzbereichs[815] sind zudem auch bereits eingeleitete Sanierungsbemühungen mit darzustellen, sofern diese bereits hinreichend aufgenommen wurden.[816]

Aus dem Finanzplan ist die Liquiditätsentwicklung des Schuldners für den auf den Stichtag der Unterdeckung folgenden Zeitraum zu ersehen. Hieraus lässt sich dann eine Aussage über die „*wahrscheinliche Zeitraumliquidität*“[817] und damit über die Zahlungsfähigkeit eines Schuldners nach Ablauf der die Zahlungsstockung ausschließenden Frist treffen. Der Finanzplan ist zunächst für die auf den Stichtag des Finanzstatus folgenden 21 Tage zu erstellen. Ergibt sich hiernach, dass die Liquiditätslücke innerhalb dieser drei Wochen zu schließen ist, so liegt eine bloße, unbeachtliche Zahlungsstockung vor. Ist hingegen festzustellen, dass die Liquiditätslücke nicht innerhalb der drei Wochen zu beseitigen ist, oder sich sogar vergrößert hat, so ist der Finanzplan über den vom BGH[818] vorgegebenen Zeitraum von 21 Tagen hinaus fortzuschreiben.[819]

Nach *Eilenberger*[820] sind anhand des Finanzplans zwei Feststellungen zu treffen: Zum einen ist mit einem Finanzplan über 20-30 Tage die zeitpunktbezogene Liquidität festzustellen. Zum anderen sind mit einem Finanzplan über 11-12 Monate Aussagen über die zeitraumbezogene Liquidität möglich. Dem ist nicht uneingeschränkt zuzustimmen. Die Betrachtung der ersten 20-30 Tage ist ebenfalls schon zeitraumbezogen. Der Finanzplan für diesen Zeitraum enthält eine Vielzahl von prognostischen Werten und Aussagen. Diese könnten schon ihrer Natur als nicht sicher anzunehmende Umstände nach höchstens fiktiv zeitpunktbezogen festgestellt werden. Zudem geben diese Prognosen Auskunft über den Zeitraum, der einem Schuldner zugestanden wird, um die Liquiditätslücke

812 Eilenberger in: Münchener Kommentar InsO, (Fn. 311), § 17 Rn. 11.
813 IDW, PS 800, FN-IDW Nr. 4/2009, S. 161 [164 Rn. 20].
814 Busse von Colbe/Crasselt/Pellens, (Fn. 679), S. 542.
815 Eilenberger in: Münchener Kommentar InsO, (Fn. 311), § 17 Rn. 14.
816 IDW, PS 800, FN-IDW Nr. 4/2009, S. 161 [164].
817 Kriegel in: Nickert/Lamberti, (Fn. 89), Rn. 49.
818 BGH, Urteil vom 24.05.2005 – IX ZR 123/04 = NZI 2005, 547 ff.
819 Vgl. IDW, PS 800, FN-IDW Nr. 4/2009, S. 161 [164].
820 Eilenberger in: Münchener Kommentar InsO, (Fn. 311), § 17 Rn. 20.

zu beseitigen, und müssen schon aus dieser Konzeption heraus zeitraumbezogen sein.

Der Finanzplan ist anhand betriebswirtschaftlicher Grundsätze zu erstellen.[821] Er ist eine Fortschreibung der Finanz- und Liquiditätsplanung des Schuldners[822], soweit eine solche vorhanden ist. Der Plan ist auf der Grundlage der – hoffentlich – „*ausreichend dokumentierten integrierten Unternehmensplanung fortzuentwickeln*."[823] Hierunter ist in erster Linie die Erfolgs-, Vermögens- und Liquiditätsplanung zu verstehen.[824] In dem Plan ist ein Zeitraum von Wochen, Monaten oder Quartalen darzustellen. Die Detailtiefe bestimmt sich aus der Größe der Liquiditätslücke, der Länge des Planungszeitraums und aus Einzelumständen, wie z.B. der konkreten Geschäftstätigkeit oder Branche.[825]

b) Prognostisches Element

Der Finanzplan beinhaltet zwingend ein prognostisches Element. Der Unternehmer und später der Gutachter bzw. vorläufige Verwalter hat in dem Plan die Umsatz- und Ertragslage sowie die notwendigen Aufwendungen zu antizipieren.[826] Der vorgenommenen Prognose ist dabei, wie immer bei nicht sicher anzunehmenden Umständen, eine gewisse Ungenauigkeit zuzugestehen, welche jedoch nicht die gesamte Prognose als unrichtig erscheinen lassen darf.

Ein Ertrags- und Finanzplan mit seiner Prognose über die Fortführung eines Unternehmens ist auch schon zur Feststellung des Vorliegens der Insolvenzreife durch den Geschäftsführer zu nutzen.[827] Von der Rechtsprechung werden hierbei jedoch von dem Geschäftsführer keine insolvenzrechtlichen Kenntnisse verlangt. Er hat sich bei Übernahme des Amtes aber steuer- und handelsrechtlich auszubilden, damit er von ihm mit der Buchführung beauftragte Personen zumindest überwachen kann.[828] Bei Ausübung des prognostischen Elements, insbesondere bei der Beurteilung, ob die Fortführungsprognose positiv ist, ist dem

---

821 Smid/Leonhardt in: Leonhardt/Smid/Zeuner, InsO, (Fn. 40), § 17 Rn. 16a.
822 IDW, PS 800, FN-IDW Nr. 4/2009, S. 161 [164 Rn. 21].
823 IDW, PS 800, FN-IDW Nr. 4/2009, S. 161 [164].
824 IDW, PS 800, FN-IDW Nr. 4/2009, S. 161 [164].
825 IDW, PS 800, FN-IDW Nr. 4/2009, S. 161 [164].
826 Nickert in: Nickert/Lamberti, (Fn. 89), Rn. 181.
827 BGH, Beschluss vom 09.10.2006 – II ZR 303/05 = NZI 2007, 44.
828 OLG Schleswig, Urteil vom 11.02.2010 – 5 U 60/09 = NZI 2010, 492 [494] m.w.N.

Geschäftsführer zudem ein gewisser Beurteilungsspielraum zuzugestehen.[829] Abzustellen ist dabei nicht auf nachträglich gewonnene Erkenntnisse - ex post -, sondern auf die damalige Situtation – ex ante –, bewertet aus dem Blickwinkel eines ordentlichen Geschäftsmannes.[830]

3. Anzuwendende Methode

Das Primat einer Methode zur Feststellung einer vorliegenden Zahlungsunfähigkeit existiert nicht.[831] In § 17 InsO wird keine Aussage über eine Feststellungsmethode getroffen, wie es bspw. in § 19 Abs. 2 S. 2 InsO mit der Beschreibung der Überschuldungsprüfung vorgenommen wurde.

Aus einer Liquiditätsbilanz allein lässt sich die Zahlungsunfähigkeit anhand einer Liquiditätskennzahl ablesen. Eine Zahlungsstockung wird jedoch nicht hinreichend ausgeschlossen. Dies gilt besonders für den vom BGH[832] vorgeschlagenen Aufbau einer Liquiditätsbilanz unter Auslassung der Passiva II. Bei Anwendung dieses Aufbaus einer Liquiditätsbilanz wäre dem Schuldner in der Krise stets zu raten, seine Passiva II überhaupt nicht mehr zu bedienen und stattdessen sein Bankguthaben soweit wie möglich anwachsen zu lassen, um so die Zahlungsunfähigkeit auszuschließen.[833] Aber auch bei Berücksichtigung der Passiva II lässt eine Liquiditätsbilanz Zahlungsströme insgesamt unberücksichtigt und liefert so ein verzerrtes Abbild der Liquiditätssituation des Schuldners.

Verbindlicher bei der Feststellung der Zahlungsunfähigkeit sind Aussagen über die Zeitraumliquidität eines Schuldners anhand eines Finanzplans. Mit diesem wird auch eine Auswertung von Zahlungsströmen, und damit eine nicht nur statische Bewertung von Daten wie innerhalb einer Liquiditätsbilanz, vorge-

---

829 BGH, Urteil vom 06.06.1994 – II ZR 292/91 = NJW 1994, 2220 [2224]; OLG Naumburg, Urteil vom 11.10.2000 – 12 U 89/00 = NZG 2001, 136 [136 f.]; OLG Koblenz, Urteil vom 27.02.2003 – 5 U 917/02 = NZI 2003, 463 [463 f.]; OLG Naumburg, Urteil vom 20.08.2003 – 5 U 67/03 = BeckRS 2003, 30326229; OLG Schleswig, Urteil vom 11.02.2010 – 5 U 60/09 = NZI 2010, 492 [493].

830 BGH, Urteil vom 06.06.1994 – II ZR 292/91 = NJW 1994, 2220 [2224]; OLG Naumburg, Urteil vom 11.10.2000 – 12 U 89/00 = NZG 2001, 136 [136 f.]; OLG Koblenz, Urteil vom 27.02.2003 – 5 U 917/02 = NZI 2003, 463 [463 f.]; OLG Naumburg, Urteil vom 20.08.2003 – 5 U 67/03 = BeckRS 2003, 30326229; OLG Schleswig, Urteil vom 11.02.2010 – 5 U 60/09 = NZI 2010, 492 [493].

831 Pape, WM 2008, 1949 [1949].

832 BGH, Urteil vom 24.05.2005 - IX ZR 123/04 = NZI 2005, 547 [548].

833 Die Problematik exakt darstellender Vorschlag von Lienhard/Nock/Nickert in: Nickert/Lamberti, (Fn. 89), Rn. 162.

nommen. Bei Betrachtung der Zahlungsströme lässt sich mit immerhin großer Wahrscheinlichkeit feststellen, ob der Schuldner in der Lage sein wird, die Liquiditätslücke zu beseitigen. Nur der Finanzplan wird der Liquidität als Problematik von Zahlungsströmen *„adäquat gerecht.“*[834]

Zur Feststellung der Zahlungsunfähigkeit ist also eine Kombination aus bestandsorientierter und dynamischer Analyse anzuwenden. Diese wird durch das Zusammenspiel aus Finanzstatus und Finanzplan sichergestellt.[835] Nur mit diesem Zusammenspiel lässt sich zum einen die Zahlungsunfähigkeit anhand des Finanzstatus feststellen, und zum anderen eine Zahlungsstockung durch einen Finanzplan mit Gewissheit ausschließen. Dabei bildet der Finanzstatus die Ausgangsbasis, von der aus der Finanzplan weiter zu entwickeln ist. Bei der Erstellung sind sowohl der Finanzstatus als auch der Finanzplan eng an betriebswirtschaftlichen Methoden und dem Rechnungswesen zu orientieren. Zudem ist beiden der IDW-Prüfungsstandard PS 800[836] zugrunde zu legen.

II. Finanzstatus und Finanzplan zur Beurteilung der Zahlungsunfähigkeit

In einem Finanzstatus sind die Aktiva I und die Passiva I des Schuldners stichtagbezogen gegenüberzustellen.[837]

Diese rein inventarmäßige Erfassung der Aktiva und Passiva ist nur auf den Stichtag bezogen und darüber hinaus nicht auszudehnen. Mit einem Finanzstatus soll die stichtagbezogene Illiquidität des Schuldners festgestellt werden. Einen Bilanzierungszeitraum kann es daher nicht geben, nur einen Bilanzstichtag.

Erst der Finanzplan erfasst einen Bilanzierungszeitraum. Dieser umfasst zunächst die sich an den Stichtag anschließenden 21 Tage. Sollte hiernach festgestellt werden, dass die Liquiditätslücke weiterhin besteht, so ist der Plan aus betriebswirtschaftlicher Sicht für die nächsten 11-12 Monate fortzuschreiben, ohne weitergehende Begründung jedoch zunächst für nicht mehr als drei Monate.[838]

---

834 Eilenberger in: Münchener Kommentar InsO, (Fn. 311), § 17 Rn. 23.

835 Vgl. u.a. Smid/Leonhardt in: Leonhardt/Smid/Zeuner, InsO, (Fn. 40), § 17 Rn. 16a; IDW, PS 800, FN-IDW Nr. 4/2009, S. 161 [164]; Eilenberger in: Münchener Kommentar InsO, (Fn. 311), § 17 Rn. 10 ff. insb. 23.

836 IDW, PS 800, FN-IDW Nr. 4/2009, S. 161 ff.

837 Begründung RegE-InsO, BT-Drucks. 12/2443, 1 [114]; Ampferl in: Beck/Depré, (Fn. 393), § 2 Rn. 65 f.

838 Fachausschuss Recht, IDW ZIP 2009, 201 [202].

Erst mit dem Finanzplan werden Aussagen über die zeitraumbezogene Liquidität des Schuldners möglich.[839]

1. Zugrundeliegendes Datenmaterial

a. Datenmaterial für einen Finanzstatus

Zur Erstellung eines Finanzstatus sind vorrangig die Bilanzen und Jahresabschlüsse für die Vorjahre auszuwerten. Außerdem sind die Geschäftsunterlagen einzubeziehen, und wenn nötig, Auskünfte bei Kreditinstituten oder Lieferanten über dort bestehende Guthaben oder Kreditlinien einzuholen.[840]

Ein Finanzstatus, und damit die gesamte Analyse, kann insgesamt nur so gut sein, wie das ihm zugrundeliegende Datenmaterial. An diesem Punkt ergeben sich jedoch Schwierigkeiten. Zum einen ist nicht grundsätzlich davon auszugehen, dass jeder Schuldner qualitativ wertige Geschäftsunterlagen oder gar Bilanzen führt. Zum anderen ist gerade mit dem Verschärfen der Krise damit zu rechnen, dass diese Unterlagen in dieser für den Finanzstatus wichtigen Phase nicht mehr hinreichend gepflegt werden. In den meisten Fällen ist davon auszugehen, dass nur veraltetes Datenmaterial vorhanden ist.

Aus ihrer Erfahrung in der Insolvenz- und Sanierungsberatung berichten *Lienhard* und *Nock*[841], dass insbesondere kleine und mittelständische Unternehmen über keine oder über nicht ausreichende Informationen verfügen, da innerhalb dieser meist keine Liquiditätsplanung vorgenommen wird, oder aber die Planzahlen aufgrund ihrer Oberflächlichkeit keine Aussagekraft besitzen. Als ebenso unzureichend beurteilen dieselben[842] die Auswertung von Jahresabschlüssen, da aufgrund vorgenommener „Bilanzpolitik" meist nicht mehr die wahre Lage des Unternehmens dargestellt wird. Aus der Praxis ist zudem zu berichten, dass die Jahresabschlüsse zumeist nur bis zu zwei Jahre vor Insolvenzantrag erstellt wurden.[843] Ebenfalls gibt es nicht selten Fälle solcher schuldnerischer Gesellschaften, welche erst so kurz bestehen, dass Jahresabschlüsse noch gar nicht erstellt wurden.

---

839 Eilenberger in: Münchener Kommentar InsO, (Fn. 311), § 17 Rn. 12.

840 Staufenbiel/Hoffmann, ZInsO 2008, 838.

841 Lienhard/Nock in: Nickert/Lamberti, (Fn. 89), Rn. 91.

842 Lienhard/Nock in: Nickert/Lamberti, (Fn. 89), Rn. 92.

843 Zumeist aus dem Grund, dass der Steuerberater dann nicht mehr bezahlt werden konnte.

Erschwerend kommt hinzu, dass die betriebswirtschaftliche Buchführung nicht so aufgebaut ist, wie es die Ermittlung der Zahlungsunfähigkeit erforderlich macht. Das Rechnungswesen ist ein Abbild einer Momentansituation. Eine Zeitachse wird hier außer Acht gelassen. Jedoch ist es gerade diese, welche für die Ermittlung notwendig ist.[844] Aufschlussreich können monatlich erstellte BWA's sein. Jedoch müssen auch diese in der Praxis erst einmal erstellt worden sein und beim Schuldner vorliegen. Zusätzlich müssen diese noch ordnungsgemäß erstellt worden sein, damit ihnen Aussagekraft zukommt.

Insgesamt ist die Verarbeitung des beim Schuldner vorhandenen Rechnungswesens zur Ermittlung des Zeitpunktes des Eintritts der Zahlungsunfähigkeit eine Gratwanderung. Zunächst muss überhaupt taugliches Datenmaterial vorliegen. Zudem beeinträchtigt veraltetes und unzureichendes Material nicht nur die Erstellung eines Finanzstatus zur Feststellung der Zahlungsunfähigkeit, vielmehr wird auch die retrograde Ermittlung verzerrt oder sogar unmöglich gemacht.[845]

b. Datenmaterial bei einem Finanzplan

Wie *Kriegel*[846] zutreffend ausführt, sind Finanzstatus und Finanzplan strukturell grundsätzlich identisch. Für die Erstellung des Finanzplans sind daher auch dieselben Geschäftsunterlagen und dasselbe Rechnungswesen zugrundezulegen wie für den Finanzstatus.

Die Qualität des Datenmaterials und vor allem dessen Aktualität hat hier zunächst dieselben Auswirkungen wie beim Finanzstatus. Allerdings muss das dem Finanzplan zugrundeliegende Datenmaterial qualitativ sogar so wertig sein, dass hieraus hinreichende Schlüsse für die im Finanzplan vorzunehmende Prognose bzw. retrograde Ermittlung gezogen werden können.

Die Qualität des Datenmaterials spielt insbesondere für die retrograde Ermittlung im Rahmen eines Finanzplans eine herausragende Rolle. Hierbei kommt es nicht auf das Stellen einer Prognose und damit auf sog. Soll-Daten an. Der Finanzplan ist vielmehr retrograd anhand des vorhandenen Rechnungswesens mit den sog. Ist-Daten auszufüllen. Liegen diese Ist-Daten nicht vor, weil die Buchhaltung unvollständig oder gar nicht vorhanden ist, so scheitert die retrograde Ermittlung anhand des Finanzplans.

---

844 Kirstein, ZInsO 2006, 966 [971].

845 Hierzu weiter unten.

846 Kriegel in: Nickert/Lamberti, (Fn. 89), Rn. 49.

2. Passiva

Das Gesetz benennt in § 17 Abs. 2 S. 1 InsO die zu berücksichtigenden Passiva des Schuldners. Hiernach sind alle *fälligen Zahlungspflichten* des Schuldners bei der Bewertung der Frage der Zahlungsunfähigkeit einzubeziehen. Darüber hinaus sind aber auch alle innerhalb der nächsten 21 Tage fällig werdenden Verbindlichkeiten, die sog. Passiva II, in die Betrachtung mit einzubeziehen.[847] Zahlungspflichten i.S.d. § 17 InsO können dabei ausschließlich Geldschulden sein.[848] Ist der Schuldner außer Stande, Sach- oder Dienstleistungen zu erbringen, so begründet dies keine Zahlungsunfähigkeit.[849] Dies gilt selbst dann, wenn der Schuldner aufgrund einer eingetretenen Zahlungsunfähigkeit seine Leistungen nicht mehr erbringen kann. Besonders deutlich wird das Erfordernis der Geldschuld an dem von *Müller*[850] gebrachten Beispiel: Erst wenn aus der Nichtleistung Schadensersatzansprüche resultieren, und der Schuldner außer Stande ist, diese zu bedienen, kann von einer Zahlungsunfähigkeit ausgegangen werden.

Zahlungspflichten, die erst mit Insolvenzeröffnung entstehen, bspw. Forderungen aus Sozialplänen etc.[851], werden nicht mit passiviert. Anders verhält es sich mit während des Eröffnungsverfahrens weiter auflaufenden Verbindlichkeiten, bspw. Mietzahlungen, Finanzierungsraten u.a.[852]

Als Passiva I sind alle *fälligen Verbindlichkeiten* einzustellen. Fällig ist dabei jede Forderung, die frei von Einreden und Einwendungen besteht, und bezüglich welcher ein Gläubiger auch einen Anspruch in zeitlicher Hinsicht nach § 271 BGB hat.[853] Dabei kommt es auf ein „ernstliches Einfordern" und damit auf eine „tatsächliche Stundung" nicht an.[854] Nur Forderungen, bezüglich welcher inter partes ausdrücklich ein Stillhalteabkommen[855] getroffen wurde oder welche willentlich gestundet werden, sind von der Prüfung auszunehmen.[856] Hauptsäch-

---

847 Vgl. G. I. 2. b.

848 Müller in: Jaeger, InsO, (Fn. 358), § 17 Rn. 6; *Schröder* in: Hamburger Kommentar InsO, (Fn. 408), § 17 Rn. 5; jeweils m.w.N.

849 Müller in: Jaeger, InsO, (Fn. 358), § 17 Rn. 6.

850 Müller in: Jaeger, InsO, (Fn. 358), § 17 Rn. 6 m.w.N.

851 Eine gute Aufzählung von zu beachtenden „heimlichen Masseverbindlichkeiten" bei *Ringstmeier* in: Beck/Depré, (Fn. 393), § 12 Rn. 78 ff.

852 Kirchhof in: Heidelberger Kommentar InsO, (Fn. 311), § 17 Rn. 7; *Schröder* in: Hamburger Kommentar InsO, (Fn. 408), § 17 Rn. 5.

853 Kriegel in: Nickert/Lamberti, (Fn. 89), Rn. 11.

854 Vgl. C. II. 1.

855 Sog. "pactum de non petendo".

856 BGH, Urteil vom 20.12.2007 - IX ZR 93/06 = NZI 2008, 231.

lich werden sich die Passiva I aus Verbindlichkeiten aus Lieferung und Leistung, Verbindlichkeiten gegenüber Banken, Steuerforderungen und rückständigen Sozialversicherungsbeiträgen, die mit Ablauf des Stichtages getilgt werden müssen, zusammensetzen.[857]

In dem anschließend zu erstellenden Finanzplan sind die Passiva II den Aktiva II taggenau gegenüberzustellen. Dabei wird der dem Schuldner zugestandene Drei-Wochen-Zeitraum dargestellt. Zu den Passiva II zählen nicht nur die weiter auflaufenden Verbindlichkeiten aus Lieferung und Leistung, Miete und Sonstigem. Hierzu zählen in erster Linie auch betriebsnotwendige Aufwendungen, wie z.B. Personalkosten, Lagerhaltung etc. Die Passiva II sind wie die Aktiva II taggenau nach ihrer Fälligkeit gestaffelt, in den Finanzplan aufzunehmen.

Passiva, welche nach dem Drei-Wochen-Zeitraum fällig werden, können auch als Passiva III bezeichnet werden. Die Passiva III sind ebenfalls in den Finanzplan aufzunehmen, jedoch unter der Bedingung, dass der Plan über die drei Wochen hinaus fortgeschrieben werden soll.

a. Besonderheiten bei einzelnen Passivapositionen

Zwar umfasst der Begriff der Zahlungspflichten alle fälligen Verbindlichkeiten, jedoch können auch hier Verbindlichkeiten nicht einzustellen sein, soweit Zweifel an der Forderung bestehen.

aa) Durchsetzbarkeit der fälligen Forderung und Subjekthandeln des Schuldners

Prinzipiell setzt der Begriff der Fälligkeit voraus, dass die Forderung frei von Einreden und Einwendungen besteht, und der Gläubiger bezüglich dieser auch einen Anspruch in zeitlicher Hinsicht nach § 271 BGB hat.[858] In bestimmten Fällen können dem Schuldner jedoch noch Einreden gegen die Forderung zustehen, welche dieser - dahingestellt, ob bewusst oder unbewusst - nicht erhoben hat. Eine solche Forderung kann bei der Prüfung der Zahlungsunfähigkeit nur zu berücksichtigen sein, wenn der Schuldner ausdrücklich erklärt hat, die mögliche Einrede nicht erheben zu wollen.[859] Hat der Schuldner dies erklärt, so ist die Forderung bei der Feststellung der Zahlungsunfähigkeit im Insolvenzantragsverfahren voll zu berücksichtigen. Gibt er keine dahingehende Erklärung ab, ist noch mit der Erhebung zu rechnen und die Forderung nicht zu erfassen.

---

857 Harz, ZInsO 2001, 193 [196].
858 Kriegel in: Nickert/Lamberti, (Fn. 89), Rn. 11.
859 So Kriegel in: Nickert/Lamberti, (Fn. 89), Rn. 19 m.w.N.

Bei der retrograden Ermittlung der Zahlungsunfähigkeit ist eine aus freiem Schuldnerwillen nicht einredebehaftete Forderung in jedem Fall vollumfänglich zu berücksichtigen. In der Rückschau kommt es auf den subjektiven Willen des Schuldners als Träger der uneingeschränkten Dispositionsbefugnis an.

Dies stellt auch der BGH in seiner Entscheidung vom 14.05.2009[860] klar. Der BGH trifft hierin zwei Aussagen zu der retrograden Ermittlung der Zahlungsunfähigkeit und über die subjektiven Einflussmöglichkeiten des Schuldners auf zu berücksichtigende Forderungen. Zum einen soll eine Forderung stets zu berücksichtigen sein, *„wenn der Schuldner sie durch eine Kündigung fällig stellt und von sich aus gegenüber dem Gläubiger die alsbaldige Erfüllung zusagt.*"[861] Zum anderen ist eine Forderung, welche der Schuldner in anfechtbarer Weise erfüllt hat und welche der Insolvenzverwalter anficht, bei der Feststellung, *„ob zu diesem Zeitpunkt bereits eine Zahlungsunfähigkeit bestand"*, zu berücksichtigen.[862] Der BGH macht hier deutlich, dass es allein auf das Subjekthandeln des Schuldners ankommt, und etwaige kommende Schritte des Insolvenzverwalters bei der Feststellung der Zahlungsunfähigkeit nicht zu berücksichtigen sind.

bb) Die Behandlung von streitigen Forderungen

Fraglich ist die Bewertung von streitigen Verbindlichkeiten bei der Feststellung der Zahlungsunfähigkeit. Aus reiner Vorsicht könnte man der Ansicht sein, dass streitige Forderungen stets in voller Höhe zu berücksichtigen sind. Genauso könnte man der Meinung sein, dass solche Forderungen aufgrund ihrer Streitgegenständlichkeit in die Bewertung der Zahlungsunfähigkeit überhaupt nicht einzubeziehen sind.

In der Literatur wird die Ansicht vertreten, dass streitige Verbindlichkeiten bei der Feststellung der Zahlungsunfähigkeit nach der Wahrscheinlichkeit der Inanspruchnahme mit einem Schätzwert zu berücksichtigen sind.[863] Allerdings hängt die Existenz dieser Forderungen prinzipiell von zwei Faktoren ab. Zum einen können die Forderungen noch von dem Ausgang eines anhängigen oder anhängig zu machenden Gerichtsverfahrens abhängen, zum anderen kann noch die Frage im Raum stehen, ob eine Inanspruchnahme durch den Vollstreckungsgläubiger überhaupt stattfindet, bzw. wie wahrscheinlich eine Inanspruchnahme

860 BGH, Urteil vom 14.05.2009 – IX ZR 63/08 = NJW 2009, 2600 ff.

861 BGH, Urteil vom 14.05.2009 – IX ZR 63/08 = NJW 2009, 2600.

862 BGH, Urteil vom 14.05.2009 – IX ZR 63/08 = NJW 2009, 2600 [2602].

863 Schröder in: Hamburger Kommentar InsO, (Fn. 408), § 17 Rn. 6; Kirchhof in: Heidelberger Kommentar InsO, (Fn. 311), § 17 Rn. 7; im Endeffekt auch so: Haas in: Baumbach/Hueck, GmbH-Gesetz, (Fn. 81), § 64 Rn. 34.

ist. Offen bleibt aber auch unter Zugrundelegung dieser Fragen, ob hiermit eine Bewertungsmethode vorgeschlagen wird, die in praxi bestehen kann.

Wie soll bspw. die Berechnung der Wahrscheinlichkeit vorzunehmen sein, wenn diese gerade auch auf subjektiven Elementen des Gläubigers beruht?

Besondere Beachtung verdient die Prüfung von bestrittenen Forderungen dann, wenn die bestrittene Forderung diejenige ist, mit welcher ein Gläubiger seinen Antrag begründet, § 14 InsO.

Die Frage, ob streitige Forderungen anzugeben und wie sie zu bewerten sind, hat mit Inkrafttreten des ESUG am 01.03.2012 zunehmende Bedeutung erlangt. In § 13 Abs. 1 S. 3 bis 5 InsO wird nun als Voraussetzung für die Zulässigkeit des Eröffnungsantrages das Beifügen eines Verzeichnisses der Gläubiger des Schuldners vorausgesetzt. Auch hier ist fraglich, ob und wie streitige Verbindlichkeiten schon in diesem Verzeichnis zu berücksichtigen sind.

(a) Literaturauffassungen

In der Literatur wird vertreten, dass streitige Verbindlichkeiten bei der Feststellung der Zahlungsunfähigkeit nach der Wahrscheinlichkeit der Inanspruchnahme mit einem Schätzwert zu berücksichtigen sind.[864] Nach *Kriegel*[865] wird hiermit sichergestellt, dass Forderungen, die häufig von kurz vor der Zahlungsunfähigkeit befindlichen Schuldnern mit nur unsubstantiierten Argumenten bestritten werden, innerhalb der Prüfung der Zahlungsunfähigkeit Berücksichtigung finden und nicht völlig außer Ansatz bleiben. Außerdem sieht er hier ansonsten die Gefahr der Verzögerung des Antrages und damit verbunden die der Aushöhlung der späteren Insolvenzmasse, womit kein hinreichender Ausgleich mehr zwischen den Schuldner- und Gläubigerinteressen gefunden werden kann.[866] Eine Antwort auf die Frage nach der Berechnung der Wahrscheinlichkeit bleiben jedoch sämtliche Autoren schuldig.[867] *Kriegel*[868] bspw. führt nur aus, dass sich „*konkrete Aussagen*“ selten finden lassen.

---

864 Schröder in: Hamburger Kommentar InsO, (Fn. 408), § 17 Rn. 6; Kirchhof in: Heidelberger Kommentar InsO, (Fn. 311), § 17 Rn. 7; im Endeffekt auch so: Haas in: Baumbach/Hueck, GmbH-Gesetz, (Fn. 81), § 64 Rn. 34.

865 Kriegel in: Nickert/Lamberti, (Fn. 89), Rn. 20.

866 Kriegel in: Nickert/Lamberti, (Fn. 89), Rn. 20.

867 Stellvertretend für die jüngste Zeit: Henkel, ZInsO 2011, 1237 ff. *Henkel* führt nur grob aus, wann eine streitige Verbindlichkeit zur Eröffnung ausreicht, wobei er sich nur auf mit gerichtlichen Entscheidungen oder zivilprozessrechtlichen Mitteln belegte Verbindlichkeiten sowie auf die BGH-Rspr. hierzu bezieht.

868 Kriegel in: Nickert/Lamberti, (Fn. 89), Rn. 20.

Schmidt und *Roth*[869] versuchen sich an einer Festlegung. Sie würdigen den Ansatz über eine Wahrscheinlichkeitsbewertung in Anlehnung an den § 253 Abs. 1 HGB und die darin genannte *„vernünftige kaufmännische Beurteilung.“*[870] Zugleich betonen sie aber die Erforderlichkeit *„insolvenzrechtlicher Modifikationen.“*[871] Die vorgeschlagene Schematisierung begründen die Autoren mit der bei Prüfung der Insolvenzeröffnungsgründe gebotenen Eile. Sie wollen mit Hilfe des vorgeschlagenen Schemas ein Instrument entwickeln, mit dem die Bewertung sicher und schnell vorgenommen werden kann.[872] In erster Linie liefern *Schmidt* und *Roth* jedoch Antworten auf die Frage nach den Maßstäben an eine Bewertung der Wahrscheinlichkeit.

Gerade unter dem Gesichtspunkt, dass mit dem nahenden Eintritt der materiellen Insolvenz Gläubiger ihre Forderungen zunehmend auch gerichtlich geltend machen werden, ist eine solche Schematisierung sinnvoll und kann innerhalb der geschaffenen Kategorien eine Sortierung ermöglichen, die nicht nur auf Wahrscheinlichkeiten basiert, sondern auch tatsächliche Fakten, wie bspw. instanzielles Unterliegen, mit einbezieht. Die vorgenommene Schematisierung der Bewertung lässt sich wie folgt tabellarisch darstellen:[873]

0 %	Wenn die Forderung gänzlich und evident unbegründet oder ihre Geltendmachung rechtsmissbräuchlich ist.
2 bis 5 %	Als sog. „Lästigkeitsprämie“ zum Ansatz solcher Forderungen, die kein „vernünftiger Gläubiger“ auf gerichtlichem Wege durchsetzen würde.
Mindestens 10, i.d.R. jedoch 15 % als Untergrenze	Sobald ein Rechtsstreit anhängig wird, ist die Forderung mit diesem Wert zu berücksichtigen. Dabei wird eine Vergleichsgebühr, aber auch das Prozess- und Kostenrisiko berücksichtigt.
50 % als Untergrenze	Nach einem Unterliegen in 1. Instanz ist die

869 Schmidt/Roth, ZInsO 2005, 236 [239].

870 Hierzu Kozikowski/Schubert in: Beck’scher Bilanzkommentar, 8. Aufl., 2012, § 253 HGB Rn. 154 ff.

871 Schmidt/Roth, ZInsO 2005, 236 [239].

872 Schmidt/Roth, ZInsO 2005, 236 [239].

873 Tabelle erstellt nach Schmidt/Roth, ZInsO 2006, 236 [239 f.].

	Forderung mindestens mit diesem Wert einzustellen.
80 % als Untergrenze	Wenn nicht nur die 1. Instanz verloren wurde, sondern auch die Berufung und nun die Revision anhängig wird.
100 %	Nur bei rechtskräftiger Feststellung der Forderung[874]

(b) Überblick über die Judikatur des BGH

Auch der BGH hat mehrmals zur Behandlung von bestrittenen Forderungen Stellung genommen. Der BGH nimmt dabei freilich keine Bewertung der streitigen Forderung vor. Er verhält sich aber zu der grundsätzlichen Bedeutung von streitigen Forderungen bei der Prüfung der Zahlungsunfähigkeit.

Grundsätzlich sind auch bestrittene Forderungen für die Frage der Zahlungsunfähigkeit entscheidend. So hat ein Schuldner im Verzeichnis der gegen ihn gerichteten Forderungen nach § 305 Abs. 1 Nr. 3 InsO[875] auch die bestrittenen Forderungen in voller Höhe anzuführen. Unterlässt er dies, so ist ihm die Restschuldbefreiung regelmäßig zu versagen.[876] Erst im Schuldenbereinigungsplan ist der Schuldner berechtigt, diese Forderungen mit einem Wert von null anzusetzen.[877] Nichts anderes kann für das mit dem ESUG i.R.d. § 13 Abs. 1 S. 2 InsO erforderlich gewordene Gläubigerverzeichnis gelten.

Außerdem kann nach dem BGH auch eine bestrittene Forderung ausreichend sein, um den Insolvenzgrund der Zahlungsunfähigkeit glaubhaft zu ma-

---

874 Die Autoren bemerken hier selbst, dass diese dann nicht mehr streitig ist: Schmidt/Roth, ZInsO 2006, 236 [240].

875 Normzweck des § 305 InsO ist das möglichst vollständige Vorlegen von, für das Gericht im Zusammenhang mit dem Verfahren relevanten, Informationen (Ott/Vuia in: Münchener Kommentar InsO, (Fn. 311), § 305 Rn. 2). Das Forderungsverzeichnis dient unzweifelhaft schon vor der Einleitung des außergerichtlichen Schuldenbereinigungsverfahrens auch zur Beantwortung der Frage, ob eine Zahlungsunfähigkeit vorliegt.

876 BGH, Beschluss vom 02.07.2009 - IX ZB 63/08 = NJW-RR 2010, 60 ff.

877 Vgl. Ott/Vuia in: Münchener Kommentar InsO, (Fn. 311), § 305 Rn. 44 m.w.N.; i.E. ebenso BGH, Beschluss vom 02.07.2009 - IX ZB 63/08 = NJW-RR 2010, 60 [61].

chen. Allerdings ist diese für die Eröffnung eines Insolvenzverfahrens durch den Gläubiger vollständig zu beweisen.[878]

In einer weiteren Entscheidung[879] stellt der BGH klar, dass es nicht dem Insolvenzgericht obliegt, die bestrittene Forderung in rechtlicher Hinsicht zu prüfen. In dem zu beurteilenden Sachverhalt war der Gläubiger im Besitz einer vollstreckbaren Ausfertigung eines Kaufvertrags. Der Schuldner behauptete, dass ihm hiergegen Einwendungen zustehen würden und bestritt die Forderung. Der BGH verwies den Schuldner hier auf den § 179 Abs. 2 InsO und führte aus, dass er die Forderung in einem hierfür geeigneten Verfahren hätte überprüfen lassen können. Es sei weder Aufgabe des Insolvenzgerichts *„den Bestand ernsthaft bestrittener, rechtlich zweifelhafter Forderungen zu überprüfen"* noch eine solche Prüfung nachzuholen, wenn der Schuldner erst gegenüber dem Insolvenzgericht etwaige Einwendungen geltend macht.[880] Hiernach ist also der Schluss zu ziehen, dass die Forderung mangels Prüfungskompetenz des Insolvenzgerichts mit vollem Wert anzusetzen ist.

(c) Stellungnahme

Auch die von *Schmidt* und *Roth*[881] vorgenommene Schematisierung ist kritisch zu betrachten. Das prozentuale Ansetzen von streitigen Verbindlichkeiten vermag in seiner Gesamtkonzeption zunächst nicht zu überzeugen. Die prozentuale Aussage über die Wahrscheinlichkeit der Existenz trifft nicht zugleich eine Aussage über den prozentualen Anteil der Forderung, der tatsächlich besteht.[882] Zur Verdeutlichung: Geht man davon aus, dass eine Forderung mit 50 prozentiger Wahrscheinlichkeit existiert, so bedeutet dies nicht zugleich, dass 50 % der *Forderungshöhe* tatsächlich bestehen. Die Bewertung über Prozentwerte ist zwar in der Praxis ein gängiges Mittel, um streitige Forderungen zu berücksichtigen, jedoch bedarf es einer Bewertung der vorhandenen Tatsachenlage, um die streitige Forderung zutreffend einzusortieren. Auch aufgrund eines erstinstanzlichen Unterliegens bei Gericht, sind deshalb nur unsichere Aussagen über das tatsächliche Bestehen der Forderung möglich. Eine sichere Aussage lässt sich erst nach einem Unterliegen in weiteren Instanzen oder mit Rechtskraft der Feststellung treffen. Somit könnte eine Bewertung nur zwischen 0 oder 100 % vorzunehmen sein.

---

878 BGH, Beschluss vom 14.12.2005 - IX ZB 207/04 = NZI 2006, 174 ff.

879 BGH, Beschluss vom 29.06.2006 - IX ZB 245/05 = NZI 2006, 588 ff.

880 BGH, Beschluss vom 29.06.2006 - IX ZB 245/05 = NZI 2006, 588 [590].

881 Schmidt/Roth, ZInsO 2006, 236 ff.

882 So auch Kriegel in: Nickert/Lamberti, (Fn. 89), Rn. 20.

Deutlicher wird diese Schwierigkeit noch, wenn man sich darauf besinnt, dass hier von streitigen Forderungen ausgegangen wird, hinsichtlich derer nicht ausschließlich die Existenz, sondern auch die Wahrscheinlichkeit der Inanspruchnahme in Höhe der Forderung beurteilt werden soll. Noch einmal ist klarzustellen, dass nicht solche streitigen Forderungen einer gesonderten Bewertung bedürfen, deren Ausgang vor Gericht klar scheint. Bestreitet der Schuldner bspw. eine Kaufpreiszahlung und der Gutachter bzw. vorläufige Verwalter muss erkennen, dass eine Kaufpreisforderung aus wirksamen Vertrag besteht, so ist die Forderung, auch wenn diese aus Sicht des Schuldners streitig ist, zweifelsfrei und nicht nur aus reiner Vorsicht mit 100 % einzustellen. Vielmehr geht es um die Bewertung von Forderungen, hinsichtlich deren Existenz ernsthafte Zweifel angebracht sind, oder aber ein Unterliegen vor Gericht noch fraglich ist. In praxi ist dabei nicht immer klar zu erkennen, welche Berechtigung die Geltendmachung der Forderung besitzt. Besinnt man sich also darauf, dass zum Teil auch von nicht berechtigten Geltendmachungen und fiktiven Forderungshöhen auszugehen ist, so ergibt sich folgendes Problem: Angenommen ein Gläubiger taxiert eine Schadensersatzforderung gegen den Schuldner aus Delikt auf 20 Mio. €. Er macht diese Forderung bei Gericht anhängig und begründet die Forderung in der Klageschrift, § 253 ZPO. Nun ist vollkommen ungewiss, welche Tatsachenlage bei Gericht zu Tage treten wird, und ob dem Gläubiger der Beweis der deliktischen Handlung gelingt.

Geht man mit *Schmidt* und *Roth*[883] davon aus, dass diese Forderung nun mit mindestens 10 % zu berücksichtigen ist, so sind dies 2 Mio. €. Unter Heranziehung der Wesentlichkeitsgrenze von 10 %[884] wird man nun häufig zur Zahlungsunfähigkeit des Schuldners kommen, auch wenn eine Klage letztendlich abgewiesen würde.

Bedeutung erlangt diese Problematik vor allem dann, wenn der Antrag vom Gläubiger rechtsmissbräuchlich genutzt wird, um einen Konkurrenten aus dem Wettbewerb zu drängen.[885] In einem vom BGH[886] zu beurteilenden Sachverhalt machte die Gläubigerin mit ihrem Antrag zunächst eine Darlehensforderung in Höhe von rund 13,3 Mio. € geltend. Später reduzierte die Gläubigerin diese Forderung auf einen Teilbetrag von lediglich 1 Mio. €.[887] In diesem Fall bestand die Forderung tatsächlich, denkbar ist der Fall aber auch – dann noch rechtsmiss-

883 Schmidt/Roth, ZInsO 2006, 236 [239 f.].
884 Vgl. C. II. 2. c.; und BGH, Urteil vom 24.05.2005 – IX ZR 123/04 = NZI 2005, 547 ff.
885 Vgl. BGH, Beschluss vom 19.05.2011 – IX ZB 214/10 = NZI 2011, 540.
886 BGH, Beschluss vom 19.05.2011 – IX ZB 214/10 = NZI 2011, 540.
887 BGH, Beschluss vom 19.05.2011 – IX ZB 214/10 = NZI 2011, 540.

bräuchlicher und insolvenzzweckwidriger – der Gestalt, dass die Forderung nicht besteht, oder einredebehaftet ist, aber allein die Zahlungsunfähigkeit des Schuldners begründet.[888] Diese Ungenauigkeiten und Bewertungsfolgen können so nicht gewollt sein, was erneut darauf hinweist, dass eine Bewertung nur zwischen den Werten 0 oder 100 % vorzunehmen ist.

Solch große Forderungssummen werden in der Regel jedoch nur bei Unternehmen mit größeren Bilanzsummen vorkommen. Hier könnte eine Bewertung von 100 % zu der Annahme einer Zahlungsunfähigkeit führen, während eine Bewertung aufgrund des Schemas mit lediglich 10 % diese nicht begründet. Interessant ist an dieser Stelle eine Bewertung mit 0 % der bestrittenen Verbindlichkeit.

Im Grunde folgt eine solche Bewertung logischen Prinzipien. Eine Forderung, welche der Schuldner bestreitet und welche, selbst wenn sie anhängig gemacht wurde, nicht sicher besteht, darf eigentlich keine Bewertung finden. Eine Berücksichtigung dieser Forderung mit einem Prozentwert ist eine reine Vorsichtsmaßnahme.

An diesem Punkt ist aber auch die Auffassung des BGH zu berücksichtigen, welcher zutreffend davon ausgeht, dass auch eine bestrittene Forderung zur Insolvenzeröffnung führen kann, sobald der Gläubiger den vollen Beweis der Forderung antreten kann.[889] Diese Entscheidung des BGH könnte dahingehend zu deuten sein, dass eine vom Gläubiger geltend gemachte und vom Schuldner bestrittene Forderung zunächst mit 0 % zu bewerten ist. Erst nach Beweisantritt des Gläubigers und der hieraus erlangten Überzeugung des Gerichts vom tatsächlichen Bestehen der Forderung, ist diese mit 100 % zu bewerten und reicht damit zur Eröffnung eines Insolvenzverfahrens aus. Hierzu passt, dass der BGH davon ausgeht, dass das Insolvenzgericht eine Prüfungskompetenz hinsichtlich bestrittener aber noch nicht titulierter Forderungen innehat, nicht aber hinsichtlich solcher Forderungen, welche bereits tituliert oder gar vollstreckbar sind.[890] Nicht hierfür spricht dagegen die Aufassung des BGH, dass in einem Forde-

888 Vgl. hierzu die Ausführungen des BGH, dass im vorliegenden Fall allein die geltend gemachte Forderung von rund 13,3 Mio. € die Zahlungsunfähigkeit i.S.v. § 17 InsO begründet, da aufgrund der Höhe der Forderung andere Verbindlichkeiten, die nicht fällig oder einredebehaftet sein könnten, die Zahlungsunfähigkeit nicht in Frage stellen können: BGH, Beschluss vom 19.05.2011 – IX ZB 214/10 = NZI 2011, 540 [541].

889 BGH, Beschluss vom 14.12.2005 - IX ZB 207/04 = NZI 2006, 174 ff.

890 BGH, Beschluss vom 29.06.2006 - IX ZB 245/05 = NZI 2006, 588 [590].

rungsverzeichnis nach § 305 Abs. 1 Nr. 3 InsO die Forderung in voller Höhe einzutragen ist.[891]

Der Zivilprozess dient primär dem Zweck der Geltendmachung subjektiver Privatrechte.[892] Dies folgt nicht zuletzt aus der im Zivilprozess vorherrschenden Dispositionsmaxime.[893] Somit kann jeder Gläubiger seine etwaigen Ansprüche und Forderungen gerichtlich überprüfen lassen. Sobald ein Gläubiger eine Forderung, gleich auf welcher Grundlage und in welcher Höhe, gerichtlich geltend macht, muss eine solche gerichtliche Überprüfung stattfinden. Damit muss eine derartige Forderung aber auch bei Betrachtung der Aktiva und Passiva eines Schuldners durch Passivierung zu berücksichtigen sein. Festzuhalten ist aber auch, dass eine Bewertung nur zwischen den Werten 0 oder 100 % nicht differenziert genug ist.

Wie das AG Hamburg[894] zutreffend ausführt, muss eine Forderung, welche bestritten ist und zu der es bereits instanzliche Urteile gibt, anteilig passiviert werden. Konkret hat das AG durch Beschluss ausgeführt, dass eine durch ein nicht rechtskräftiges Urteil eines OLG titulierte Forderung auch dann mit mindestens 95 % der Forderung passiviert werden muss, wenn das Urteil schwierige bereicherungsrechtliche Fragen aufwirft, die mit guten Gründen auch anders beurteilt werden könnten. Darauf, ob das Urteil vor dem BGH Bestand haben wird, kommt es nach dem AG Hamburg nur dann an, wenn das Urteil evident einer gefestigten BGH-Rechtsprechung widerspricht. Weiter führt das AG aus, dass, sofern lediglich eine Teilklage, im zu beurteilenden Fall über 500.000 €, erfolgreich erhoben worden ist, die Passivierungspflicht für die gesamte Forderung, in dem zu beurteilenden Fall 71 Mio. €, gilt. Diese Auffassung begründet das AG Hamburg damit, dass davon auszugehen sei, dass das LG als erste und das OLG als zweite Instanz im Falle der Geltendmachung der restlichen Forderung der im OLG-Urteil vertretenen Rechtsauffassung folgen bzw. diese bestätigen würden.[895]

Das AG geht hier zu Recht davon aus, dass die gesamte Forderung von 71 Mio. € zu 95 % zu passivieren ist. Diese Sichtweise entspricht weitgehend der Schematisierung von *Schmidt* und *Roth.*[896] Eine prozentuale, aufsteigende Be-

---

891 BGH, Beschluss vom 02.07.2009 - IX ZB 63/08 = NJW-RR 2010, 60 ff.

892 Jauernig/Hess, Zivilprozessrecht, 30. Aufl., 2011, § 1 Rn. 7.

893 Jauernig/Hess, Zivilprozessrecht, (Fn. 892), § 1 Rn. 7; Rauscher in: Münchener Kommentar ZPO, (Fn. 124), Einleitung Rn. 275.

894 AG Hamburg, Beschluss vom 20.08.2004 – 67a 346/04 = ZInsO 2004, 991 f.

895 Vgl. AG Hamburg, Beschluss vom 20.08.2004 – 67a 346/04 = ZInsO 2004, 991 f.

896 Schmidt/Roth, ZInsO 2006, 236 [vgl. 239 f.].

wertung nach Instanzen ist sinnvoll. Ebenso das Einstellen der Forderung mit 0 oder 100 %, wenn evident von dem Bestehen respektive Nichtbestehen der Forderung ausgegangen werden kann. Die Kategorisierung von *Schmidt* und *Roth*[897] ist damit, entgegen der oben geäußerten Kritik, letztendlich doch überzeugend und differenziert ausreichend.

Zu dieser Auffassung führen folgende Gedanken:

Das Berücksichtigen von streitigen Verbindlichkeiten erfüllt eine Risikobewertungsfunktion.[898] Auch unberechtigt geltend gemachte Forderungen sind in eine solche Bewertung einzubeziehen. Zur Verdeutlichung mag folgender Vergleich dienen:

Ein Schuldner, dessen Zahlungsfähigkeit nicht in Frage gestellt ist, wird unberechtigt auf 20 Mio. € verklagt, wobei diese 20 Mio. € das 20-fache seiner Bilanzsumme sind. Die Klage wird rechtshängig, eine erstinstanzielle Entscheidung ist jedoch noch nicht ergangen. Der Schuldner benötigt nun zur Finanzierung seines Betriebes einen Kredit über gerade einmal 100.000 €. Eine Bank muss nun eine Bewertung des Kreditrisikos vornehmen und wird regelmäßig aufgrund der anhängigen Klage in Höhe von 20 Mio. € dem Schuldner den begehrten Kredit versagen. Dem Schuldner wird es so am freien Markt unmöglich, sich Liquidität zu beschaffen, womit seine Zahlungsunfähigkeit sich auch hieraus begründet.[899] Dabei kommt es für eine solche Bewertung des Kreditrisikos nicht auf die Berechtigung der Forderung an.

Zudem ergibt sich hieraus als weiterführender Gedanke, ob der Schuldner aufgrund dieses in ihm vorhandenen Risikos nicht eine Gefahr für den Wirtschaftsverkehr darstellt.[900] Es ist erkenn- und absehbar, dass der Schuldner mit Geltendmachung der streitigen Forderung womöglich in die Insolvenz fällt. Ist in einem solchen Fall nicht auch ein Schutz des Wirtschaftsverkehrs durch ein Insolvenzverfahren geboten?

Eine Schematisierung zur Bewertung der Zahlungsunfähigkeit ist daher geboten. Eine solche dient nicht nur am freien Markt zur Abwendung von etwai-

---

897 Schmidt/Roth, ZInsO 2006, 236 [vgl. 239 f.].

898 Neudeutsch: Kreditrating.

899 Vgl. Grundsätze aus: BGH, Urteil vom 24.05.2005 – 123/04 = NZI 2005, 547 ff.

900 So auch der Gesetzgeber zur Erweiterung des § 14 InsO in der Begründung zum Haushaltsbegleitgesetz 2011, BT-Drucks. 17/3030, 1 [42]. Dieser führt hier aus, dass die wirtschaftliche Tätigkeit insolventer Unternehmen einzuschränken sei und es eine Möglichkeit geben müsse, eine Zahlungsfähigkeit des Schuldners möglichst frühzeitig abzuklären.

gen Risiken, sondern ist auch in der Insolvenzgerichtsbarkeit notwendig, um hinreichend sicher über die Zahlungsfähigkeit und die Eröffnung nach § 17 InsO zu entscheiden. Maßgeblich muss dabei aber das Abstellen auf greifbare Fakten, wie bspw. Instanzenzüge, sein. Nicht überzeugend, weil praktisch nicht handhabbar, ist hingegen das jeweils individuelle Ermitteln prozentualer Anteile unter Berücksichtigung der Wahrscheinlichkeit einer Inanspruchnahme.[901]

Streitige Forderungen sind somit anhand eines tatsachenbezogenen Schemas mit einem prozentualen Anteil zu berücksichtigen. Einer gewissen Flexibilität und Einzelfallbetrachtung bedarf es, wie fast immer im Insolvenzrecht, aber auch hier. Das von *Schmidt* und *Roth*[902] vorgeschlagene Schema bietet jedoch eine weitgehend abschließende Orientierungsmöglichkeit.

cc) Verbindlichkeiten gegenüber Gesellschaftern - Gesellschafterdarlehen

Fraglich ist, ob und wie Verbindlichkeiten von Gesellschaften gegenüber ihren Gesellschaftern bei der Prüfung der Zahlungsunfähigkeit zu berücksichtigen sind.

Grundsätzlich sind auch Verbindlichkeiten gegenüber Gesellschaftern auf der Passivseite voll einzustellen[903], es sei denn, es liegt hierfür ein Rangrücktritt vor.[904] Grundvoraussetzung für eine Berücksichtigung ist zudem, dass die Verbindlichkeit gegenüber dem Gesellschafter fällig geworden und von diesem nicht gestundet worden ist.[905] Nach wohl h.M. bleiben aber solche Forderungen von Gesellschaftern unberücksichtigt, welche aufgrund eines gesellschaftsrechtlichen Auszahlungsverbotes, bspw. aus § 30 GmbHG a.F., nicht durchsetzbar sind.[906]

Mit Inkrafttreten des MoMiG am 01.11.2008 wurde das Eigenkapitalersatzrecht grundlegend verändert. Unter anderem wurde den von der Rechtsprechung

---

901 Schröder in: Hamburger Kommentar InsO, (Fn. 408), § 17 Rn. 6; Kirchhof in: Heidelberger Kommentar InsO, (Fn. 311), § 17 Rn. 7; kritisch, im Endeffekt aber auch so: Haas in: Baumbach/Hueck, GmbH-Gesetz, (Fn. 81), § 64 Rn. 34;
Gleicher Ansicht wie hier: Kolmann in: Saenger/Inhester, 1. Aufl., Baden-Baden 2011, Vor § 64 Rn. 92 und Schmidt/Roth, ZInsO 2006, 236 ff.

902 Schmidt/Roth, ZInsO 2006, 236 [vgl. 239 f.].

903 Zum strukturell identischen Überschuldungsstatus so schon: Begründung RegE-InsO, BT-Drucks. 12/2443, 1 [115].

904 BGH, Urteil vom 08.01. 2001 - II ZR 88/99 = NJW 2001, 1280 [1282 f.].

905 Kriegel in: Nickert/Lamberti, (Fn. 89), Rn. 27.

906 *Schröder* in: Hamburger Kommentar InsO, (Fn. 408), § 17 Rn. 12 m.w.N.

entwickelten eigenkapitalersatzrechtlichen Auszahlungssperren, analog §§ 30, 31 GmbHG[907], mit Einführung des § 30 Abs. 1 S. 3 GmbHG eine eindeutige Regelung entgegengesetzt, und hiermit das durch den BGH hergeleitete Rechtsgebilde abgelehnt. Nur noch auf vor Einführung des MoMiG entstandene Ansprüche, sog. Altfälle, finden die Rspr.-Regelungen weiter Anwendung.[908]

In der Folge ergibt sich so eine differenzierende Betrachtung. Ansprüche des Gesellschafters gegen die Gesellschaft, die vor dem 01.11.2008 entstanden sind und eigenkapitalersetzenden Charakter haben, bleiben aufgrund der Altfall-Regelung bei der Prüfung der Zahlungsunfähigkeit grundsätzlich außer Ansatz.[909] Nach dem 01.11.2008 entstandene Forderungen des Gesellschafters sind dagegen nicht mehr als eigenkapitalersetzend zu qualifizieren und daher vollständig bei der Prüfung der Zahlungsunfähigkeit zu berücksichtigen.[910]

Zu beachten ist außerdem, dass durch den Entfall des Wortes „kapitalersetzend“[911] jedes Gesellschafterdarlehen und wirtschaftlich entsprechende Leistungen nachrangige Insolvenzforderungen sind, § 39 Abs. 1 Nr. 5 i.V.m. Abs. 4 und 5 InsO.[912] Erklärt der Gesellschafter zusätzlich noch einen Rangrücktritt, so bleibt die Forderung des Gesellschafters bei Prüfung der Zahlungsunfähigkeit außer Betracht.

dd) Nachrangige Verbindlichkeiten - § 39 InsO

Zunächst ist festzustellen, dass § 39 InsO nur Aussagen zu den Befriedigungsaussichten von bestimmtem Forderungen trifft, nicht aber zu den Auswirkungen von nachrangigen Verbindlichkeiten auf die Eröffnungsgründe der §§ 17 ff. InsO.[913]

---

907 Ausführlich hierzu Heidinger in: Michalski, GmbHG-Komm., (Fn. 565), § 32b Rn. 272ff m.w.N. insb. entspr. Rspr.

908 BGH, Urteil vom 26.01.2009 - II ZR 260/07 = NJW 2009, 1277 ff.

909 BGH, Urteil vom 14.05.2009 - IX ZR 63/08 = NZI 2009, 471 [472].

910 Kirchhof in: Heidelberger Kommentar InsO, (Fn. 311), § 17 Rn. 7; BGH, Beschluss vom 23.09.2010 – IX ZB 282/09 = NZI 2011, 58 [59] m.w.N.; sowie Beschluss vom 19.05.2011 – IX ZB 214/10 = NZI 2011, 540 [541];
a.A. *Schröder* in: Hamburger Kommentar InsO, (Fn. 408), § 17 Rn. 13 m.w.N., welcher weiter eine Rangrücktrittserklärung des Gesellschafters fordert. Zu diesem Streit ausführlich: Kriegel in: Nickert/Lamberti, (Fn. 89), Rn. 25-27.

911 Vgl. § 39 Abs. 1 Nr. 5 InsO a.F. vor dem 01.11.2008.

912 Vgl. auch BT-Drucks. 16/6140, S. 1 [72].

913 Ehricke in: Münchener Kommentar InsO, (Fn. 311), § 39 Rn. 1.

Grundsätzlich sind nachrangige Forderungen i.S.d. § 39 Abs. 1 Nr. 1 bis 5 InsO im Rahmen der Prüfung der Zahlungsunfähigkeit bei der Liquiditätsprognose voll zu berücksichtigen.[914]

Dies steht im Einklang mit dem Willen des Gesetzgebers. Dieser bemühte sich 1999 mit Einführung der InsO, die nachrangigen Insolvenzgläubiger i.S.v. § 39 InsO, welche im Grunde auch einfache Insolvenzgläubiger i.S.v. § 38 InsO sind, gleichzustellen, um damit eine Verzögerung der Verfahrenseröffnung zu vermeiden.[915]

Zudem sind im Rahmen der Überschuldungsprüfung nach § 19 InsO, Verbindlichkeiten nach § 39 Abs. 1 InsO voll zu passivieren.[916] Nichts anderes kann daher für die Zahlungsunfähigkeitsprüfung gelten. Bis zur Eröffnung des Insolvenzverfahrens konkurrieren die nachrangigen Gläubiger i.S.v. § 39 InsO mit den einfachen Insolvenzgläubigern i.S.v. § 38 InsO gleichgestellt im selben Rang.[917]

Nicht zu berücksichtigen sind nachrangige Verbindlichkeiten aber dann, wenn zusätzlich zu dem Bestehen einer nachrangigen Forderung ein ergänzender Rangrücktritt erklärt wird, oder eine ausdrückliche Nachrangvereinbarung getroffen wird, § 39 Abs. 2 InsO.[918] Ist z.B. eine Gesellschafterforderung schon gemäß § 39 Abs. 1 Nr. 5 InsO nachrangig und der Gesellschafter erklärt einen zusätzlichen Rangrücktritt, so bleibt diese Verbindlichkeit außer Ansatz.

3. Aktiva

Im Gegensatz zu den Zahlungspflichten[919] trifft das Gesetz über den Begriff der Aktiva keine, nicht einmal eine mittelbare Aussage. Aus buchhalterischen Gründen müssen aber fälligen Zahlungspflichten auch fällige, also frei verfügbare Zahlungsmittel gegenüberstehen. Hiervon geht mittelbar auch der Gesetzgeber aus, wenn in der Begründung zum RegE der InsO nur von Liquidität und „flüssigen Mitteln" die Rede ist.[920] Dies unterstreicht zudem die Annahme einer „weichen Zeitpunktilliquidität"[921], da das Vorliegen der Zahlungsunfähigkeit

914 BGH, Beschluss vom 23.09.2010 – IX ZB 282/09 = NZI 2011, 58 [59 m.w.N.].
915 Begründung RegE-InsO, BT-Drucks. 12/2443, 1 [123].
916 BGH, Beschluss vom 23.09.2010 – IX ZB 282/09 = NZI 2011, 58 [59 m.w.N.].
917 So auch Kriegel in: Nickert/Lamberti, (Fn. 89), Rn. 30; Kirchhof in: Heidelberger Kommentar InsO, (Fn. 311), § 17 Rn. 7 m.w.N.
918 BGH, Beschluss vom 19.07.2007 - IX ZB 36/07 = NZI 2007, 579.
919 Vgl. § 17 Abs. 2 S. 1 InsO.
920 Begründung RegE-InsO, BT-Drucks. 12/2443, 1 [114].
921 Vgl. II. 1. A. cc).

und auch der materiellen Insolvenz durch eine Liquiditätsbetrachtung zum Stichtag festgestellt wird. Erst darüber hinaus wird ermittelt, ob die Zahlungsunfähigkeit durch die Beschaffung neuer liquider Mittel beseitigt werden kann.[922]

Als Aktiva I sind in einem Finanzstatus alle vorhandenen liquiden Vermögenswerte des Schuldners zu dem Stichtag zu berücksichtigen.[923] Hierbei sind nur die freien liquiden Mittel, also Bankguthaben in Form von Giroguthaben und Tagesgeld, freie und insoweit ungekündigte Kreditlinien und der Kassenbestand, einzustellen.[924] Weiter ist jegliches liquides Vermögen einzustellen, selbst wenn es aus unredlichen Quellen, bspw. Straftaten stammt.[925]

Im Rahmen des Finanzplans sind dann die Aktiva II zu erfassen. Diese sind kurzfristig realisierbare Vermögenswerte und Forderungen, insbesondere das Anlage- und Umlaufvermögen des Schuldners, aber auch sämtliche innerhalb des Drei-Wochen-Zeitraums zu erwartenden Einnahmen[926] unter Berechnung des Cash-Flows als Differenz aus einzahlungswirksamen Erträgen und auszahlungswirksamen Aufwendungen.[927]

Die Aktiva II sind, gestaffelt nach ihrer Fälligkeit, taggenau zu erfassen und den auf gleiche Weise erfassten Passiva II zuzuordnen.

Nach betriebswirtschaftlichen Grundsätzen ist eine Forderung selbst dann noch als kurzfristig anzusehen, wenn diese erst innerhalb des nächsten Jahres zu realisieren ist.[928] Im Insolvenzrecht hingegen ist eine Forderung nach h.M.[929] nur dann als kurzfristig anzusehen, wenn sie innerhalb von 20 Tagen beizutreiben ist. Dies ist gerade vor dem Hintergrund der vom BGH zugrundegelegten Drei-Wochen-Frist auch nur auf diese Art und Weise denk- und annehmbar; schließlich muss der aus der Forderung realisierte Wert zum 21. Tag berücksichtigt werden. Zudem müssen die anzusetzenden Gegenstände auch tatsächlich kurzfristig verwertbar sein. Dies ist sicher der Fall bei Bankguthaben, Aktiendepots

922 So auch Begründung RegE-InsO, BT-Drucks. 12/2443, 1 [114].
923 Kriegel in: Nickert/Lamberti, (Fn. 89), Rn. 50.
924 IDW, PS 800, FN-IDW Nr. 4/2009, S. 161 [164]; und Ampferl in: Beck/Depré, (Fn. 393), § 2 Rn. 65 f.
925 Hierzu mit weiteren Nachweisen: Smid, DZWIR 2010, 1 [4 f.]; BGH, Urteil vom 14.05.2009 – IX ZR 63/08 = NJW 2009, 2600 [2602].
926 BGH, Beschluss vom 19.07.2007 – IX ZB 36/07 = NZI 2007, 579 [580].
927 Lienhard/Nock in: Nickert/Lamberti, (Fn. 89), Rn. 132.
928 Lienhard/Nock in: Nickert/Lamberti, (Fn. 89), Rn. 99.
929 Vgl. statt vieler: Eilenberger in: Münchener Kommentar InsO, (Fn. 311), § 17 Rn. 21 m.w.N.

und sonstigen Finanzanlagen. Nach dem BGH zählt hierzu aber auch ein PKW aus dem Umlaufvermögen, nicht aber die Betriebs- und Geschäftsausstattung aus dem Anlagevermögen eines Schuldners.[930] Dem ist so nicht zuzustimmen. Zwar sind PKW, je nach Alter und damit Wert, teilweise schnelllebige Konsumgüter geworden. Hiervon ist jedoch nicht immer sicher auszugehen. Zutreffend ist daher wohl mit dem *IDW*[931] davon auszugehen, dass nur solche Gegenstände in einem Finanzplan anzusetzen sind, die tatsächlich und sicher kurzfristig zu verwerten sind, was sich insbesondere durch das Vorliegen eines konkreten Angebotes bewerten lässt.[932] In der Praxis bedarf es hier aber einer jeweiligen Einzelfallbewertung des entsprechenden Vermögensgegenstandes.

Ist anhand des Finanzplans für die nächsten 20-30 Tage erkennbar, dass die Liquiditätslücke nicht geschlossen werden wird[933], so ist der Plan aus betriebswirtschaftlicher Sicht bis zu 11-12 Monate fortzuschreiben[934], ohne weitergehende Begründung zunächst aber für nicht mehr als drei Monate.[935] Die noch über den Zeitraum von drei Wochen hinaus einzustellenden Aktiva können als Aktiva III bezeichnet werden. Diese sind, ebenso wie die Aktiva II, taggenau nach ihrer Werthaltigkeit und Fälligkeit gestaffelt zu erfassen, allerdings für einen deutlich erweiterten Zeitraum. Hier können auch Gegenstände des Anlage- und Umlaufvermögens des Schuldners sicher einbezogen werden, da eine Verwertung innerhalb eines Zeitraums von drei Monaten hinreichend wahrscheinlich ist.

4. Stufenfolge der Bilanzierung innerhalb der Prüfung der Zahlungsunfähigkeit

Bei Erstellung des Finanzstatus und des Finanzplans sind die Aktiva und Passiva I bis III auf verschiedenen Bilanzierungsstufen zu erfassen. Anhand dieser Stufenfolge in der Bilanzierung werden zugleich nochmals die verschiedenen Phasen der Feststellung der Zahlungsunfähigkeit deutlich.

Auf der Stufe I werden stichtagbezogene Feststellungen über die Liquiditätssituation des Schuldners getroffen.

---

930 BGH, Beschluss vom 19.07.2007 – IX ZB 36/07 = NZI 2007, 579 [580].
931 Fachausschuss Recht, IDW ZIP 2009, 201 [203].
932 So auch Fischer in: FS für Ganter, 153 [161].
933 IDW, PS 800, FN-IDW Nr. 4/2009, S. 161 [164].
934 Eilenberger in: Münchener Kommentar InsO, (Fn. 311), § 17 Rn. 12.
935 Fachausschuss Recht, IDW ZIP 2009, 201 [202].

Innerhalb der Stufe II wird danach eine bloße Zahlungsstockung ausgeschlossen, indem hier ermittelt wird, ob der Schuldner innerhalb des Drei-Wochen-Zeitraums die zum Stichtag festgestellte Zahlungsunfähigkeit beseitigen kann. Schon auf der Stufe II werden zeitraumbezogene[936] Feststellungen im Wege der Prognoserechnung getroffen.[937]

Die Stufe III ist nur zu erreichen, wenn auf Stufe II festgestellt wird, dass der Schuldner nicht in der Lage sein wird, die Lücke vollständig zu schließen, diese aber weniger als 10 % seiner Verbindlichkeiten ausmacht. Nur in einem solchen Fall ist der Finanzplan über den Zeitraum von drei Wochen hinaus fortzuschreiben. Hier ist nunmehr endgültig zeitraumbezogen zu ermitteln, ob der Schuldner wieder zu voller Liquidität kommen und damit die festgestellte Unterdeckung beseitigen kann, oder ob ihm auf lange Sicht die Zahlungsunfähigkeit zumindest droht. Der Finanzplan ist allerdings nur in begründeten Ausnahmefällen länger als drei Monate fortzuschreiben.[938]

III. Auswertung des Finanzstatus und des Finanzplans

Abstrakt sowohl für die Rechtswissenschaft als auch für die Betriebswirtschaftslehre formuliert, lässt sich aus der Gegenüberstellung von Aktiva und Passiva I bis III zu einem gewählten Bilanzstichtag und für einen anschließenden Zeitraum die relative Liquiditätsunter- oder -überdeckung errechnen und hieraus eine Liquiditätskennzahl bilden.[939]

Liquiditätskennzahlen werden generell immer zu Stichtagen errechnet. Damit sind sie ein statischer Wert und erfordern stets aktuelle oder prognostizierte Daten. Die hier gefundenen Größen geben Aufschluss über die Liquiditätssituation eines Schuldners. Effektiv werden sie aber erst, wenn sie täglich errechnet werden und den Cash-Flow mit einbeziehen. Nur so lassen sich sichere Aussagen über die finanzielle Situation eines Unternehmens respektive Schuldners treffen, und eine sichere Finanzplanung vornehmen

936 Anders Eilenberger in: Münchener Kommentar InsO, (Fn. 311), § 17 Rn. 12, der hier zeitpunktbezogene Feststellungen annimmt.

937 Fachausschuss Recht, IDW ZIP 2009, 201 [202].

938 Fachausschuss Recht, IDW ZIP 2009, 201 [202].

939 Eilenberger in: Münchener Kommentar InsO, (Fn. 311), § 17 Rn. 20.

1. Betriebswirtschaftliche Kennzahlen

Die Betriebswirtschaftslehre unterteilt die verschiedenen Liquiditätskennzahlen in Liquiditätsgrade.[940] Diese werden innerhalb der Finanzplanung[941], aber auch innerhalb des Controllings eines Unternehmens eingesetzt. Anhand dieser Kennzahlen ist ablesbar, „*ob und inwieweit die kurzfristigen Verbindlichkeiten in ihrer Höhe und Fälligkeit mit den Zahlungsmittelbeständen und anderen kurzfristigen Deckungsmitteln übereinstimmen*“[942], sog. Fristenkongruenz. Im Rahmen dieser Kongruenz bleibt die Liquidität gewahrt, wenn die Kapitalüberlassungsdauer ebenso lang bemessen ist, wie die Kapitalbindungsdauer.

a. Liquiditätsgrade als kurzfristige Kennzahlen

Unterschieden werden drei Grade der Liquidität:

Barliquidität	Liquidität 1. Grades	$\frac{\text{Verfügbare Zahlungsmittel}}{\text{Kurzfristige Verbindlichkeiten}}$
Liquidität auf kurze Sicht	Liquidität 2. Grades	$\frac{\text{Verfügbare Zahlungsmittel} + \text{kurzfristige Forderungen}}{\text{Kurzfristige Verbindlichkeiten}}$
Liquidität auf mittlere Sicht	Liquidität 3. Grades	$\frac{\text{Verfügbare Zahlungsmittel} + \text{kurzfristige Forderungen} + \text{vorhandene Vorräte}}{\text{Kurzfristige Verbindlichkeiten}}$

(Vgl. Olfert/Rahn, Lexikon der Betriebswirtschaftslehre, 7. Auflage, 2011, Abb. 309 und 568)

Grundsätzlich wird in der Betriebswirtschaftslehre folgende Einteilung der Fristigkeiten vorgenommen:[943]

---

940 Staufenbiel/Hoffmann, ZInsO 2008, 838.

941 Hierzu eine gute kompakte Darstellung in: Busse von Colbe/Crasselt/Pellens, (Fn. 679), S. 283 f.

942 Wörtlich: Küting/Weber, (Fn. 686), S. 154; Zu den „*Komponenten des finanziellen Gleichgewichts*“ auch: Perridon/Steiner, (Fn. 690), S. 561 ff., insbesondere S. 561 Abb. E1.

943 Vgl. Lienhard/Nock in: Nickert/Lamberti, (Fn. 89), Rn. 99.

Kurzfristig:	Restlaufzeit bis zu einem Jahr
Mittelfristig:	Restlaufzeit zwischen einem und fünf Jahren
Langfristig:	Restlaufzeit über fünf Jahre

Kurzfristige Verbindlichkeiten oder Forderungen sind damit alle Verbindlichkeiten bzw. Forderungen, die innerhalb eines Jahres fällig werden.[944]

Damit ist die betriebswirtschaftliche Bewertung der Liquidität deutlich weiter gefasst und auf den ersten Blick strenger als die insolvenzrechtliche, in welcher zunächst nur drei Wochen betrachtet werden. In einem Betrachtungszeitraum von einem Jahr wird einer großen Zahl von Verbindlichkeiten eine im Verhältnis geringe Zahl von liquiden Mitteln gegenübergestellt. Die Betriebswirtschaftslehre gleicht diese deutliche Erweiterung des betrachteten Verbindlichkeitenzeitraums allerdings durch eine großzügigere Bemessung der Liquiditätszielwerte wieder aus. Zudem können die zu erreichenden Zielwerte branchenabhängig variieren.[945] Zusätzlich variieren die Auffassungen zu den Prozentvorgaben der einzelnen Liquiditätsgrade. Einheitliche Vorgaben werden nicht gemacht.[946]

In der Betriebswirtschaftslehre ist bspw. bei der Liquidität 1. Grades eine Deckung von etwa 25-50 % erstrebenswert.[947] Im Insolvenzrecht dagegen, ist schon hier mit dem BGH[948] eine Deckung von mindestens 90 % zu erreichen.

Noch weiter bemessen ist die zweite Stufe der betriebswirtschaftlichen Liquiditätsmessung. Diese bezieht auch kurzfristige Forderungen mit ein. Kurzfristig sind Forderungen und Verbindlichkeiten in der Betriebswirtschaftslehre, wenn sie innerhalb eines Jahres fällig werden. Die Liquidität 2. Grades ist damit zwar ebenfalls eine Betrachtung zum Stichtag, muss von ihrer Aussagekraft her aber ein gesamtes Jahr abdecken. Die prozentualen Zielvorgaben liegen hier bei einem Verhältnis von etwa 100-120 %.[949] Sollte der Wert unter 100 % Deckung liegen, so ist dies ein eindeutiges Indiz für Liquiditätsschwierigkeiten.[950]

---

944 Lienhard/Nock in: Nickert/Lamberti, (Fn. 89), Rn. 99.
945 Lienhard/Nock in: Nickert/Lamberti, (Fn. 89), Rn. 114.
946 Vgl. u.a.: Coenenberg/Haller/Schultze, (Fn. 691), S. 1079; Erichsen, BC 2007, 137 ff.
947 Erichsen, BC 2007, 137 [137].
948 BGH, Urteil vom 24.05.2005 – IX ZR 123/04 = NZI 2005, 579 ff.
949 Vgl. Erichsen, BC 2007, 137 [137 f.].
950 Erichsen, BC 2007, 137 [138].

In den Bereich der langfristigen Finanzierung reicht die Liquidität dritten Grades. Hier werden neben den verfügbaren Zahlungsmitteln und den kurzfristigen Forderungen auch die Warenvorräte mit einbezogen und den kurzfristigen Verbindlichkeiten gegenübergestellt. Das Ziel ist hier ein Wert zwischen 120-150 %.[951] Die Liquidität 3. Grades trifft vor allem eine Aussage über die Kapitalbindung und darüber, ob langfristige Investitionen auch langfristig finanziert sind.[952] Sollte der Wert hier unter 100 % sinken, so deutet dies auf eine Insolvenzgefahr hin.[953]

Grundsätzlich gilt: Je höher der Prozentsatz, desto besser die Liquiditätslage der Unternehmung.[954]

Sowohl auf der zweiten als auch auf der dritten Stufe deuten Werte von unter 100 % auf ernsthafte Zahlungsschwierigkeiten hin. Somit verdient nach insolvenzrechtlichen Maßstäben im Grunde erst die 2. Stufe Beachtung.[955] Erst hier werden Aktiva und Passiva den insolvenzrechtlichen Maßstäben ähnlich gegenübergestellt. Dabei werden die Fristigkeiten beachtet, die Fälligkeit der zukünftigen Verbindlichkeiten wird jedoch - zutreffend - nicht berücksichtigt. Sollte der Wert auf dieser Stufe unter 100 % liegen, so sollten die zuständigen Personen alarmiert sein, denn auch innerhalb der betriebswirtschaftlichen Betrachtungsweise findet hinsichtlich der Zahlungsunfähigkeit eine Orientierung an dem vom BGH vorgegebenen Wert von 90 % statt.[956]

b. Kritische Betrachtung der Aussagekraft der Kennzahlen

Die Problematik und die Schwäche der „*Temperatur-Messung*“[957] anhand von Kennzahlen ist, ebenso wie bei der Liquiditätsbilanz, die Stichtagscharakteristik und das Ausblenden des Cash-Flows. Anhand der Ermittlung der Barliquidität lassen sich Aussagen über die Zahlungsfähigkeit eines Schuldners im exakten Zeitpunkt der Erstellung treffen, jedoch bleibt der Cash-Flow unberücksichtigt. Diese Form der Liquiditätsanalyse blendet unmittelbar anstehende Ein- und

---

951 Erichsen, BC 2007, 137 [138].

952 Sogenannte „Goldene Finanzierungsregel“, hierzu: Perridon/Steiner, (Fn. 690), S. 569 ff.; Küting/Weber, (Fn. 686), S. 149 f.

953 Erichsen, BC 2007, 137 [138].

954 Perridon/Steiner, (Fn. 690), S. 572.

955 Die Aussagekraft des 1. Liquiditätsgrades ebenfalls monierend: Staufenbiel/Hoffmann, ZInsO 2008, 838 [841].

956 IDW, PS 800, FN-IDW Nr. 4/2009, S. 161 [162].

957 Erichsen, BC 2007, 137 [137].

Auszahlungen – womöglich schon am nächsten Tag – vollständig aus.[958] Auch kurzfristige, nach dem Stichtag fällig werdende Verbindlichkeiten, werden nicht berücksichtigt.[959] Zudem ist die Auswahl des Stichtages, bspw. bei Saisonbetrieben, von elementarer Bedeutung.[960] Daneben setzt eine ergebnissichere Liquiditätsbetrachtung zum Stichtag eine stets aktuelle Finanzbuchhaltung voraus. Bei dieser statischen Betrachtung kann schon das um nur einen Tag verzögerte Buchen zu vollkommen veränderten Werten führen.[961] Weiter bleibt bei der Stichtagsbilanzierung die Möglichkeit der Verbuchung von Mitteln aus Kreditbeschaffung, welche nach dem Stichtag gewährt werden, unberücksichtigt.[962] Orientiert man sich zudem an der Bilanz und dem Rechnungswesen eines Unternehmens, so ist eine kritische Überprüfung sämtlicher Buchwerte des Anlagevermögens sowie der Belastung dieser Objekte mit Sicherungsrechten von Gläubigern, wie Verpfändungen und Sicherungsübereignungen, vorzunehmen.[963]

Darüber hinaus wird eine stichtagbezogene Betrachtung umso ungenauer, je größer der zu betrachtende Zeitraum wird. So sind im Rahmen der Liquidität 3. Grades auch Lagerreichweitenabschläge, sog. Gängigkeitsabschreibungen, zu berücksichtigen. Diese mindern den Wert der Lagervorräte und damit die Liquidität, womit ein verzerrtes Bild entsteht.[964]

Ungleich größere Aussagekraft kommt daher auch in der Betriebswirtschaft der Ermittlung von Kennzahlen im Wege einer dynamischen Liquiditätsanalyse zu.[965] Diese betrachtet, ebenso wie ein Finanzplan, zeitraumbezogen verschiedene Finanz-Stromgrößen eines Unternehmens.[966] Durch die individuelle und flexible Gegenüberstellung von Werten und Zeiträumen ergibt sich eine Aussage über die Liquiditätssituation eines Unternehmens. Zu betonen ist aber auch aus betriebswirtschaftlicher Sicht, dass jede Liquiditätsmessung jeweils nur der Qualität des ihr zugrundliegenden Datenmaterials entsprechen kann. Zudem

958 Küting/Weber, (Fn. 686), S. 155.
959 Küting/Weber, (Fn. 686), S. 155.
960 Staufenbiel/Hoffmann, ZInsO 2008, 838 [840].
961 Vgl. Erichsen, BC 2007, 137 [137 f.].
962 Staufenbiel/Hoffmann, ZInsO 2008, 838 [841].
963 Staufenbiel/Hoffmann, ZInsO 2008, 838 [841].
964 Vgl. Erichsen, BC 2007, 137 [138].
965 Vertieft und mit Beispielen, behandelt durch Lienhard/Nock in: Nickert/Lamberti, (Fn. 89), Rn. 123 bis 158.
966 Eine Übersicht bei: Olfert/Rahn, (Fn. 682), Nr. 567.

enthält die dynamische Liquiditätsanalyse mit der Berechnung des Cash-Flows ein prognostisches Element, welches immer eine gewisse Unsicherheit birgt.

Das Ergebnis muss daher lauten, dass auch aus betriebswirtschaftlicher Sicht nur eine Kombination von statischer und dynamischer Liquiditätsanalyse entsprechende Ergebnisse zu liefern vermag. Mit *Lienhard* und *Nock*[967] ist daher davon auszugehen, dass in der Praxis eine zuverlässige Insolvenzprognose auch in der Betriebswirtschaft erst durch das Zusammenspiel aus Liquiditätskennzahlen und Cash-Flow, eventuell ergänzt um eine Kapitalflussrechnung, möglich ist. Durch diese beiden Elemente wird die statische Analyse anhand von Liquiditätskennzahlen mit der Berechnung des Cash-Flows als dynamische Betrachtungsweise sinnvoll verknüpft.

Die oben beschriebenen Liquiditätskennzahlen geben nur Auskunft über die tendenzielle Entwicklung der Liquiditätssituation des Unternehmens. Vor allem bei der retrograden Betrachtung von Unternehmensbilanzen zur Ermittlung des Eintritts der materiellen Insolvenz, stellen die aus den Bilanzen entnommenen Kennzahlen maximal ein Indiz für die Zahlungsunfähigkeit zu diesem Zeitpunkt dar. Bei Feststellung des Vorliegens eines solchen Indizes ist daher mit weitergehenden Methoden näher zu bestimmen, ob zu dieser Zeit tatsächlich Zahlungsunfähigkeit vorlag.

2. Insolvenzrechtliche Liquiditätskennzahl

Im Grunde lässt sich eine Liquiditätskennzahl (LKZ) nur aus einer Liquiditätsbilanz ermitteln. Diese ist ein sehr grobes Mittel zur Ermittlung der tatsächlichen Liquiditätssituation des Schuldners.[968] Die Liquiditätsbilanz ist außerdem nichts anderes als eine Mischform aus Finanzstatus und –plan, welche darüber hinaus strukturell identisch sind.[969]

Die Berechnung einer Liquiditätskennzahl ist daher aus einem Finanzplan ebenso möglich; unter der feinfühligen Berücksichtigung von Zahlungsströmen innerhalb des Finanzplans, wird sie sogar überhaupt erst aussagekräftig.

Aus insolvenzrechtlicher Sicht lässt sich die Berechnung der Liquiditätskennzahl aus einer Liquiditätsbilanz mit folgender Formel beschreiben:

---

967 Lienhard/Nock in: Nickert/Lamberti, (Fn. 89), Rn. 138; diese Aussage ist das Ergebnis der oben geäußerten Kritik an der statischen Betrachtung der Unternehmensliquidität anhand der Kennzahlen: Rn. 123 ff. et passim.

968 Eilenberger in: Münchener Kommentar InsO, (Fn. 311), § 17 Rn. 15 ff.

969 Was auch Eilenberger zugibt: Münchener Kommentar InsO, (Fn. 311), § 17 Rn. 14.

$$LKZ = \frac{\text{Verfügbare Zahlungsmittel} + \text{innerhalb von 3 Wochen verfügbare Zahlungmittel}}{\text{Zum Stichtag fällige Verbindlichkeiten} + \text{innerhalb von 3 Wochen fällig werdende Verbindlichkeiten}} \times 100$$

In der Formel werden den Aktiva I und II die Passiva I *und* II gegenübergestellt. Unter Anwendung dieser Formel lässt sich eine Liquiditätskennzahl ermitteln, wie auch der BGH sie vorsieht[970], jedoch werden hier die Passiva II berücksichtigt.

Beispiel einer Liquiditätsbilanz und der Anwendung der LKZ-Formel: Angenommen ein Unternehmen hat zum Stichtag der Bilanzierung 250.000 € Verbindlichkeiten und dem gegenüber nur 200.000 € an verfügbaren Zahlungsmitteln. Innerhalb des Drei-Wochen-Zeitraums generiert das Unternehmen weitere 100.000 € an Zahlungsmitteln, baut jedoch zugleich auch weitere 100.000 € an Verbindlichkeiten auf.

Hieraus ergibt sich folgende Rechnung:

$$LKZ = \frac{200.000 + 100.000}{250.000 + 100.000} \times 100 = \frac{300.000}{350.000} \times 100 = 85{,}71\ \%$$

Nun ist leicht abzulesen: Die Liquidität des Unternehmens beträgt nach Ablauf des Drei-Wochen-Zeitraumes 85,71 %. Die vorhandene Liquiditätslücke beträgt damit 14,29 %. Aufgrund dieses Wertes ist, im Einklang mit dem oben zur Zahlungsunfähigkeit gefundenen Ergebnis[971] und dem BGH[972], nicht mehr von einer nur geringfügigen Liquiditätslücke auszugehen.

970 BGH, Urteil vom 24.05.2005 - IX ZR 123/04 = NZI 2005, 547 [548]; nochmals bestätigt durch: Urteil vom 12.10.2006 - IX ZR 228/03 = NZI 2007, 36 f.

971 D. II. 3.

972 BGH, Urteil vom 24.05.2005 – IX ZR 123/04 = NZI 2005, 579.

Anhand der Liquiditätsbilanz wurde in zwei Schritten[973] festgestellt, dass der Schuldner sich in einer nicht nur unbeachtlichen Zahlungsstockung befindet, welche er in der Lage ist innerhalb von drei Wochen zu beseitigen. Genau genommen wurden jedoch lediglich zwei Stichtagsbilanzen betrachtet und hieraus in einem Zuge die Unterdeckung errechnet:

Stichtag 1: Finanzstatus zum Tag 1 des Drei-Wochen-Zeitraums
Stichtag 2: Finanzstatus zum Tag 21 des Drei-Wochen-Zeitraums

Dabei ist der Finanzstatus zum Stichtag 1 ein auf tatsächlichen Zahlen basierender, während der Finanzstatus zum Stichtag 2 auf einer Prognose für die dem Stichtag 1 folgenden drei Wochen beruht.

Hier zeigt sich deutlich, was *Eilenberger*[974] meint, wenn er die Ermittlung anhand einer aus der Liquiditätsbilanz errechneten Kennzahl ein *„grobes Instrument"* nennt.[975] Eine exakte Messung findet nicht statt, weshalb derselbe ausführt, dass aus wirtschaftlicher und sozialer Sicht nicht mehr an den insolvenzrechtlichen Kennzahlen festzuhalten sein kann.[976]

Ohne eine exakte Messung der Liquidität lassen sich keinerlei Aussagen darüber treffen, wann tatsächlich die Zahlungsunfähigkeit des Schuldners eingetreten ist. Mit der oben beschriebenen Rechnung kann nach Ablauf von drei Wochen lediglich sicher festgestellt werden, dass der Schuldner zahlungsunfähig ist. Dies mag den Anforderungen des BGH genügen, wonach der Schuldner nach Eintritt der Zahlungsunfähigkeit zum Stichtag 1 eben die Zeit von drei Wochen erhält, um die möglicherweise nur vorhandene Zahlungsstockung zu beseitigen. Für die genaue Ermittlung der materiellen Insolvenz, und damit auch für die retrograde Ermittlung der Zahlungsunfähigkeit, hat dies jedoch keinen Wert. Gerade zur Ermittlung des exakten Eintritts der materiellen Insolvenz ist eine möglichst taggenaue Betrachtung geboten. Anhand dieser taggenauen Betrachtung lässt sich dann retrograd der Eintritt der Zahlungsunfähigkeit ermitteln.

973 Welcher an sich doch nur ein einziger ist.
974 Eilenberger in: Münchener Kommentar InsO, (Fn. 311), § 17 Rn. 15 ff.
975 Eilenberger in: Münchener Kommentar InsO, (Fn. 311), § 17 Rn. 20.
976 Eilenberger in: Münchener Kommentar InsO, (Fn. 311), § 17 Rn. 22.

3. Messung der Liquidität

Die insolvenzrechtliche Liquiditätskennzahl stellt nur ein grobes Instrument zur Bestimmung der Zahlungsfähigkeit eines Schuldners dar.[977] Genauer, weil Stromgrößen und einzelne aufeinanderfolgende Tage und Wochen betrachtend, ist die Messung anhand eines Finanzplans. Dieser ist zur Bewertung der Zahlungsfähigkeit eines Schuldners stets heranzuziehen, und mit ihm der exakte Eintritt der materiellen Insolvenz festzustellen.[978] Die Liquiditätskennzahlen sind jedoch weiter zur Feststellung der Unterdeckung zu einem Stichtag sowie innerhalb eines Finanzplans einzusetzen. Hierzu ist die Formel jedoch auf den Stichtag zu reduzieren.

Beispiel: Angenommen ein Unternehmen hat zum Stichtag der Bilanzierung 250.000 € Verbindlichkeiten und dem gegenüber 220.000 € an verfügbaren Zahlungsmitteln. Unter Zugrundelegung der reduzierten Formel zur Berechnung der insolvenzrechtlichen Liquiditätskennzahl ergibt sich damit folgende Rechnung:

$$\text{LKZ} = \frac{220.000}{250.000} \times 100 = 88{,}00\ \%$$

Damit besteht zum Stichtag eine Unterdeckung von 12,00 % und das Unternehmen gilt zum Stichtag als zahlungsunfähig. Da nunmehr in einem zweiten Schritt auszuschließen ist, dass das Unternehmen die Unterdeckung von 12,00 % nicht innerhalb von drei Wochen schließen kann, ist ein Finanzplan für die nächsten drei Wochen zu erstellen.

a. Liquiditätsmessung anhand eines Finanzplans und zeitliche Komponente

Die Grundstrukturen eines Finanzplans werden in der betriebswirtschaftlichen Literatur weitgehend einheitlich dargestellt und verstanden.[979] Unterschiede ergeben sich meist nur in der Betitelung einzelner Positionen und Planbereiche. Umfassend und in seiner Struktur überzeugend ist die vom IDW in der Anlage

977 Vgl. Eilenberger in: Münchener Kommentar InsO, (Fn. 311), § 17 Rn. 22.

978 Smid/Leonhardt in: Leonhardt/Smid/Zeuner, InsO, (Fn. 40), § 17 Rn. 16a; Lienhard/Nock/Nickert in: Nickert/Lamberti, (Fn. 89), Rn. 165.

979 Vgl. hierzu Perridon/Steiner, (Fn. 690), S. 664 und ff.; Eilenberger, Betriebliche Finanzwirtschaft, 7. Aufl., 2003, S. 352.

zum EPS 800 dargestellte Struktur eines Finanzplans.[980] Diese Struktur wird hier dargestellt:

(Struktur entnommen aus Anlage zum IDW EPS 800: FN-IDW Nr. 4/2009, S. 167 - 169.)

	Stichtag	Wochen	Monate
		1. 2. 3.	1. 2. 3.
I. Einzahlungen 1. Einzahlungen aus laufendem Geschäftsbetrieb 1.1. Barverkäufe 1.2. Leistungen auf Ziel 2. Einzahlungen aus Desinvestitionen 2.1. Anlagenverkäufe 2.2. Auflösung von Finanzinvestitionen 3. Einzahlungen aus Finanzerträgen 3.1. Zinserträge 3.2. Beteiligungserträge			
Summe Einzahlungen I			
II. Auszahlungen 1. Auszahlungen für den laufenden Geschäftsbetrieb 1.1. Gehälter / Löhne 1.2. Roh-, Hilfs- und Betriebsstoffe 1.3. Steuern / Abgaben 1.4. [...] 2. Auszahlungen für Investitionen 2.1. Sachinvestitionen - Ankäufe - Vorauszahlungen			

980 Vgl. Anlage zum IDW, PS 800 in: FN-IDW Nr. 4/2009, S. 167 - 169.

- Restzahlungen 2.2. Finanzinvestitionen 3. Auszahlungen im Rahmen des Finanzverkehrs 3.1. Kredittilgung 3.2. Akzepteinlösung 3.3. Eigenkapitalminderungen 3.4. Zinsen			
Summe Auszahlungen II			
III. Ermittlung der Über- / Unterdeckung: I ./. II + Zahlungsmittelbestand im Prüfungszeitpunkt			
IV. Ausgleichs- und Anpassungsmaßnahmen 1. Bei Unterdeckung (Einzahlungen) 1.1. Kreditaufnahme 1.2. Eigenkapitalerhöhung 1.3. Rückführung der gewährten Darlehen 1.4. zusätzliche Desinvestition			
2. Bei Überdeckung (Auszahlungen) 2.1. Kreditrückführung 2.2. Anlage in liquiden Mitteln			
Summe Auszahlungen III			
V. Zahlungsmittelbestand am Periodenende unter Berücksichtigung der Ausgleichs- und Anpassungsmaßnahmen (I - II - III)			
VI. Liquidität in Prozent			

Fraglich ist, in welcher Detailtiefe ein Finanzplan zu erstellen ist. Vorgeschlagen wird eine taggenaue[981], wochenweise[982] und monatsweise[983] Betrachtungsschärfe.

Das IDW schlägt in seiner Grundstruktur des Finanzplans vor, innerhalb des Finanzplans einen Zeitraum von Wochen, Monaten, oder Jahren zu betrachten.[984] Bei der Ermittlung der Zahlungsunfähigkeit ist diese Frage jedoch nicht einfach zu beantworten. Nach Willen des BGH[985] und der hier vertretenen Ansicht[986] hat der Schuldner nach Feststellung seiner Zahlungsunfähigkeit insgesamt drei Wochen Zeit, die vorhandene Unterdeckung zu beseitigen. Nun mag zur Begleitung dieses Zeitraums eine wochenweise Betrachtung der Liquidität ausreichen, da, wenn nach Woche 1 bzw. 2 ein Lückenschluss nicht gelungen ist, immer noch eine Woche verbleibt. Jedoch kollidieren mit der Frage nach der Detailtiefe in zeitlicher Hinsicht auch die Interessen von Schuldner und Gläubiger.

Aus Gläubigersicht wäre eine taggenaue Betrachtung der Liquidität wünschenswert, da sich hier irgendwann abzeichnen wird, ob sich die Liquiditätslücke ausweitet, eventuell sogar bis zu 100%, oder tendenziell schließt. Sollte bei taggenauer Betrachtung nach 10 Tagen vorhersehbar sein, dass sich die Lücke zunehmend vergrößert, und sich damit die Chancen auf Kredit mit dahinschwindender Kreditwürdigkeit verringert haben, so kann aus dieser Prognose auch vor Ablauf der Drei-Wochen-Frist die Zahlungsunfähigkeit des Schuldners festgestellt und damit das Verfahren eröffnet werden.

Aus Schuldnersicht wäre hingegen die Betrachtung der vollen Dauer von drei Wochen wünschenswert, da der Schuldner in der Regel bis zuletzt hoffen wird, ein Insolvenzverfahren zu umgehen und durch irgendwie beschaffte Mittel doch noch die Unterdeckung zu beseitigen.

Bei der retrograden Ermittlung wäre ebenfalls eine taggenaue Betrachtung einer wochenweisen vorzuziehen. Gerade im Anfechtungsprozess kommt es teilweise darauf an, die materielle Insolvenz des Schuldners zu einem bestimm-

---

981 Eilenberger in: Münchener Kommentar InsO, (Fn. 311), § 17 Rn. 10 ff.

982 IDW, PS 800, FN-IDW Nr. 4/2009, S. 161 [164 Rn. 23].

983 Staufenbiel/Hoffmann, ZInsO 2008, 891 [892].

984 IDW, PS 800, FN-IDW Nr. 4/2009, S. 161 [164].

985 BGH, Urteil vom 24.05.2005 – IX ZR 123/04 = NZI 2005, 547 ff.

986 Vgl. D. I. 2. c).

ten Datum der Vornahme der Rechtshandlung und nicht nur wochen- oder monatsgenau zu beweisen.

Problematisch und daher bestimmend für die Detailschärfe ist jedoch stets das verfügbare Datenmaterial. Prinzipiell wird die Buchhaltung monatsweise erstellt. Ein sich am Rande der Insolvenz befindlicher Schuldner wird erfahrungsgemäß nur über eine ungeordnete und unvollständige Buchführung verfügen, und damit verbunden auch keinen Überblick mehr über Zahlungsströme und –größen haben. Zudem müsste eine taggenaue Finanzplanung sowohl für die anterograde als auch für die retrograde Ermittlung auf bereits vorliegenden sog. Ist-Daten aufbauen. Dies wird für den gesamten Zeitraum wohl niemals möglich sein. Eine taggenaue anterograde Finanzplanung ist daher schon per se meist nur für wenige Tage möglich[987], eine retrograde ohne Ist-Daten ausgeschlossen.

Die anterograde Finanzplanung baut auf prognostizierten Daten auf, welche wiederum auf der Basis der bestehenden Ist-Daten aufbauen. Die retrograde Ermittlung scheitert ohne das Vorliegen von Ist-Daten, da solche eben nicht prognostizierbar sind.

Prognosedaten sind per natura ungenau. Das Prognostizieren auf einzelne Tage wird dabei quasi zum Ratespiel. Stellt man sich bspw. einen Textileinzelhändler in der Krise vor, so wird die Prognose seiner Einnahmen zum Ratespiel, da vollkommen ungewiss ist, ob an diesem Tag überhaupt Kundschaft verkehren wird. Verlagert man nun die Prognose auf einen Zeitraum von einer Woche, so verlagert dies zwar auch die Unschärfe, jedoch ist der Zeitraum von einer Woche deutlich planbarer und praktikabler als einzelne Tage. Nicht zu unterschätzen ist zudem der Aufwand, welcher hinter der Erstellung eines retrograden, aber auch anterograden Finanzplans, steht. Eine sinnvolle Finanzplanung ist somit zeitlich betrachtet maximal wochenweise, noch praktikabler aber monatsweise[988] möglich. Eine auf Tage bezogene Prognose bzw. Finanzplanung ist derart stark abhängig von dem vorhandenen Datenmaterial, dass eine solche nur in Ausnahmefällen möglich ist. Dies gilt für die anterograde Finanzplanung, aber erst recht für die retrograde.

---

987 Perridon/Steiner, (Fn. 690), S. 664.

988 Für eine monatsweise Erstellung: Staufenbiel/Hoffmann, ZInsO 2008, 891 [892].

b. Ermittlungen unter Zuhilfenahme des Finanzplans

Nach dem Ausfüllen des Finanzplans anhand der Ist-Daten aus dem Rechnungswesen und bei der anterograden Ermittlung auf der Grundlage der Prognose von Finanzdaten lässt sich nun, unter Berechnung der Kennzahlen, ablesen, wie sich die Liquiditätssituation des Schuldners entwickelt. Die Ermittlung des Eintritts der Zahlungsunfähigkeit, aber auch des erstmaligen Eintritts der materiellen Insolvenz, ist über den Finanzplan möglich.

aa) Anterograde Ermittlung des Eintritts der Zahlungsunfähigkeit

Bei der anterograden Ermittlung der Zahlungsunfähigkeit ist der Cash-Flow auf der Grundlage der bisherigen Umsätze und Aufwendungen zu antizipieren und hierüber der Finanzplan auszufüllen. Danach lassen sich, wie bei der Liquiditätsbilanz, Kennzahlen zur Bestimmung des Grades der Liquidität in Prozent bilden und hierüber Aussagen über eine Über- oder Unterdeckung treffen.[989] Eine so ermittelte Liquiditätslücke ist innerhalb der Plandauer von drei Wochen zu beseitigen.[990] Sollte dies nicht gelingen, und eine Unterdeckung nach der Prognose auch nach Ablauf der dritten Woche vorliegen, so gilt der Schuldner als zahlungsunfähig und der Eröffnungsgrund des § 17 InsO ist erfüllt.[991] Zur Veranschaulichung soll folgendes Beispiel eines fiktiven Finanzplans dienen:

In T €	Stichtag	Woche	Woche	Woche
	X	1.	2.	3.
I. Einzahlungen				
1. Einzahlungen aus laufendem				
Geschäftsbetrieb	5	25	20	15
1.1. Barverkäufe	3	10	11	8
1.2. Leistungen auf Ziel				
2. Einzahlungen aus Desinvesti-	0	3	0	0
tionen	0	3	0	0
2.1. Anlagenverkäufe				
2.2. Auflösung von Finanzin-	0,5	0	0	0
vestitionen	0	0	0	0
3. Einzahlungen aus Finanzer-				

989 Vgl. Nummer VI. des Finanzplans, oben G. III. 3. a.
990 BGH, Urteil vom 24.05.2005 – IX ZR 123/04 = NZI 2005, 547 ff.
991 BGH, Urteil vom 24.05.2005 – IX ZR 123/04 = NZI 2005, 547 ff.

trägen 3.1. Zinserträge 3.2. Beteiligungserträge				
Summe Einzahlungen I	8,5	41	31	23
II. Auszahlungen 1. Auszahlungen für den laufenden Geschäftsbetrieb 1.1. Gehälter / Löhne 1.2. Roh-, Hilfs- und Betriebs- stoffe 1.3. Steuern / Abgaben 1.4. […] 2. Auszahlungen für Investitio- nen 2.1. Sachinvestitionen - Ankäufe - Vorauszahlungen - Restzahlungen 2.2. Finanzinvestitionen 3. Auszahlungen im Rahmen des Finanzverkehrs 3.1. Kredittilgung 3.2. Akzepteinlösung 3.3. Eigenkapitalminderungen 3.4. Zinsen	 2,5 1 2 0 0 1 3 0 2 0 5 0,5	 15 8 12 0 0 3 4 0 2 0 10 1	 15 5 10 0 0 2 3 0 2 0 20 3	 15 5 9 0 0 1 6 0 2 0 25 4
Summe Auszahlungen II	17	55	60	67
III. Ermittlung der Über- / Unterdeckung: Folgt aus: I. + Zahlungsmittelbestand im Prüfungszeitpunkt ./. II.	8,5 + 3 ./. 17 = 86,76 % = 13,24 %	41 + 3 ./. 55 = 80,00 % = 20,00 %	31 + 3 ./. 60 = 56,66 % = 43,34 %	23 + 3 ./. 67 = 38,80 % = 61,20 %
IV. Ausgleichs- und Anpassungsmaßnahmen 1. Bei Unterdeckung (Einzah- lungen)	 0 0	 0 0	 0 0	 0 0

1.1. Kreditaufnahme 1.2. Eigenkapitalerhöhung 1.3. Rückführung der gewährten Darlehen 1.4. zusätzliche Desinvestition	0 0	0 5	0 0	0 0
2. Bei Überdeckung (Auszahlungen) 2.1. Kreditrückführung 2.2. Anlage in liquiden Mitteln	0 0	0 0	0 0	0 0
Summe Auszahlungen III	0	0	0	0
V. Zahlungsmittelbestand am Periodenende unter Berücksichtigung der Ausgleichs- und Anpassungsmaßnahmen (I - II -/+ III)	8,5 – 17 – 0 = - 8,5	41 - 55 + 5 = - 9	31 – 60 – 0 = - 29	23 – 67 – 0 = - 44
VI. Liquidität in Prozent $LKZ = \frac{\text{Summe I}}{\text{Summe II + III}} \text{ x } 100$	86,76 %	80,00 %	56,66 %	38,80 %

Am Stichtag beträgt die Unterdeckung 13,24 %. In der ersten Folgewoche gelingt es, Desinvestitionen vorzunehmen und hierüber zusätzliche Einzahlungen, z.B. aus Lagerabverkäufen, zu generieren. Damit wächst die Unterdeckung in der ersten Woche auf „nur" 20,00 % an. In den kommenden 2 Wochen gelingen solche Anpassungsmaßnahmen nicht mehr. Die Unterdeckung steigt in Woche 2 auf 43,34 % und in Woche 3 sogar auf 61,20 %. Damit gelingt es dem Schuldner deutlich nicht, die Unterdeckung zu beseitigen. Der Schuldner ist damit spätestens nach Ablauf der Drei-Wochen-Frist als zahlungsunfähig anzusehen.

In diesem Fall muss die Prognose ergeben, dass der Schuldner nicht in der Lage ist, die zum Stichtag bestehende Unterdeckung von 13,24 % innerhalb von drei Wochen zu beseitigen. Der Schuldner wäre hier eindeutig zahlungsunfähig im Sinne von § 17 InsO. Es kommt sogar eine vorgezogene Eröffnung auf Grundlage der negativen Prognose in Betracht.

bb) Retrograde Ermittlung der Zahlungsunfähigkeit

Im Rahmen der retrograden Ermittlung ist ähnlich vorzugehen. Elementarer Unterschied zwischen der anterograden und der retrograden Ermittlung ist jedoch die Beschaffenheit des Datenmaterials. Während bei der anterograden Ermittlung prognostizierte Soll-Daten Verwendung finden, sind bei der retrograden Ermittlung Ist-Daten aus dem Rechnungswesen des Schuldners zugrunde zu legen.

Bevor mit der retrograden Ermittlung begonnen werden kann, haben zwingend zwei Schritte vorweg zu erfolgen:

Zunächst ist festzulegen, welchen Zweck die retrograde Ermittlung verfolgen soll.[992] Ist der Zweck des Nachweises die Zahlungsunfähigkeit des Schuldners zu einem bestimmten Zeitpunkt zu beweisen, bspw. in einem Anfechtungsprozess, so ist der zu betreibende Aufwand geringer, als wenn der Zweck des Nachweises die allgemeine Feststellung des erstmaligen Eintritts der materiellen Insolvenz ist.

Dies hängt unmittelbar mit dem nächsten Schritt zusammen, da im zweiten Schritt das beim Schuldner vorhandene Rechnungswesen auf Indizien, die auf eine mögliche Zahlungsunfähigkeit hindeuten, zu sichten ist.[993] Hierbei ist weiter zu unterscheiden: Ist z.B. durch das Datum einer anfechtbaren Rechtshandlung schon ein Zeitraum vordefiniert, so fällt auch die Suche nach Indizien leichter. Ist jedoch mehr oder weniger generell nach dem erstmaligen Eintritt der materiellen Insolvenz gefragt, so ist das zu untersuchende Material ungleich größer. In der Praxis wird aus diesem Grund häufig folgende Methodik angewandt: Die offenen Rechnungen[994] des Schuldners werden chronologisch geordnet. Anschließend wird die älteste unbeglichene Rechnung herausgefiltert, und um deren Fälligkeit i.S.v. § 286 Abs. 3 S. 1 Hs. 1 BGB sicherzustellen, werden ihrem Ausstellungsdatum 30 Tage hinzuaddiert.[995] Anhand dieses Datums ergibt sich nun bis zur Insolvenzantragsstellung ein Zeitraum, innerhalb dessen relativ

---

992 Im Einklang mit: BGH, Urteil vom 12.10.2006 – IX ZR 228/03 = NZI 2007, 36 ff., in welchem der BGH nach dem Zweck des Nachweises differenziert.

993 IDW, PS 800, FN-IDW Nr. 4/2009, S. 161 [166].

994 Aufschluss über diese Rechnungen geben im Antragsverfahren die OPOS-Listen des Schuldners. Im eröffneten Verfahren sind die nach § 174 InsO zur Tabelle angemeldeten Forderungen heranzuziehen.

995 Zu der Methodik auch: Haarmeyer/Wutzke/Förster, (Fn. 59), § 8 Rn. 63.

sicher der Eintritt der materiellen Insolvenz stattgefunden hat, und welcher somit relativ eingegrenzt zu untersuchen ist.

Wird auf diese Weise ein Datum gefunden, zu dem von dem Vorliegen der materiellen Insolvenz ausgegangen werden kann, so ist zunächst für diesen Tag ein Finanzstatus zu erstellen. Liegt zu diesem Termin keine Unterdeckung vor, so ist anhand von einzelnen Finanzstatus ein Stichtag zu bestimmen, zu dem eine Unterdeckung von mehr als 10 % vorlag. Anschließend ist retrograd ein Finanzplan zu den einzelnen Tagen, Wochen oder Monaten zu erstellen, um auch hier wieder das Bestehen der Über- und Unterdeckung über drei Wochen und damit die Zahlungsunfähigkeit des Schuldners nachzuweisen.[996]

Diese Form der Ermittlung hängt dabei maßgeblich von dem vorhandenen Datenmaterial ab. Gerade das retrograde Erstellen eines Finanzplans ist nur auf der Basis umfangreichen Materials möglich, da hierfür zwingend Ist-Daten erforderlich sind. Die retrograde Ermittlung in dieser Form mag somit zwar die genaueste und im Prozess gegebenenfalls die einzige sein, welche die materielle Insolvenz zu belegen im Stande ist. Ihre großen Schwachpunkte sind jedoch das erforderliche Datenmaterial und der zu betreibende Aufwand.

IV. Bewertung der Methode

Die Stärke des Zusammenspiels aus Finanzstatus und Finanzplan ist die genaue Messung der Liquidität eines Schuldners unter Berücksichtigung täglicher Ein- und Auszahlungen sowie der sich stetig verändernden Finanzbuchhaltungswerte. Bei der anterograden Ermittlung der Zahlungsunfähigkeit ist der Finanzplan zur Erstellung der Prognose für den Drei-Wochen-Zeitraum ideal. Die bei einer reinen Stichtagsbetrachtung auftretenden, durch ihren statischen Charakter bedingten Unschärfen, vermag der Finanzplan mit der Berücksichtigung von bilanzwirksamen Details wie dem Cash-Flow zu beseitigen. Er bildet damit die bessere Grundlage zur Bewertung der Zahlungsunfähigkeit. Bei der Ermittlung der Zahlungsunfähigkeit i.S.v. § 17 InsO ist, wie schon dargelegt[997], im Prinzip nur diese Kombination wegen der ihr immanenten Genauigkeit allein zielführend.

Festzuhalten ist aber auch, dass diese Ermittlungsmethode zugleich die aufwändigste ist. Zur Erstellung eines Finanzplans bedarf es der Verarbeitung von erheblichem Datenmaterial. Sofern dieses beim Schuldner überhaupt vorhanden ist und die benötigte Qualität aufweist, bedarf es einiger Zeit, um das Material

---

996 Hierzu mit Beispielen: Staufenbiel/Hoffmann, ZInsO 2008, 891 ff.

997 Vgl. G. Kapitel 7, insb. I. 4.

auszuwerten. Hier klafft eine große Lücke zwischen Theorie und Praxis. Während sich in der Theorie die taggenaue Bilanzierung von Passiva und Aktiva unter Berücksichtigung des Cash-Flows als der optimale Weg herausgestellt hat, ist dieser Weg in der Praxis nur schwer umzusetzen. Der Aufwand der Erstellung des Plans hängt in praxi maßgeblich von dem bisherigen Vorhandensein einer Finanzplanung des Schuldners ab. Zudem bedarf die vorzunehmende Prognose einer hinreichenden Sicherheit, welche nur erlangt werden kann, wenn entsprechendes Datenmaterial vorhanden ist. Aus Sicht der Praxis ist daher festzuhalten, dass wohl nur selten ein Finanzplan für den Drei-Wochen-Zeitraum erstellt wird. Aus Praktikabilitätsgründen, aber auch aus reiner Abwägung von Aufwand und Nutzen, wird meist nur eine Liquiditätsbilanz erstellt werden, die nur zwei Stichtage berücksichtigt.[998] Auch diese ist zur Feststellung der Zahlungsunfähigkeit des Schuldners zielführend, muss jedoch zwingend die Passiva II berücksichtigen.[999]

Hiervon zu unterscheiden ist die retrograde Ermittlung der materiellen Insolvenz.

Hierbei müsste für eine zielführende Ermittlung im Rahmen des Finanzplans – mehr noch als bei der anterograden Ermittlung - eine geeignete Buchhaltung bei dem Schuldner vorhanden sein. Die Basis für die retrograde Ermittlung bilden sog. Ist- und nicht Soll-Daten. In der Regel ist von dem Vorhandensein hinreichender Daten nicht auszugehen. Außerdem ist auch für die retrograde Ermittlung festzuhalten, dass, selbst wenn eine geeignete Buchhaltung vorliegt, die Ermittlung per Finanzplan, wie beispielsweise *Staufenbiel* und *Hoffmann*[1000] sie vorschlagen, extremen Aufwands bedarf. Der mit der Ermittlung verfolgte Zweck ist dabei zumeist einzig der Nachweis der Zahlungsunfähigkeit des Schuldners in einem Anfechtungsprozess. Dieser Nachweis ist jedoch auch einfacher und unter Einsatz von geringeren Mitteln zu erbringen.[1001]

Sicherlich sollte der Eintritt der materiellen Insolvenz generell ermittelt und offiziell festgestellt werden.[1002] Jedoch ist der Nutzen einer allgemeinen Feststel-

---

998 Auch, da dies vom BGH so anerkannt ist: BGH, Urteil vom 24.05.2005 - IX ZR 123/04 = NZI 2005, 547 [548]; und nochmals bestätigt durch: Urteil vom 12.10.2006 - IX ZR 228/03 = NZI 2007, 36 f.

999 Vgl. G. I. 2.

1000 Staufenbiel/Hoffmann, ZInsO 2008, 891 ff.

1001 Hierzu weiter unten.

1002 Vgl. die Ausführungen zu § 157 RegE-InsO: Begründung RegE-InsO, BT-Drucks. 12/2443, 1 [164 ff.]; und Anhörung des Rechtsausschusses des Dt. Bundestages vom 09.04.2008, ZInsO 2008, 367 [369].

lung im Verhältnis zu dem betriebenen Aufwand[1003] fraglich. Die materielle Insolvenz spielt zweifelsohne eine bedeutende Rolle bei der Verwirklichung von Anfechtungs- und Haftungsansprüchen sowie zur Verfolgung der Insolvenzstraftaten. Daneben lässt sich jedoch kein Nutzen erkennen, und die genannten Tatbestände lassen sich substanziell auch einfacher belegen.

Spiegelbildlich ist dies auch in der Praxis nachzuvollziehen. Der Eintritt der materiellen Insolvenz wird nur äußerst selten in den Eröffnungsgutachten ermittelt. Zumeist ist dies durch fehlendes Datenmaterial bedingt. Wenn überhaupt, findet eine Ermittlung des Zeitpunktes der materiellen Insolvenz erst nach Eröffnung des Verfahrens statt. Der BGH und die Strafgerichtsbarkeit haben auch aus diesem Grund eigenständige Konstrukte entwickelt, mit denen sich die Zahlungsunfähigkeit zivil- und strafrechtlich nachweisen lässt.[1004]

Die retrograde Ermittlung im Rahmen eines Finanzplans wird daher regelmäßig die absolute Ausnahme bilden und ist wohl nur dann anzuraten, wenn ganz allgemein der erstmalige Eintritt der materiellen Insolvenz ermittelt werden soll, oder andere Methoden kein ausreichendes Ergebnis liefern. Aus Aufwand-Nutzen-Sicht ist diese Methode der retrograden Ermittlung, zumindest wenn es um den Nachweis im Prozess geht, regelmäßig abzulehnen.

1003 Und damit verbunden auch entstehende Kosten.

1004 Vgl. unten: H. Kapitel 8.

H. Kapitel 8: Die wirtschaftskriminalistische Methode und die gesetzliche Regelvermutung der Zahlungseinstellung aus § 17 Abs. 2 S. 2 InsO

I. Konzept der wirtschaftskriminalistischen Methode

Ist beim Schuldner eine geordnete Buchhaltung nicht vorhanden, so scheitern die oben beschriebenen betriebswirtschaftlichen Methoden hieran und werden unanwendbar. In dieser Situation rückt die wirtschaftskriminalistische Methode in den Vordergrund.[1005]

Diese erlangt ihre eigentliche Bedeutung bei der Auslegung des Begriffs der Zahlungsunfähigkeit i.R.d. §§ 283 ff. StGB. Dabei ist es nicht ihre Aufgabe, die Zahlungsunfähigkeit im Sinne von § 17 InsO zu ermitteln. Die §§ 283 ff. StGB stellen allein auf die materielle Insolvenz und deren Erkennbarkeit für den Schuldner, bzw. in diesem Kontext Täter, ab. Die primäre Aufgabe dieser Methode ist es daher, die Frage zu klären, wann die Zahlungsunfähigkeit eintrat, und ob bzw. wann der Täter diese wahrnahm.[1006]

Die wirtschaftskriminalistische Methode lässt beim Schuldner eventuell vorhandenes Zahlenwerk vollkommen außer Acht, und stellt allein auf tatsächliche und konkludente Handlungen des Schuldners ab. Dabei sucht sie Beweisanzeichen innerhalb der Handlungen des Schuldners, welche dessen Zahlungsunfähigkeit belegen. Beachtlich sind Anzeichen, welche nach kriminalistischer, aber auch nach betriebswirtschaftlicher Erfahrung typisch für eine Krise sind.[1007] Diese Handlungen wertet die wirtschaftskriminalistische Methode als Äußerung der Krisensituation des Schuldners und leitet hieraus die Zahlungsunfähigkeit ab.[1008]

Der BGH hat in Strafsachen diese wirtschaftskriminalistischen Ansätze und deren Eignung zur Feststellung der Zahlungsunfähigkeit neben den betriebswirtschaftlichen Methoden gebilligt.[1009]

1005 Bittmann, Insolvenzstrafrecht, (Fn. 86), § 11 Rn. 70.
1006 Bittmann, Insolvenzstrafrecht, (Fn. 86), § 11 Rn. 69.
1007 Bittmann, Insolvenzstrafrecht, (Fn. 86), § 11 Rn. 71.
1008 Vgl. Haarmeyer/Wutzke/Förster, (Fn. 59), § 13 Rn. 55.
1009 BGH,Urteil vom 20.07.1999 - 1 StR 668/98 m.w.N.= NJW 2000, 154 [156].

Aber auch in Zivilsachen hat der BGH mehrfach ausdrücklich festgestellt, dass die Zahlungsunfähigkeit des Schuldners auch über Indiztatsachen festgestellt werden kann, und zur Beweisführung nicht immer eine Liquiditätsbilanz erforderlich ist.[1010]

Die wirtschaftskriminalistische Methode stellt maßgeblich auf die eine Zahlungseinstellung aus § 17 Abs. 2 S. 2 InsO belegenden Indizien ab.[1011] Entsprechenden Bezug nimmt diese Methode daher auch auf die Rechtsprechung des IX. Zivilsenates zu den eine Zahlungseinstellung begründenden Anzeichen.[1012] Da es um die Erkennbarkeit der materiellen Insolvenz geht, lässt sie jedoch auch weichere Kriterien ausreichen, wie das reine Überziehen eines Kontokorrents oder Lieferantenkredits, vermehrte Eintragungen in das Grundbuch, und hier vor allem in privates Immobiliarvermögen der Gesellschafter, aber auch das Leisten von Zahlungen erst nach Mahn- und Vollstreckungsbescheiden.[1013]

Die wirtschaftskriminalistische Methode ist untrennbar mit der Zahlungseinstellung aus § 17 Abs. 2 S. 2 InsO verbunden. Aus dieser Verbindung lässt sich die Bedeutung der wirtschaftskriminalistischen Methode auch für die insolvenzrechtliche Bewertung der Zahlungsunfähigkeit und für die retrograde Ermittlung herleiten.

II. Die Zahlungseinstellung nach § 17 Abs. 2 S. 2 InsO

Die Zahlungseinstellung als direkte Äußerung der Zahlungsunfähigkeit[1014] ist seit 1879 gesetzlich in Form einer widerleglichen Regelvermutung normiert.[1015] Sie ist die *„stärkste bzw. wichtigste Erscheinungsform der Zahlungsunfähigkeit.“*[1016]

1010 BGH, Urteil vom 12.10.2006 - IX ZR 228/03 = NZI 2007, 36 ff.; Urteil vom 30.06.2011 – IX ZR 134/10 = NJW-RR 2011, 1413 ff.

1011 Weyand, ZInsO 2002, 851 [857].

1012 Bittmann, Insolvenzstrafrecht, (Fn. 86), § 11 Rn. 71.

1013 Vgl. Weyand, ZInsO 2002, 851 [857 f.]; noch mehr Beispiele ausführlich bei Weyand, ebenda; und weitgehend gleich, aber noch zu den Anzeichen eines geplanten Konkurses: Hartung, wistra 1997, 1 [11 f.].

1014 So schon der Gesetzgeber von 1875 in Motive zu: Entwurf KO 1875, S. 323.

1015 Damals im § 102 Abs. 2 KO; heute in § 17 Abs. 2 S. 2 InsO, vgl. auch Begründung RegE-InsO, BT-Drucks. 12/2443, 1 [114].

1016 Schmerbach in: FK-InsO, (Fn. 32), § 17 Rn. 39.

Die Zahlungseinstellung ist ein *„Unterfall der Zahlungsunfähigkeit“*.[1017] Sie beschreibt den *„spätesten Zeitpunkt des Eintritts der Zahlungsunfähigkeit des Schuldners.“*[1018] Nur die Zahlungsunfähigkeit ist ohne Vorliegen einer Zahlungseinstellung denkbar. Das Vorliegen einer Zahlungseinstellung ohne gleichzeitige Zahlungsunfähigkeit ist unmöglich.[1019]

Eine gesetzliche Definition der Zahlungseinstellung gab der jeweilige Gesetzgeber weder zu Zeiten der KO noch mit Einführung der InsO. Der Gesetzgeber von 1999 verweist darauf, dass sich die Vorschrift des § 17 Abs. 2 S. 2 InsO an den § 102 KO anlehnt.[1020] Der Gesetzgeber von 1875 hatte es jedoch ebenso bewusst ausgelassen, eine Definition zu geben.[1021] Damit blieb es auch bei dieser Definition vor allem der Rechtsprechung überlassen, überhaupt eine zu formen.

In mehreren Urteilen bildete die höchstrichterliche Rechtsprechung verschiedene Kriterien heraus, die eine Zahlungseinstellung ausmachen. Nach der Rechtsprechung liegt eine Zahlungseinstellung vor, wenn *„nach außen erkennbar geworden ist, dass der Schuldner seine fälligen, ernsthaft eingeforderten Verbindlichkeiten nicht mehr zu erfüllen vermag.“*[1022] Zur Annahme einer Zahlungseinstellung ist es unbeachtlich, ob der Schuldner noch Zahlungen in beträchtlicher Höhe leistet, wenn diese Zahlungen nicht einen wesentlichen Teil seiner Verbindlichkeiten ausmachen.[1023] Für die Annahme ausreichend ist daher schon die Nichtzahlung von einzelnen fälligen Verbindlichkeiten, wenn diese eine erhebliche Höhe erreichen.[1024] Hier gilt wieder die vom BGH[1025] definierte Wesentlichkeitsgrenze von 10 % der fälligen Verbindlichkeiten.

1017 Uhlenbruck in: Uhlenbruck, InsO, (Fn. 107), Rn. 32.

1018 Smid/Leonhardt in: Leonhardt/Smid/Zeuner, InsO, (Fn. 40), § 17 Rn. 13.

1019 Uhlenbruck in: Uhlenbruck, InsO, (Fn. 107), Rn. 32.

1020 Begründung RegE-InsO, BT-Drucks. 12/2443, 1 [114].

1021 Vgl. Motive zu: Entwurf KO 1875, S. 323.

1022 Ständige höchstrichterliche Rechtsprechung, vgl.: BGH,Urteil vom13.04. 2000 - IX ZR 144/99 = NZI 2000, 363 f. [363]; Urteil vom 25.01.2001 – IX ZR 6/00 = NZI 2001, 247 [248]; Urteil vom 25.10.2001 – IX ZR 17/01 = BGHZ 100 [108f.] = NZI 2002, 88 ff.; Urteil vom 20.11.2001 – IX ZR 48/01 = BGHZ 149, 178 [184f.] = NZI 2002, 91 ff.; für weitere Nachweise: Urteil vom 21.06.2007 - IX ZR 231/04 = NZI 2007, 517 [519].

1023 BGH, Urteil vom 14.02.2008 - IX ZR 38/04 = NZI 2008, 299 [300] m.w.N.

1024 BGH, Urteil vom 20.11.2001 – IX ZR 48/01 = BGHZ 149, 178 [185].

1025 BGH, Urteil vom 24.05.2005 - IX ZR 123/04 = NZI 2005, 547; bestätigt durch Urteil vom 12.10.2006 – IX ZR 228/03 = NZI 2007, 36 ff. und Beschluss vom 19.07.2007 - IX ZB 36/07 = NZI 2007, 579.

Das Verhalten des Schuldners muss sich derart nach außen manifestieren, dass *„sich für die beteiligten Verkehrskreise der berechtigte Eindruck“* aufdrängt, der Schuldner sei zahlungsunfähig.[1026] Weist der Schuldner bspw. seine Angestellten nur intern an, keine Zahlungen mehr zu leisten, so ist die Zahlungseinstellung nicht nach außen erkennbar geworden.[1027]

Hat der Schuldner seine Zahlungen nach außen erkennbar eingestellt, so wirkt diese Zahlungseinstellung grundsätzlich fort.[1028] Der Schuldner muss die einmal in Erscheinung getretene Zahlungseinstellung aktiv durch dic Wiederaufnahme der Zahlungen im Allgemeinen[1029] beseitigen. Eine Beseitigung durch allgemeine Stundung der Hauptgläubiger reicht nicht aus.[1030]

Die Einstellung der Zahlungen muss vom Schuldner nicht bewusst vorgenommen werden.[1031] Die nach außen erkennbare Zahlungseinstellung hat vielmehr Indizwirkung. Diese kann konkludent durch ein Verhalten, aber auch durch eine ausdrückliche Erklärung des Schuldners begründet werden.[1032] Außerdem ist das erkennbare Hervortreten einer Zahlungseinstellung durch aktives Tun und durch Unterlassen möglich.[1033] Die Verhaltensweise oder Erklärung muss aber vom Schuldner selbst oder von einer durch ihn ermächtigten Person ausgehen.[1034] Die zu deutenden Indizien sind dabei dieselben, mit denen ein Gläubiger seinen Antrag glaubhaft machen kann.[1035]

Im Gegensatz dazu, dass eine Zahlungseinstellung nicht bewusst vorgenommen werden muss, stellt die bewusste Nichtzahlung von Schulden, aus dem Grund der Geltendmachung von Einwendungen oder aus dem Grund, dass der Schuldner sich zur Zahlung nicht verpflichtet sieht, keine Zahlungseinstellung dar.[1036] Ist der Schuldner bloß zahlungsunwillig, oder zahlt aus unredlichen Mo-

---

1026 BGH, Urteil vom 21.06.2007 - IX ZR 231/04 = NZI 2007, 517 [519].

1027 Kirchhof in: Heidelberger Kommentar InsO, (Fn. 311), § 17 Rn. 32.

1028 BGH, Urteil vom 25.10.2001 – IX ZR 17/01 = BGHZ 100 [109].

1029 So schon das RG, Urteil vom 28.09.1920 – VII 93/20 = RGZ 100, 62 [65]; zur InsO genauso weitervertreten: BGH, Urteil vom 25.10.2001 – IX ZR 17/01 = BGHZ 100 [109].

1030 Schmerbach in: FK-InsO, (Fn. 32), § 17 Rn. 40.

1031 Smid/Leonhardt in: Leonhardt/Smid/Zeuner, InsO, (Fn. 40), § 17 Rn. 11 m.w.N.

1032 Smid/Leonhardt in: Leonhardt/Smid/Zeuner, InsO, (Fn. 40), § 17 Rn. 11 m.w.N.

1033 Kirchhof in: Heidelberger Kommentar InsO, (Fn. 311), § 17 Rn. 28.

1034 Kirchhof in: Heidelberger Kommentar InsO, (Fn. 311), § 17 Rn. 27.

1035 Schmerbach in: FK-InsO, (Fn. 32), § 17 Rn. 42.

1036 Smid/Leonhardt in: Leonhardt/Smid/Zeuner, InsO, (Fn. 40), § 17 Rn. 12a.

tiven nicht, so begründet dies eine Zahlungseinstellung nur dann, wenn der Schuldner gleichzeitig nicht über die finanziellen Mittel zur Zahlung verfügt.[1037]

Sofern der Schuldner mehrere Zweigstellen betreibt, oder eine mehrgliedrige juristische Person ist, muss die Zahlungseinstellung ganzheitlich vorliegen. Zahlt beispielsweise nur eine Zweigniederlassung des Schuldners nicht mehr, so ist eine Zahlungseinstellung nur dann anzunehmen, wenn auch die Hauptniederlassung nicht mehr leistet.[1038] Ist der Schuldner eine mehrgliedrige juristische Person, bspw. eine GmbH & Co. KG, so begründet eine Zahlungseinstellung der KG nicht auch eine Vermutung gegenüber der Komplementärin. Dies gilt gleichfalls bei einer einfachen OHG oder KG, wo eine Zahlungseinstellung der Gesellschaft kein Indiz einer gleichzeitigen Zahlungseinstellung des nach § 128 HGB persönlich haftenden Gesellschafters darstellt.[1039]

1. Formen der Äußerung einer Zahlungseinstellung

Wie bei der Zahlungsunfähigkeit sind die Formen der Äußerung einer Zahlungseinstellung vielfältig. Anhand der gefundenen Definition, mit den ihr immanenten Bestimmungsmerkmalen „Nichtzahlung eines wesentlichen Teils der Verbindlichkeiten“, „nach außen hervorgetreten“ sowie „den Verkehrskreisen bekannt geworden“, lässt sich eine Zahlungseinstellung jedoch aus Indizien feststellen. Eine Zahlungseinstellung kann dabei immer nur dann vorliegen, wenn hinsichtlich der nicht gezahlten Verbindlichkeiten deren Fälligkeit und die Zahlungsverpflichtung des Schuldners zweifelsfrei feststehen.

Aufgrund dieser Vielfalt sind verschiedenste Indizien und Formen ihres äußeren Hervortretens denkbar. In den mittlerweile knapp 130 Jahren eines einheitlichen Insolvenzrechts sind hierzu verschiedene Tatbestände und sogar Fallgruppen hervorgetreten, welche die Vermutung einer Zahlungseinstellung nahelegen.

1037 Smid/Leonhardt in: Leonhardt/Smid/Zeuner, InsO, (Fn. 40), § 17 Rn. 12a.

1038 RG, Urteil vom 10.04.1888 – Rep. II 41/88 = RGZ 21, 21 [23 f.].

1039 Kirchhof in: Heidelberger Kommentar InsO, (Fn. 311), § 17 Rn. 27 m.w.N.

a. Ausdrückliche Schuldnererklärungen

Der wohl sicherste Ausdruck einer Zahlungseinstellung ist eine eigene Erklärung des Schuldners, oder einer von ihm bevollmächtigten Person, zur Zahlung nicht im Stande zu sein.[1040]

Dabei können wörtliche Erklärungen, wie z.B. „*wir haben zu, wir machen Konkurs*“[1041], die Indizwirkung ebenso begründen, wie Drittschuldnererklärungen, in denen die nicht ausreichende Höhe von Bankguthaben mitgeteilt wird.[1042] Aber auch die Erklärung, zur Zahlung momentan nicht in der Lage zu sein, verbunden mit einer Stundungsbitte[1043], einem Teilzahlungs- oder außergerichtlichen Vergleichsangebot, begründet die Vermutung einer Zahlungseinstellung.[1044]

Ganz eindeutig von einer Zahlungseinstellung auszugehen ist, wenn der Schuldner eine Liquiditätsübersicht übersendet, aus der sich eine Zahlungsunfähigkeit ergibt[1045], oder er selbst erklärt, einen Insolvenzantrag gestellt zu haben, auch wenn dieser später wieder zurückgenommen wurde.[1046] Zudem wird man auch bei einer kurz vor dem Insolvenzantrag abgegebenen eidesstattlichen Versicherung stets von einem starken Indiz für eine Zahlungseinstellung ausgehen können.[1047]

Der in der Praxis mittlerweile wohl wichtigste Fall, wann eine Zahlungseinstellung anzunehmen ist, liegt dann vor, wenn fällige Verbindlichkeiten, die einen nicht unwesentlichen Teil ausmachen, bis zur Verfahrenseröffnung nicht gezahlt werden.[1048]

b. Konkludente Handlungen des Schuldners und mit ihm in Verbindung stehender Dritter

Das sicherste Indiz für eine Zahlungseinstellung ist ohne Zweifel eine eigene Erklärung des Schuldners. Eine solche wird in der Praxis jedoch selten vorlie-

---

1040 Kirchhof in: Kölner Schrift zur Insolvenzordnung, (Fn. 30), S. 293, Rn. 24.

1041 BGH, Urteil vom 01.03.1984 – IX ZR 34/83 = NJW 1984, 1953 [1954]

1042 BGH, Urteil vom 04.10.2001 – IX ZR 81/99 = NZI 2002, 34.

1043 BGH, Urteil vom 12.10.2006 – IX ZR 228/03 = NZI 2007, 36 [37 Rn. 14 f.].

1044 Kirchhof in: Heidelberger Kommentar InsO, (Fn. 311), § 17 Rn. 31 m.w.N.

1045 OLG Köln, Urteil vom 03.04.1979 – 15 U 71/78 = KTS 1980, 69 [71].

1046 LG Duisburg, Beschluss vom 13.02.2002 – 7 T 7/02 = ZInsO 2002, 988 [990].

1047 OLG Celle, Beschluss vom 29.10.2001 – 2 W 114/01 = ZInsO 2001, 1106.

1048 BGH, Urteil vom 12.10.2006 – IX ZR 228/03 = NZI 2007, 36 ff.

gen. Daher sind insbesondere konkludente Schuldnerhandlungen auszulegen und auf, die Zahlungseinstellung belegende, Indizien zu untersuchen. Auch hierbei kommen vielfältige Möglichkeiten in Betracht.

So ist von einer Zahlungseinstellung auszugehen, wenn die Schuldner alles zurücklassen und vor ihren Gläubigern ins Ausland flüchten[1049], oder wenn der Geschäftsbetrieb offensichtlich geschlossen, vorher jedoch keine ordnungsgemäße Abwicklung durchgeführt wurde.[1050] Auch wiederholte und zunehmende Wechselproteste bzw. Nichteinlösungen von Schecks indizieren eine Zahlungseinstellung.[1051] Die Annahme einer Zahlungseinstellung ist ebenfalls begründet, wenn die Lieferanten des Schuldners unter Eigentumsvorbehalt stehende Ware zurückholen und der Schuldner nur noch Neuschulden bedient.[1052]

Zudem hat die Hausbank des Schuldners dessen Zahlungsfähigkeit regelmäßig in der Hand. Kündigt die Hausbank sein Kreditengagement, und macht die dann gestellte Forderung einen wesentlichen Teil seiner Verbindlichkeiten aus, welchen er nicht bedienen kann, so ist von seiner Zahlungsunfähigkeit auszugehen.[1053] Eine bloße Überziehung des ihm eingeräumten Kreditrahmens begründet eine solche Annahme hingegen nicht.[1054]

Weiter wird eine Zahlungseinstellung bei einer Häufung von Zwangsvollstreckungsmaßnahmen – und vor allem bei deren Fruchtlosigkeit -, Arresten und mehreren Insolvenzanträgen angenommen. Dabei müssen diese Anzeichen zwingend in der Mehrzahl auftreten. Einzelne Maßnahmen sind für eine Annahme nicht ausreichend.[1055] Die Eintragung von Zwangshypotheken sowie die Häufung von Vollstreckungsbescheiden und Versäumnisurteilen belegt hingegen allenfalls die drohende Zahlungsunfähigkeit des Schuldners.[1056]

Besonders schwerwiegendes Indiz für eine Zahlungseinstellung ist die Nichtzahlung von *„existenzbedingten Betriebskosten.“*[1057] Hierzu zählen insbe-

---

1049 BGH, Beschluss vom 18.04.1996 – IX ZR 268/95 = WM 1996, 1750 f.

1050 BGH, Beschluss vom 13.04.2006 – IX ZB 118/04 = NZI 2006, 405.

1051 *Schröder* in: Hamburger Kommentar InsO, (Fn. 408), § 17 Rn. 29.

1052 OLG Stuttgart, Urteil vom 22.01.1997 – 9 U 138/96 = ZIP 1997, 652 f.

1053 BGH, Urteil vom 30.04.1992 – IX ZR 176/91 = BGHZ 118, 171 [174 ff.] = NJW 1992, 1960 [1960 f.].

1054 BGH, Urteil vom 21.12.1977 – VIII ZR 255/76 = WM 1978, 133 [134].

1055 Vgl. Kirchhof in: Heidelberger Kommentar InsO, (Fn. 311), § 17 Rn. 38 m.w.N hierzu.

1056 Kirchhof in: Kölner Schrift zur Insolvenzordnung, (Fn. 30), S. 295, Rn. 33.

1057 Kirchhof in: Kölner Schrift zur Insolvenzordnung, (Fn. 30), S. 294, Rn. 28.

sondere die Telefon- und Energiekosten, der Miet- oder Grundpfandzins und die Sozialversicherungsabgaben.[1058]

Aber auch die schleppende Zahlung von Löhnen und Gehälter ist ein Indiz für die Zahlungseinstellung.[1059] Ein Rückstand bei den Sozialversicherungsträgern von mehr als sechs Monaten ist in der Regel geeignet, die Zahlungsunfähigkeit zu begründen.[1060] Zahlt der Schuldner zudem die Sozialversicherungsbeiträge oder Löhne an mehr als einem Zahltag hintereinander nicht, so liegt die Vermutung einer Zahlungseinstellung nahe.[1061]

Der Nichtzahlung von Sozialversicherungsbeiträgen kommt insofern besondere Aussagekraft für das Vorliegen von Krisenanzeichen zu, als deren Nichtzahlung in § 266a StGB unter Strafe gestellt ist. Dies führt in der Praxis dazu, dass diese Verbindlichkeiten meist bis zuletzt bedient werden, weshalb die endgültige Nichtzahlung dann deutlich für eine Zahlungseinstellung spricht.[1062]

Umgekehrt kann nicht zwingend auf die Zahlungsfähigkeit des Schuldners geschlossen werden, wenn er zwar diese existenzbedingten Betriebskosten, aber nicht anderweitige Verbindlichkeiten zahlt, die einen wesentlichen Teil ausmachen.[1063]

2. Feststellung der Zahlungsunfähigkeit anhand der Zahlungseinstellung und ihre praktische Bedeutung

Sinn und Zweck des Begriffes der Zahlungseinstellung in § 17 Abs. 2 S. 2 InsO ist es, bei Vorliegen von Indizien eine gesetzliche, widerlegliche Vermutung zu schaffen[1064], aus welcher die Zahlungsunfähigkeit des Schuldners anzunehmen ist. Bei Vorliegen von hinreichenden Indizien kann die Zahlungseinstellung hieraus unter Beweis gestellt werden und der Schuldner gilt als zahlungsunfähig. Ihm obliegt nun die Darlegungs- und Beweislast, diese Vermutung zu widerlegen[1065] und zu beweisen, dass die Zahlungseinstellung nachträglich weggefallen

1058 Kirchhof in: Heidelberger Kommentar InsO, (Fn. 311), § 17 Rn. 35.

1059 BGH, Urteil vom 14.12.2008 – IX ZR 38/04 = NZI 2008, 299.

1060 BGH, Beschluss vom 13.06.2006 – IX ZB 238/05 = NZI 2006, 591 ff.

1061 BGH, Beschluss vom 13.04.2006 – IX ZB 118/04 = NZI 2006, 405 [406].

1062 Vgl. Schreiber in: Nickert/Lamberti, (Fn. 89), Rn. 1042.

1063 Kirchhof in: Kölner Schrift zur Insolvenzordnung, (Fn. 30), S. 294, Rn. 29.

1064 Vgl. Begründung RegE-InsO, BT-Drucks. 12/2443, 1 [114].

1065 BGH, Urteil vom 12.10.2006 – IX ZR 228/03 = NZI 2007, 36 [37]; Smid/Leonhardt in: Leonhardt/Smid/Zeuner, InsO, (Fn. 40), § 17 Rn. 16; und Kirchhof in: Heidelberger Kommentar InsO, (Fn. 311), § 17 Rn. 45.

ist.[1066] Das Widerlegen der Vermutung wird dem Schuldner jedoch nur schwer gelingen. Mögliche Fälle können sein, dass der Schuldner sich über seine Zahlungsunfähigkeit irrte, diese vortäuschen wollte oder ihm nur der Zahlungswille fehlte.[1067]

Regelmäßig wird die Zahlungseinstellung i.R.d. § 17 InsO geringe Bedeutung erlangen. Zur Feststellung des Eröffnungsgrundes ist die Zahlungseinstellung zwar geeignet, wird jedoch höchstens ergänzend zur Feststellung der Zahlungsunfähigkeit des Schuldners herangezogen. In dem im Antragsverfahren zu erstellenden Gutachten über die Liquidität des Schuldners ist gleichzeitig zu ermitteln, ob eine die Kosten deckende Masse vorhanden ist, § 26 InsO. Eine solche Feststellung ist nicht durch Betrachtung des Zeitpunktes der Zahlungseinstellung zu treffen. Hierzu bedarf es einer Bewertung des zum Zeitpunkt der Antragsstellung vorhandenen schuldnerischen Vermögens nach betriebswirtschaftlichen Grundsätzen.

Praktische Bedeutung erlangt die Zahlungseinstellung bei Anfechtungs- und Haftungsprozessen, wenn es um den Beweis der Zahlungsunfähigkeit des Schuldners zu einem bestimmten Zeitpunkt geht.

Die Zahlungseinstellung ist, wie dargelegt, nur anhand von Indizien festzustellen. Deren Wirkung besitzt unterschiedliche Intensität. Geht das zu deutende Indiz aus einer Erklärung oder ausdrücklichen Handlung des Schuldners selbst hervor, so ist die Wirkung größer, als wenn die Zahlungseinstellung nur aus konkludentem Handeln herausgelesen wird. Jedoch ist auch innerhalb der konkludenten Handlungen weiter zu differenzieren. Hier gibt es Extrembeispiele wie die Flucht ins Ausland[1068] oder das Brachliegen des Betriebes[1069], aber auch weniger starke Indizien wie die Häufung von Zwangsvollstreckungsmaßnahmen[1070] oder das wiederholte Nichteinlösen von Schecks.[1071] Hinsichtlich dieser

---

1066 BGH, Urteil vom 25.10.2001 – IX ZR 17/01 = NJW 2002, 512 [512 und 515]; und Urteil vom 20.11.2001 – IX ZR 48/01 = BGHZ 149, 178 ff. = NJW 2002, 515 [515 und 517].

1067 Kirchhof in: Heidelberger Kommentar InsO, (Fn. 311), § 17 Rn. 46.

1068 BGH, Beschluss vom 18.04.1996 – IX ZR 268/95 = WM 1996, 1750 f.

1069 BGH, Beschluss vom 13.04.2006 – IX ZB 118/04 = NZI 2006, 405.

1070 Vgl. Kirchhof in: Heidelberger Kommentar InsO, (Fn. 311), § 17 Rn. 38 m.w.N hierzu.

1071 *Schröder* in: Hamburger Kommentar InsO, (Fn. 408), § 17 Rn. 29.

Indizien obliegt es allein dem Tatrichter, diese frei zu würdigen, § 286 ZPO, und hieraus gegebenenfalls das Vorliegen der Zahlungseinstellung festzustellen.[1072]

Die Zahlungseinstellung wird als der späteste Zeitpunkt des Eintritts der Zahlungsunfähigkeit beschrieben.[1073] Die Literatur[1074] äußert sich daher dahingehend, dass der unter Anwendung dieser Methode festgestellte Zeitpunkt erst nach dem Eintritt der Zahlungsunfähigkeit und damit im Prinzip *„zu spät"* liege, womit der Wert für die retrograde Ermittlung gering sei.[1075] Diese Aussage ist jedoch zu relativieren.

Unbestritten ist die Zahlungseinstellung die direkte Äußerung der Illiquidität des Schuldners zum spätesten Zeitpunkt. Die hier geäußerte Illiquidität ist jedoch die oben beschriebene materielle Insolvenz im Endstadium und auch die in § 17 InsO beschriebene Zahlungsunfähigkeit.[1076] Dieser Umstand ist es, der die Zahlungseinstellung als Beweismittel im Anfechtungsprozess so interessant und beliebt macht. Mit ihr lässt sich der Zeitpunkt des Eintritts der Zahlungsunfähigkeit relativ einfach, bestimmt und zuverlässig ermitteln.[1077] In erster Linie ist jedoch der Aufwand ihrer Ermittlung, insbesondere verglichen mit der betriebswirtschaftlichen Ermittlung[1078], geringer. Begründet ist dies vor allem dadurch, dass die Ermittlung nur geringes bis gar kein Datenmaterial erforderlich macht.

Auch aus der Sicht strafrechtlicher Bestimmtheitsgrundsätze ist dieses gröbere Mittel der Ermittlung nicht zu beanstanden.[1079]

Die Zahlungseinstellung ist der schnellere, einfachere und damit bequemere Weg, die Zahlungsunfähigkeit zu belegen. Sollte das so gefundene Datum zur Durchsetzung der zivilrechtlichen Ansprüche oder des Strafanspruchs ausreichen, so ist ihr Ergebnis nicht zu beanstanden und dieser Weg der Ermittlung

---

1072 So schon RG, Urteil vom 06.01.1933 – VII 247/32 = WarnRsp. 1933 Nr. 30, S. 57 [60]; dies weiterführend BGH, Urteil vom 30.04.1959 – VIII ZR 179/58 = WM 1959, 891; Urteil vom 11. 10. 1961 - VIII ZR 113/60 = NJW 1962, 102 [103]; Urteil vom 12.10.2006 – IX ZR 228/03 = NZI 2007, 36 ff.

1073 Smid/Leonhardt in: Leonhardt/Smid/Zeuner, InsO, (Fn. 40), § 17 Rn. 13; Kirchhof in: Kölner Schrift zur Insolvenzordnung, (Fn. 30), S. 286, Rn. 3.

1074 Bittmann, Insolvenzstrafrecht, (Fn. 86), § 11 Rn. 72; Haarmeyer/Wutzke/Förster, (Fn. 59), § 13 Rn. 56.

1075 So: Haarmeyer/Wutzke/Förster, (Fn. 59), § 13 Rn. 56.

1076 Vgl. E. II.

1077 Kirchhof in: Heidelberger Kommentar InsO, (Fn. 311), § 17 Rn. 25.

1078 Vgl. G.

1079 Bittmann, Insolvenzstrafrecht, (Fn. 86), § 11 Rn. 72 a.E.

angeraten. Weiterreichende Ermittlungen sind aus Kosten- und Aufwandsgründen erst zu erwägen, wenn die kriminalistische Methode scheitert.[1080]

3. Die retrograde Ermittlung unter Anwendung der Zahlungseinstellung - § 17 Abs. 2 S. 2 InsO

Für die retrograde Ermittlung besitzt die Zahlungseinstellung weitreichende Bedeutung.[1081] Eine Zahlungseinstellung ohne gleichzeitige Zahlungsunfähigkeit ist nicht möglich. Zugleich ist die Zahlungseinstellung die späteste Äußerung der Zahlungsunfähigkeit des Schuldners. Dennoch, oder auch gerade weil die Zahlungsunfähigkeit an diesem Punkt mit Sicherheit eingetreten ist, hat die Zahlungseinstellung große Bedeutung für die retrograde Ermittlung. Zudem wird auch der Zeitpunkt, zu dem der Schuldner die Zahlungen eingestellt hat, dem Zeitpunkt der Antragsstellung zeitlich bereits vorausgehen.

Hinzu kommt, dass der Aufwand der Ermittlung deutlich geringer ist, als bei den betriebswirtschaftlichen Methoden. Zudem ist die Zahlungseinstellung als Instrument zur Feststellung der Zahlungsunfähigkeit dem Beweis einfacher zugänglich, als die äußerst umfangreiche Ermittlung der Unterdeckung anhand von Zahlenwerken. Es sind die oben beschriebenen Indizien zu beweisen. Dabei kann schon das Vorliegen eines einzelnen ausreichend sein.[1082] Zudem kann aus den gewürdigten Indizien auf eine Zahlungsunfähigkeit des Schuldners für einen gesamten Zahlungszeitraum zu schließen sein.[1083]

Die Zahlungseinstellung bietet somit nicht nur dem Insolvenzverwalter prozessuale Vorteile. Auch ein etwaiger Prozessgegner kann diesen Beweis leichter nachvollziehen, was eine außergerichtliche Einigung möglich und wahrscheinlich macht, und damit einen möglicherweise sehr kostenintensiven Prozess vermeiden kann.

Grundsätzlich ist in Anfechtungs- und Haftungsprozessen neben der Beweisführung über die betriebswirtschaftlichen Methoden auch eine Beweisführung über wirtschaftskriminalistische Beweisanzeichen möglich.[1084]

Einen Meilenstein markiert dabei die Entscheidung des IX. Zivilsenates vom 12.10.2006.[1085] Der BGH hatte hier in einem Anfechtungsprozess zu entschei-

1080 So auch: Bittmann, Insolvenzstrafrecht, (Fn. 86), § 11 Rn. 74.

1081 a.A. Haarmeyer/Wutzke/Förster, (Fn. 59), § 13 Rn. 56.

1082 BGH, Urteil vom 30.06.2011 – IX ZR 134/10 = NJW-RR 2011, 1413 [1414].

1083 BGH, Urteil vom 30.06.2011 – IX ZR 134/10 = NJW-RR 2011, 1413 [1413].

1084 BGH,Urteil vom 20.07.1999 – 1 StR 668/98 = NJW 2000, 154 [156]; Urteil vom 12.10.2006 – IX ZR 228/03 = NZI 2007, 36 f.

den, ob von einer Zahlungseinstellung des Schuldners auszugehen ist, wenn dieser in einem Schreiben mitteilt, dass Sozialversicherungsbeiträge bei Fälligkeit nicht gezahlt werden können, zugleich aber mitteilt, Zahlungen zu erwarten, daher um Stundung bittet und drei monatliche Raten anbietet. Noch viel wesentlicher ging es aber um die Substantiierung des klägerischen Vortrages zur Zahlungsunfähigkeit. Dieser hatte keine Liquiditätsbilanzen wie der BGH[1086] sie fordert vorgelegt, weshalb das Berufungsgericht seinen Vortrag als unzureichend erachtete. Der Senat hat hierzu entschieden, dass im Anfechtungsprozess eine Liquiditätsbilanz zum Beweis der Zahlungsunfähigkeit nicht erforderlich ist, wenn zum fraglichen Zeitpunkt fällige Verbindlichkeiten bestanden haben, die bis zur Eröffnung nicht mehr beglichen worden sind.[1087] Dabei müssen die nichtgezahlten, fälligen Verbindlichkeiten einen wesentlichen Teil der Gesamtverbindlichkeiten des Schuldners ausmachen.[1088]

Mit diesem Urteil wurde die Beweisbarkeit einer Zahlungseinstellung in einem Anfechtungsprozess, aber auch die allgemeine Feststellung einer Zahlungseinstellung und damit der Zahlungsunfähigkeit, erheblich erleichtert. Diese Rechtsprechung ist maßgeblich den, stets mit einer ex-post-Analyse zwingend verbundenen Umständen, wie der geringen Erkenntnismöglichkeit aus den vorliegenden Schuldnerunterlagen[1089], geschuldet.

In der Praxis wird die retrograde Ermittlung der Zahlungsunfähigkeit zumeist erst nach Eröffnung des Verfahrens zur Vorbereitung von Anfechtungs- und Geschäftsführerhaftungsprozessen vorgenommen.

Aufgrund des Urteils vom 12.10.2006 ist diese Beweisführung nunmehr stark vereinfacht worden. Im Insolvenzantragsverfahren geben die OPOS-Listen aus der Buchhaltung des Schuldners Aufschluss über unbeglichene Forderungen.[1090] Nach Eröffnung des Verfahrens und Anmeldung der Forderungen durch die Gläubiger sind die fälligen und bis zur Verfahrenseröffnung nicht beglichenen Verbindlichkeiten aus der nach § 174 InsO erstellten Tabelle ablesbar. Diese ergibt, chronologisch sortiert, ein Abbild der Illiquidität und vor allem der Illiquiditätsentwicklung des Schuldners. Aus den Forderungsanmeldungen lässt

---

1085 BGH, Urteil vom 12.10.2006 – IX ZR 228/03 = NZI 2007, 36 ff.; erneut bestätigt und auch auf den Beweis über Indiztatsachen abstellend: Urteil vom 30.06.2011 – IX ZR 134/10 = NJW-RR 2011, 1413 ff.

1086 BGH, Urteil vom 24.05.2005 – IX ZR 123/04 = NZI 2005, 547 [548].

1087 BGH, Urteil vom 12.10.2006 – IX ZR 228/03 = NZI 2007, 36, vgl. den 2. Leitsatz der Redaktion.

1088 Vgl. BGH, Urteil vom 20.11.2001 – IX ZR 48/01 = BGHZ 149, 178 [185].

1089 BGH, Beschluss vom 12.07.2007 – IX ZR 210/04 = NZI 2007, 722.

1090 Haarmeyer/Wutzke/Förster, (Fn. 59), § 8 Rn. 61.

sich ein Stichtag ablesen, welcher, zumindest höchstwahrscheinlich, den Zeitpunkt der materiellen Insolvenz markiert. Zu diesem so ermittelten Stichtag kann die materielle Insolvenz des Schuldners zumindest gesetzlich vermutet werden, § 17 Abs. 2 S. 2 InsO. Das Widerlegen dieser Vermutung obliegt dem Prozessgegner.[1091]

Zusätzlich hat der BGH mit Beschluss vom 12.07.2007[1092] noch einmal betont, dass an die Darlegungs- und Beweislasten des Insolvenzverwalters im Anfechtungsprozess keine allzu hohen Anforderungen gestellt werden dürfen. Zum Beweis nach der oben beschriebenen Vorgehensweise reicht es im Prozess aus, wenn der Verwalter Listen über offene Forderungen von Gläubigern, welche bis zur Eröffnung des Verfahrens nicht mehr beglichen wurden, vorlegt und diese mit weiteren Anlagen, insbesondere den fraglichen, offenen Rechnungen der Gläubiger belegt.[1093]

Mit Urteil vom 30.06.2011[1094] hat der BGH außerdem entschieden, dass die Zahlungseinstellung auch mit Hilfe von Indiztatsachen festzustellen ist, welche eine Zahlungsunfähigkeit des Schuldners im Streitfall vermuten lassen. Weiter führt der BGH hier aus, dass auch ein lückenhafter Vortrag des Verwalters zur Zahlungsunfähigkeit des Schuldners ausreichend ist, wenn dieser durch entsprechende Beweisanzeichen zu ergänzen ist. Die Würdigung, ob eine Zahlungseinstellung vorliegt, obliegt danach allein dem Tatrichter.[1095]

In der Praxis wird deshalb zur retrograden Ermittlung der Zahlungsunfähigkeit häufig wie folgt vorgegangen: Anhand des Rechnungswesens des Schuldners wird die älteste unbeglichene Rechnung herausgefiltert. Um die Fälligkeit dieser Forderung sicherzustellen werden dann zu dem Rechnungsdatum 30 Tage hinzuaddiert, vgl. § 286 Abs. 3 S. 1 Hs. 1 BGB.[1096] Mit dem Zeitraum zwischen dem so gefundenen Datum und dem des Insolvenzantrags, ist nun ein erstes Zeitfenster definiert worden, in welchem nach weitergehenden wirtschaftskriminalistischen Anzeichen für den Eintritt der materiellen Insolvenz zu suchen ist. Große Bedeutung erlangt dabei die Nichtzahlung von Sozialversicherungsbeiträgen und von wesentlichen Verbindlichkeiten.

1091 BGH, Urteil vom 12.10.2006 – IX ZR 228/03 = NZI 2007, 36 [37].

1092 BGH, Beschluss vom 12.07.2007 – IX ZR 210/04 = NZI 2007, 722 ff.

1093 BGH, Beschluss vom 12.07.2007 – IX ZR 210/04 = NZI 2007, 722 [723 und 2. Leitsatz der Redaktion].

1094 BGH, Urteil vom 30.06.2011 – IX ZR 134/10 = NJW-RR 2011, 1413 [1414].

1095 BGH, Urteil vom 30.06.2011 – IX ZR 134/10 = NJW-RR 2011, 1413 [1414].

1096 Zu der Methodik auch: Haarmeyer/Wutzke/Förster, (Fn. 59), § 8 Rn. 63.

Sollte dieser einfache Weg der Ermittlung ein hinreichendes Ergebnis liefern, so ist die Verwertung nicht zu beanstanden. Es ist aber unbedingt festzustellen, dass unter Anwendung dieser Methode unter keinen Umständen der exakte und genaue Zeitpunkt des erstmaligen Eintritts der materiellen Insolvenz ermittelt werden kann. Dies ist dem Umstand geschuldet, dass die Zahlungseinstellung stets die endgültige Äußerung der Zahlungsunfähigkeit ist, deren erstmaliger Eintritt liegt zu diesem Zeitpunkt bereits in der Vergangenheit.

III. Der Insolvenzantrag als Beleg der Zahlungsunfähigkeit

Ob ein Insolvenzantrag, dahingestellt ob Eigen- oder Fremdantrag, die Zahlungsunfähigkeit des Schuldners belegt, ist zweifelhaft.

Grundsätzlich ist davon auszugehen, dass ein Schuldner in dem Zeitpunkt, in welchem er einen Eigenantrag stellt, schlüssig seine eigene Zahlungsunfähigkeit eingesteht.[1097] Im Einklang damit ist nicht von einer fortbestehenden Zahlungsfähigkeit des Schuldners auszugehen, wenn er seine Insolvenzantragspflichten verletzt.[1098]

Im Ergebnis ist also mit Insolvenzantragsstellung regelmäßig von einer Zahlungsunfähigkeit auszugehen.[1099] Vollständig belegt wird diese durch den Antrag jedoch nicht.

Der Gläubigerantrag gemäß § 14 Abs. 1 InsO[1100] bedarf einer Glaubhaftmachung des Eröffnungsgrundes, § 294 ZPO. Hierbei reicht es aus, dass das Vorliegen der Tatsache überwiegend wahrscheinlich ist.[1101] Der Richter muss nicht zur vollen Überzeugung des Feststehens der Forderung gelangen.[1102]

Die meisten Anträge werden in der Praxis durch Pfändungsfruchtlosigkeitsbescheinigungen des Gerichtsvollziehers glaubhaft gemacht, welche ein starkes Indiz für die Vermögenslosigkeit des Schuldners sind.[1103] Vollkommen sicher anzunehmen dürfte die Zahlungsunfähigkeit daher dann sein, wenn der Antrag mit einer erst kürzlich abgegebenen eidesstattlichen Versicherung belegt wird.

1097 LG Duisburg, Beschluss vom 13.02.2002 – 7 T 7/02 = ZInsO 2002, 988 [990 oben].

1098 OLG Stuttgart, Urteil vom 11.11.2003 – 12 U 125/03 = ZIP 2004, 129.

1099 Dies ist auch der Grund, weshalb die Antragsstellung den anfechtungsrelevanten Zeitpunkt nach den §§ 129ff. InsO markiert.

1100 Vgl. zum Fremdantrag im Allgemeinen: Bußhardt in: Braun, InsO, (Fn. 358), § 14 Rn. 1 ff.

1101 Dahl, NJW-Spezial 2009, 741.

1102 Dahl, NJW-Spezial 2009, 741.

1103 Kriegel in: Nickert/Lamberti, (Fn. 89), Rn. 68.

Damit werden die Indizien zur Glaubhaftmachung nutzbar gemacht, die eine Zahlungseinstellung belegen.[1104] Sowohl die Fruchtlosigkeitsbescheinigung als auch die eidesstattliche Versicherung sollten jedoch nicht älter als sechs Monate sein, da sonst die Indizwirkung nicht mehr gegeben ist.[1105]

Bei einem Fremdantrag begründet die Nichterweislichkeit des Eröffnungsgrundes eine Entscheidung zulasten des Antragsstellers.[1106] Diese beinhaltet auch, dass dem Antragssteller die Kosten auferlegt werden.[1107] Aus diesem Grund scheuen viele privatrechtliche Gläubiger einen Insolvenzantrag, weshalb in der Praxis die Anträge von öffentlich-rechtlichen Stellen wie dem Finanzamt und den Trägern der Sozialversicherung überwiegen.[1108] Zudem kann der Schuldner den Gläubigerantrag bspw. durch Zahlung zur Erledigung bringen.[1109] In diesem Fall trägt der Schuldner die Kosten des Antrags, § 14 Abs. 3 InsO.

Bei einem Eigenantrag gemäß § 13 Abs. 1 InsO reicht es aus, dass der Schuldner „*Tatsachen mitteilt, welche die wesentlichen Merkmale eines Eröffnungsgrunds erkennen lassen.*“[1110] In der Literatur zu § 13 InsO a.F.[1111] wurde zwar gefordert, dass der Schuldner „Unterlagen“ einzureichen hat, aus denen sich der Eröffnungsgrund ergibt und schlüssig dargelegt wird. Allerdings könnten auch solche „Unterlagen“ dem Insolvenzgericht noch keine, wegen der extremen wirtschaftlichen Folgen[1112] aber notwendige Gewissheit liefern, dass ein Eröffnungsgrund tatsächlich vorliegt.

Seit der Neufassung des § 13 InsO durch das ESUG[1113] ist der Schuldner verpflichtet, ein Verzeichnis seiner Gläubiger mit dem Antrag einzureichen, § 13 Abs. 1 S. 2 InsO. Führt der Schuldner einen noch laufenden Geschäftsbetrieb, so hat er zusätzlich eine Übersicht seiner betrieblichen Kernzahlen einzureichen,

---

1104 Vgl. hierzu H. II. 1.

1105 Bußhardt in: Braun, InsO, (Fn. 358), § 14 Rn. 19 m.w.N.

1106 Uhlenbruck/Schmahl in Gottwald, (Fn. 7), § 13 Rn. 3.

1107 Schmerbach in: FK-InsO, (Fn. 32), § 14 Rn. 175 f.

1108 Diese können zudem „vereinfacht glaubhaft machen“. Hierzu Schmerbach in: FK-InsO, (Fn. 32), § 14 Rn. 100.

1109 Was heute nicht mehr die generelle Unzulässigkeit des Antrags bedeutet, da nach Einführung des § 14 Abs. 1 S. 2 und 3 InsO am 01.01.2011, der Antrag weiter zu prüfen ist, wenn der Gläubiger innerhalb von zwei Jahren zuvor schon einmal einen Antrag gestellt hat. Vgl. hierzu Schmerbach in: FK-InsO, (Fn. 32), § 14 Rn. 168a f.

1110 BGH, Beschluss vom 12.12.2002 - IX ZB 426/02 = NZI 2003, 147.

1111 Vgl. Uhlenbruck in: Gottwald, (Fn. 56), § 11 Rn. 2 m.w.N. dort Fn. 4 und 5.

1112 BGH, Urteil vom 05.11.1956 – III ZR 139/55 = WM 1957, 67.

1113 Gesetz zur weiteren Erleichterung der Sanierung von Unternehmen, Inkraftgetreten am 01.03.2012.

§ 13 Abs. 1 S. 3 InsO. Damit ist eine schnellere Ermittlung der Passiva gewährleistet. Eine konkrete Aussage über die Zahlungsunfähigkeit ist aber auch damit weiterhin nicht allein aus dem Antrag möglich. Insbesondere ist ohne eine gleichwertige Auflistung der Aktiva keine Aussage über eine Massekostendeckung zu treffen.

In der Praxis kommt es gelegentlich vor, dass die Zahlungsunfähigkeit durch den Antrag unmittelbar zur freien Überzeugung des Richters gelangt ist, und ein Verfahren ohne längeres Antragsverfahren mit Gutachterbestellung eröffnet wird. In der Regel wird jedoch zunächst ein Antragsverfahren vom Gericht durchgeführt, in dem ein Gutachter bzw. vorläufiger Insolvenzverwalter, welcher gleichzeitig Gutachter ist, bestimmt wird.[1114]

Etwas vollkommen anderes gilt für den Antrag auf Eröffnung eines Verbraucherinsolvenzverfahrens nach § 305 InsO.[1115] Hier hat der Schuldner mit seinem Antrag umfangreiche Unterlagen, wie bspw. ein Vermögensverzeichnis, vor allem aber die Bescheinigung über den erfolglosen Versuch eines außergerichtlichen Schuldenbereinigungsverfahrens einzureichen. Die Qualität der Unterlagen wird durch den Formularzwang und die einheitlichen, vom Bundesministerium für Justiz entwickelten, Formulare sichergestellt, § 305 Abs. 5 InsO. Hieraus lässt sich von dem zuständigen Gericht ziemlich schnell erkennen, ob der Schuldner zahlungsunfähig ist oder nicht. Dies führt in der Praxis dazu, dass die Verbraucherinsolvenzverfahren, sog. IK-Verfahren, in der Regel direkt und ohne vorheriges Antragsverfahren mit Gutachterbestellung eröffnet werden. Ein Antragsverfahren wird nur gerichtsintern durchgeführt.

Insgesamt ist festzuhalten, dass, mit Ausnahme von Eröffnungsanträgen nach § 305 InsO, allein aus dem Antrag keine hinreichenden Erkenntnisse über den Eröffnungsgrund der Zahlungsunfähigkeit gewonnen werden können. Es bedarf stets weiterer Ermittlungen.

Der Antrag hat damit auch nur relativ geringe Bedeutung für die retrograde Ermittlung der Zahlungsunfähigkeit. Er markiert, bildlich gesprochen, nur den Startschuss sowohl für die anterograde als auch für die retrograde Ermittlung der Zahlungsunfähigkeit.

1114 Hierzu näher: Smid, Praxishandbuch Insolvenzrecht, (Fn. 36), § 4 Rn. 1 ff.

1115 Zu dem § 305 InsO generell und im Einzelnen vgl. *Uhlenbruck* in: Uhlenbruck, InsO, (Fn. 107), § 305 Rn. 17 ff.

Den Eintritt der Zahlungsunfähigkeit lässt der Insolvenzantrag vermuten. Den Eintritt der materiellen Insolvenz wird er hingegen wohl niemals belegen.

I. Kapitel 9: Die materielle Insolvenz und ihre retrograde Ermittlung - Conclusio

I. Problemstellungen der retrograden Ermittlung und ihre Auswirkungen – Unterschiede zwischen Theorie und Praxis

Die vorstehenden Ausführungen belegen, dass schon die Feststellung der Zahlungsunfähigkeit nicht unbedingt leicht vorzunehmen ist. Die retrograde Ermittlung wird darüber hinaus aus ihrem Wesen als Betrachtung der Vergangenheit und vor allem einer Krisenzeit, noch zusätzlich erschwert.

Zwar könnte man der Meinung sein, dass Vergangenes durch Quellen belegt ist und diese nur historisch aufzuarbeiten sind, um hieraus die zur Feststellung des erstmaligen Eintritts der materiellen Insolvenz notwendigen Daten abzulesen. Diese Auffassung wird jedoch von der Realität durchkreuzt. Geht man von einem durchschnittlichen Schuldner aus, der entweder seine Buchführung intern selbst pflegt oder einen Externen hiermit beauftragt, so wird der Schuldner mit dem erstmaligen Eintritt der Krise die Pflege der Buchhaltung einstellen bzw. den Externen nicht mehr zahlen können, was schlussendlich denselben Effekt zur Folge hat. Eine geordnete Buchhaltung wird somit nur in den seltensten Fällen vorzufinden sein, was die retrograde Ermittlung zumindest anhand von betriebswirtschaftlichen Methoden von vornherein unmöglich macht.

Die retrograde Ermittlung ist abhängig von der beim Schuldner vorhandenen Datenbasis. Zugleich orientieren sich die Methoden der retrograden Ermittlung maßgeblich an derselben. So kommt es, dass die wenigen vorgeschlagenen Methoden entweder extrem aufwändig, wie die betriebswirtschaftliche, oder in der Anwendung stark vereinfacht sind, so die wirtschaftskriminalistische. Diese verschiedenen Aufwandsgrade sind Ausdruck der unbedingten Erforderlichkeit hinreichender Ist-Daten. Die retrograde Ermittlung lässt sich aufgrund dieser Problematik auch in die „Ideal-Ermittlung“ und die „Behelfs-Ermittlung“ unterscheiden. Dabei stellt die betriebswirtschaftliche Ermittlung die ideale und die wirtschaftskriminalistische die „Behelfs-Ermittlung“ dar. Diese Differenzierung ist, neben der Datenlage, auch der in der Praxis herrschenden Problematik geschuldet, dass dem Insolvenzverwalter für das Tatbestandsmerkmal der Zahlungsunfähigkeit, i.R.d. Haftungs- und Anfechtungstatbestände, die vollumfängliche

Darlegungs- und Beweislast obliegt. Denn, kann der Verwalter die materielle Insolvenz nicht belegen, so sind sämtliche Haftungs- und Anfechtungsansprüche nicht durchsetzbar und damit faktisch wertlos.

In der retrograden Ermittlung zeigt sich damit geradezu beispielhaft der eklatante Unterschied zwischen Theorie und Praxis. In der Theorie ist relativ klar, wie die ideale retrograde Ermittlung zu erfolgen hat. Auf das tatsächliche Vorhandensein des hierfür notwendigen Datenmaterials in der Praxis, kommt es in der Theorie nicht an. Deshalb wird hier im Regelfall auch von einer idealen Ermittlung ausgegangen. Eine Prognose ist aber nur über Soll-, nicht aber über Ist-Daten möglich.

Einfach ist es, eine „Ideal-Ermittlung" rein theoretisch und anhand von fiktiven Zahlen durchzuspielen, deren Vollständigkeit man selbst kontrolliert.[1116] Ebenfalls ist es bei theoretischer Vollständigkeit der Daten möglich, taggenaue Liquiditätsstatus für retrograd ermittelte Stichtage zu erstellen, wie das *IDW* es vorschlägt.[1117] Dies erkennt das *IDW* jedoch auch selbst und verweist am Ende auf die Entscheidung des BGH vom 12.10.2006[1118], und damit auf die Ermittlung anhand wirtschaftskriminalistischer Anzeichen.[1119]

Festzuhalten ist aber auch, dass aufgrund des häufigen Fehlens der notwendigen Datenbasis in der Praxis selten die generelle Frage des erstmaligen Eintritts der materiellen Insolvenz gestellt wird. Im Endeffekt ist der mit der retrograden Ermittlung verfolgte Zweck maßgeblich: Die Beweisbarkeit der Zahlungsunfähigkeit im Prozess.[1120]

Dass die retrograde Ermittlung ohne eine hinreichende Datenbasis, zumindest anhand von betriebswirtschaftlichen Methoden, regelmäßig scheitert, hat auch die Rechtsprechung in der Prozesspraxis erkannt. Es ist ein offenes Geheimnis, dass dem Verwalter in den meisten Fällen nur unzulängliches Datenmaterial zur Verfügung steht, und die Erkenntnismöglichkeiten über den erstmaligen Eintritt der Zahlungsunfähigkeit damit zwangsläufig begrenzt sind.[1121]

1116 So, wie es Staufenbiel und Hoffmann in ihrer Aufsatzserie tun, hier vor allem Teil 3: ZInsO 2008, 891 ff.

1117 IDW, PS 800, FN-IDW Nr. 4/2009, S. 161 [166].

1118 BGH, Urteil vom 12.10.2006 – IX ZR 228/03 = NZI 2007, 36.

1119 IDW, PS 800, FN-IDW Nr. 4/2009, S. 161 [167].

1120 Dies ausgiebig beschreibend: Haarmeyer, ZInsO 2009, 1273 ff.

1121 So ausdrücklich BGH, Beschluss vom 12.07.2007 – IX ZR 210/04 = NZI 2007, 722 [722 Rn. 5 und zweiter Leitsatz der Redaktion]; sowie zum Beweis im Anfechtungsprozess: Urteil vom 12.10.2006 – IX ZR 228/03 = NZI 2007, 36 [38].

Dies wissend, hat die Rechtsprechung seit nunmehr rund 135 Jahren im Rahmen der wirtschaftskriminalistischen Methode ständig neue Fallgruppen und entsprechende Indizien festgehalten[1122], welche eine Zahlungseinstellung belegen. Die Zahlungseinstellung ist ebenfalls geeignet, die Zahlungsunfähigkeit des Schuldners anhand tatsächlich vorgenommener bzw. unterlassener Handlungen und damit das Vorliegen der materiellen Insolvenz zu diesem Zeitpunkt prozessual handhabbar zu belegen.

Die Zahlungseinstellung belegt dabei stets einen Zeitpunkt, der regelmäßig nach dem tatsächlichen bzw. erstmaligen Eintritt der materiellen Insolvenz liegen wird. Der so ermittelte Zeitpunkt ist daher nicht *der* Zeitpunkt zu dem die materielle Insolvenz erstmalig eintrat. Die Zeitpunkte, der des Eintritts der Zahlungseinstellung und der des erstmaligen Eintritts der Zahlungsunfähigkeit, sind in keinem Fall deckungsgleich.

Diese Art der retrograden Ermittlung fällt somit in die Kategorie der „Behelfs-Ermittlung“ und erscheint damit inhaltlich weniger wertvoll, als die „Ideal-Ermittlung“. Letztendlich ist es aber der Zweck des Beweises im Prozess, welcher der retrograden Ermittlung zugrunde liegt und die Ermittlung sowie die angewandte Methode maßgeblich bestimmt.

Mit der Datenproblematik einher geht die von *Haarmeyer*[1123] beschriebene Konsequenz der nachlässigen bis mangelnden Ermittlung der materiellen Insolvenz durch die jeweiligen Verwalter. Durch die Nichtermittlung des erstmaligen Eintritts der materiellen Insolvenz werden der Masse regelmäßig erhebliche anfechtbare und rückholbare Vermögenswerte nicht zugeführt, womit letztlich vor allem die Gläubiger durch eine niedrigere Quote benachteiligt werden. Dies deckt sich mit der *„Titanic-These“* von *Huber*[1124], welcher die Ansicht vertritt, *„dass sich die Zahl der Anfechtungsprozesse zur Menge der tatsächlich anfechtbar vorgenommenen Rechtshandlungen verhält, wie die Spitze des Eisbergs zu dessen Masse unter Wasser.“* Tatsächlich wird in der Praxis häufig die Ermittlung der materiellen Insolvenz gar nicht, oder wenn nur grob vorgenommen. Dabei ist es gerade dieser ermittelte Zeitpunkt in Verbindung mit den Haftungs- und Anfechtungstatbeständen, welcher eine Massemehrung vor allem bei sonst eher masselosen Verfahren verspricht.

1122 Vgl. H. II. 1.

1123 Haarmeyer, ZInsO 2009, 1273 ff.

1124 Huber, Anmerkung zu BGH, Urteil vom 22.04.2004 – IX ZR 128/03 = ZInsO 2004, 496 [497]; weitergehend noch den erstmaligen Eintritt der materiellen Insolvenz als anfechtungsrechtlichen Anker beschreibend, welchen es zu werfen gilt, bevor man auf die Suche nach verborgenen Schätzen geht und feststellend, dass es im Anfechtungsrecht keine Unschuldsvermutung gibt: Huber, ZInsO 2008, 929 [932 f.].

Gründe für die ausgelassene oder nachlässig vorgenommene Ermittlung sind dabei sicherlich die Scheu vor dem Aufwand und den damit verbundenen Kosten sowie vor den anschließend zu unterstützenden staatsanwaltlichen Ermittlungen.[1125] Allerdings dürfen nicht jedem Verwalter solche Hintergedanken unterstellt werden. In der Praxis reicht das Datenmaterial für eine betriebswirtschaftlich-methodische Ermittlung in den meisten Fällen schlicht nicht aus. Kommt dann noch hinzu, dass auch wirtschaftskriminalistische Beweisanzeichen nicht unmittelbar auszumachen sind, so kann sich dem erstmaligen Eintritt der materiellen Insolvenz nur noch höchst grob genähert werden. Hierzu ist z.B. die älteste unbezahlte Rechnung heranzuziehen und dem Rechnungsdatum 30 Tage hinzuzuzählen. Der so grob vermutete erstmalige Eintritt der materiellen Insolvenz hilft bei der Durchsetzung von Haftungs- und Anfechtungsansprüchen aber nur dann, wenn die so herausgefilterte älteste unbeglichene Rechnung nicht unwesentlich war.[1126] Im Übrigen ist der so ermittelte Zeitpunkt weitgehend nutzlos und dient dann maximal der Vollständigkeit des Gutachtens.

Zudem ist festzuhalten, dass sich in der Praxis regelmäßig erst innerhalb des eröffneten Verfahrens mit der sukzessiven Vervollständigung der Unterlagen sowie des Gesamtbildes der Insolvenzursachen die Möglichkeit der retrograden Ermittlung und vor allem der Beweisbarkeit der Zahlungsunfähigkeit zum Zwecke der Durchsetzung von Haftungs- und Anfechtungsansprüchen eröffnet.

Die retrograde Ermittlung wird insgesamt von diesen Problemstellungen bestimmt. Nur bei Vorliegen einer soliden Datenbasis, ist der tatsächliche erstmalige Eintritt der Zahlungsunfähigkeit zu ermitteln. Hierzu ist die betriebswirtschaftliche Methode anzuwenden. Anderenfalls ist auf die Methode zu verweisen, die in den meisten Fällen zumindest prozessual ausreicht, um die materielle Insolvenz darzulegen: die wirtschaftskriminalistische.

II. Eigene Vorschläge zur retrograden Ermittlung der Zahlungsunfähigkeit

Konkrete Vorschläge für eine Vorgehensweise bei der retrograden Ermittlung der Zahlungsunfähigkeit lassen sich in der Literatur nur wenige finden. Erwähnt

---

1125 Anhörung des Rechtsausschusses des Dt. Bundestages vom 09.04.2008, ZInsO 2008, 367 [369].

1126 BGH, Urteil vom 12.10.2006 – IX ZR 228/03 = NZI 2007, 36.

seien das *IDW* im PS 800[1127], *Staufenbiel* und *Hoffman* in ihrer Aufsatzserie aus 2008[1128] und *Haarmeyer*, *Wutzke* und *Förster*.[1129]

Den praktikabelsten Vorschlag zur Ermittlung in 4 Schritten machen dabei *Haarmeyer*, *Wutzke* und *Förster*.[1130] Allen Vorschlägen ist eines gemein: Sie gehen von einem Idealzustand hinsichtlich der Datenbasis aus. Zwar räumen *Haarmeyer*, *Wutzke* und *Förster*[1131] ein, dass ein solcher in der Praxis nicht vorzufinden ist, letzten Endes stützen sie ihren Vorschlag aber doch auf die Annahme eines Idealzustandes.

Sicherlich ist bei der Beschreibung der Vorgehensweise zur retrograden Ermittlung der Zahlungsunfähigkeit auch ein gewisses Maß an Optimismus hinsichtlich der Datenlage geboten, dieser ist jedoch nicht uneingeschränkt in eine Handlungsempfehlung zu übernehmen.

In einem ersten Schritt und einer Art *Vorprüfung* ist deshalb zunächst zu analysieren, welches Datenmaterial zur Ermittlung überhaupt vorhanden ist. Hiernach bestimmt sich maßgeblich das weitere Vorgehen. Je nach Ergebnis dieser Vorprüfung ergeben sich zwei Wege und unterschiedliche Handlungsempfehlungen.

1. Vorliegen eines ordentlichen Rechnungswesens

Liegt eine ordentliche Buchhaltung, im Idealfall inklusive der Jahresabschlüsse für die letzten drei Jahre vor Antragsstellung, vor, so ist diese in *3 Schritten* zu prüfen, um den erstmaligen Eintritt der Zahlungsunfähigkeit retrograd zu ermitteln.[1132]

Zunächst ist im *ersten Schritt* das Datenmaterial auf Auffälligkeiten zu sichten, die einen Anhaltspunkt auf den erstmaligen Eintritt der Zahlungsunfähigkeit geben. Dabei sind drei Methoden vorrangig anzuwenden. Zum einen ist auf wirtschaftskriminalistische Beweisanzeichen abzustellen, wie die Häufung von Zwangsvollstreckungsmaßnahmen, die Nichtzahlung wesentlicher Forderungen, die Nichtzahlung von Steuern und bzw. oder Sozialverbindlichkeiten sowie

1127 IDW, PS 800, FN-IDW Nr. 4/2009, S. 161 [166 f.].

1128 Staufenbiel/Hoffmann, ZInsO 2008: Teil 1 = S. 785 ff.; Teil 2 = S. 838 ff.; Teil 3 = S. 891 ff.

1129 Haarmeyer/Wutzke/Förster, (Fn. 59), § 13 Rn. 74 ff.

1130 Haarmeyer/Wutzke/Förster, (Fn. 59), § 13 Rn. 74 ff.

1131 Haarmeyer/Wutzke/Förster, (Fn. 59), § 13 Rn. 74.

1132 In wesentlichen Teilen ist die 4-Schritte-Handlungsempfehlung von *Haarmeyer/Wutzke/Förster*, (Fn. 59), § 13 Rn. 74 ff. sinnvoll, weshalb hierauf Bezug genommen wird. Allerdings ist diese leicht verändert durchzuführen.

eventuelle Stundungsbitten und Ratenvereinbarungen.[1133] Zum anderen ist, wenn solche nicht erkennbar sind, die älteste unbezahlte Rechnung unter Addition von 30 Tagen heranzuziehen, um zumindest einen groben Anhaltspunkt zu bestimmen. Sollten zudem monatliche betriebswirtschaftliche Auswertungen bei dem Schuldner vorliegen, so ist zumindest der Monat, in dem eine Liquiditätskrise bzw. Liquiditätsunterdeckung erstmalig eintrat, hierüber abzulesen.

Für den so ermittelten Tag, oder im Fall der Ermittlung einer Woche oder eines Monats für mehrere Tage, ist dann im *zweiten Schritt* ein Finanzstatus zu erstellen und hierin zu prüfen, ob an diesem oder einem anderem Tag bei dem Schuldner eine Unterdeckung von 10 %[1134] vorlag. Zu berücksichtigen sind dabei alle zu dem Stichtag bestehenden sowie die innerhalb der nächsten drei Wochen fällig werdenden Aktivwerte und Verbindlichkeiten. Dabei ist es gleich, ob die Verbindlichkeiten bis zur Antragsstellung getilgt wurden oder nicht.[1135] Da es sich bei dem Datum nur um einen grob ermittelten Stichtag handelt, ist auf dieselbe Weise auch für vorherige Wochen oder Monate zu prüfen, ob hier schon materielle Insolvenz vorlag, bzw. wann noch nicht. Dabei kann auch auf die statistisch belegten Erfahrungswerte zurückgegriffen werden, dass die Antragsstellung zumeist etwa 10-12 Monate nach Eintritt der materiellen Insolvenz erfolgt.[1136] Der unter Anwendung dieser Methode ermittelte Tag ist mit hoher Wahrscheinlichkeit das Datum des erstmaligen Eintritts der Zahlungsunfähigkeit. Dieses Datum ist jedoch noch nicht endgültig. Es ist weitergehend zu verifizieren[1137], um es überhaupt nutzbar machen zu können.

Bezüglich des *dritten Schrittes* ist noch weiter nach dem Zweck der retrograden Ermittlung zu differenzieren:

Soll generell der erstmalige Eintritt der Zahlungsunfähigkeit ermittelt werden, so ist im *dritten Schritt*, ausgehend vom eben ermittelten Stichtag, anhand eines retrograden Finanzplans zu prüfen, ob der Schuldner in der Lage war, die Liquiditätslücke binnen drei Wochen zu schließen. Sollte dies nicht der Fall sein, so ist das im *zweiten Schritt* anhand des Finanzstatus gefundene Datum, der exakte Eintritt der materiellen Insolvenz. Diese Prüfung ist extrem aufwändig und auch schwierig. Der Schuldner müsste schon über eine absolut vollständige

1133 Vgl. hierzu H. II. 1.

1134 BGH, Urteil vom 24.05.2005 – IX ZR 123/04 = NZI 2005, 547.

1135 Smid/Leonhardt in: Leonhardt/Smid/Zeuner, InsO, (Fn. 40), § 17 Rn. 12.

1136 Vgl. hierzu: Vgl. Anhörung des Rechtsausschusses des Dt. Bundestages vom 09.04.2008, ZInsO 2008, 367 [369]; Studien der KDLB GmbH, abgedruckt bei: Kirstein, ZInsO 2006, 966 ff. und Kirstein, ZInsO 2008, 131 ff.

1137 So treffend formuliert: Haarmeyer/Wutzke/Förster, (Fn. 59), § 13 Rn. 74 ff.

Buchhaltung zumindest des letzten Jahres vor Antragsstellung verfügen, um die Erstellung eines Finanzplans zu ermöglichen. Denn während im Rahmen der anterograden Ermittlung die Soll-Daten auf der Basis der verfügbaren Geschäftsdaten prognostizierbar waren, haben die für eine retrograde Ermittlung erforderlichen Ist-Daten vorzuliegen.

Soll die materielle Insolvenz hingegen mit hinreichender Sicherheit für eine Beweisführung im Prozess belegt werden, so ist auch eine Verifizierung über weitergehende wirtschaftskriminalistische Anzeichen ausreichend.[1138] Dabei sind die unter dem ersten Schritt gewonnenen Erkenntnisse einzubeziehen, aber auch neue zu dem unter dem zweiten Schritt ermittelten Datum zu gewinnen. Diese Vereinfachung der Verifizierung ist ausreichend[1139] und nach erfolgreichem Abschluss, bei Vorliegen der entsprechenden Beweisunterlagen, vielleicht sogar die fruchtbarste Methode. Anhand der so ermittelten Indizien kann im Prozess zumindest die Zahlungseinstellung sicher bewiesen werden, welche häufig ebenfalls bereits mit zeitlichem Abstand vor der Antragsstellung erfolgt sein wird. Eine Durchsetzung der Anfechtungs- oder Haftungsansprüche wird hierdurch überhaupt erst ermöglicht.[1140]

2. Nicht oder nur spärlich vorhandenes Rechnungswesen

Liegt dagegen keine oder nur eine äußerst lückenhafte Buchhaltung beim Schuldner vor, so ist eine Ermittlung über die dargestellten betriebswirtschaftlichen Methoden unmöglich. Dem Verwalter bleibt in diesem Fall allein die Verwertung der nach außen in Erscheinung getretenen Anzeichen des Eintritts der materiellen Insolvenz über die wirtschaftskriminalistische Methode. Problematisch hieran ist, dass die Zahlungseinstellung einen zeitlich nach dem erstmaligen Eintritt der materiellen Insolvenz liegenden Zeitpunkt markiert. Dennoch ist dies bei Fehlen von Zahlenwerken die letzte Möglichkeit, um einen Zeitpunkt, zu dem die materielle Insolvenz vorlag, herauszufiltern und anschließend zu

1138 So der Vorschlag in Schritt 4 von: Haarmeyer/Wutzke/Förster, (Fn. 59), § 13 Rn. 83 ff.

1139 Dass eine Verifizierung der materiellen Insolvenz über die Beweisanzeichen der erst später eingetretenen Zahlungseinstellung ausreichend ist, ist wohl die Intention des BGH in: Urteil vom 08.10.1998 – IX ZR 337/97 = NZI 1998, 118 [119]; i.V.m. Urteil vom 12.10.2006 – IX ZR 228/03 = NZI 2007, 36; i.V.m. Beschluss vom 12.07.2007 – IX ZR 210/04 = NZI 2007, 722 [722 Rn. 5 und zweiter Leitsatz der Redaktion].

1140 Vgl. BGH in: Urteil vom 08.10.1998 – IX ZR 337/97 = NZI 1998, 118 [119]; i.V.m. Urteil vom 12.10.2006 – IX ZR 228/03 = NZI 2007, 36; i.V.m. Beschluss vom 12.07.2007 – IX ZR 210/04 = NZI 2007, 722 [722 Rn. 5 und zweiter Leitsatz der Redaktion].

beweisen. Außerdem wird auch die Zahlungseinstellung der Antragsstellung bereits zeitlich nicht unerheblich vorausgehen.

Die Ermittlung vollzieht sich hier in *zwei*, eigentlich aber nur *einem* einzigen *Schritt*. Das bei dem Schuldner überhaupt vorhandene Datenmaterial ist auf die Anzeichen einer Zahlungseinstellung zu untersuchen. Bei Auffinden solcher Anzeichen ist näher zu schauen, ob noch zusätzliche oder frühere Anzeichen erkannt werden können. Auch hier sind zur Eingrenzung des zu untersuchenden Zeitraums die älteste unbezahlte Rechnung unter Addition von 30 Tagen, aber auch die statistisch belegten Erfahrungswerte, dass die Antragsstellung zumeist etwa 10-12 Monate nach Eintritt der materiellen Insolvenz erfolgt[1141], heranzuziehen.

Sind auch weiterreichende wirtschaftskriminalistische Anzeichen nicht erkennbar, so ist der einzige Weg der Ermittlung die nach dem BGH[1142] zulässige Beweiserleichterung zum Beleg der materiellen Insolvenz über Verbindlichkeiten, welche bis zur Verfahrenseröffnung nicht mehr beglichen wurden. Hierzu sind im Antragsverfahren die OPOS-Listen auszuwerten. Im eröffneten Verfahren sind die zur Tabelle angemeldeten Forderungen als Datenbasis heranzuziehen. Die so festgestellten Verbindlichkeiten sind danach chronologisch zu ordnen und hieraus die ältesten unbezahlten Verbindlichkeiten, die eine wesentliche Höhe erreichen, zu ermitteln. Dabei kann es sich auch nur um eine einzige Verbindlichkeit handeln, welche die gesetzliche Vermutung des § 17 Abs. 2 S. 2 InsO und damit den Beweis begründet, wenn diese eine wesentliche Höhe erreicht.

III. Conclusio

Schon der Begriff der materiellen Insolvenz ist ein weites Feld. Sich zwar maßgeblich über den Begriff der Zahlungsunfähigkeit bestimmend, ist er mit diesem im Ergebnis nicht vollkommen deckungsgleich. Vielmehr ist hier zu unterscheiden in die materielle Insolvenz, die für Haftungs-, Anfechtungs- sowie Straftatbestände maßgeblich ist, und in die Zahlungsunfähigkeit i.S.d. § 17 InsO, wel-

1141 Vgl. hierzu: Anhörung des Rechtsausschusses des Dt. Bundestages vom 09.04.2008, ZInsO 2008, 367 [369]; Studien der KDLB GmbH, abgedruckt bei: Kirstein, ZInsO 2006, 966 ff.; und Kirstein, ZInsO 2008, 131 ff.

1142 BGH, Urteil vom 12.10.2006 – IX ZR 228/03 = NZI 2007, 36; i.V.m. Beschluss vom 12.07.2007 – IX ZR 210/04 = NZI 2007, 722 [722 Rn. 5 und zweiter Leitsatz der Redaktion].

che die Eröffnung des Insolvenzverfahrens begründet. Die Ermittlung sowohl der materiellen Insolvenz als auch der Zahlungsunfähigkeit i.S.v. § 17 InsO orientiert sich an den gleichen Methoden. Eklatanter Unterschied zwischen den Ermittlungsformen ist jedoch das zugrundeliegende Datenmaterial. Sind für die Zahlungsunfähigkeit i.S.v. § 17 InsO noch Soll-Daten maßgeblich, welche ohnehin zu prognostizieren sind, so sind zur Ermittlung der materiellen Insolvenz Ist-Daten notwendig, welche zwingend vorliegen müssen. Während die Ermittlung des Eröffnungsgrundes anterograd erfolgt, ist die materielle Insolvenz retrograd zu ermitteln.

Stellt man sich die Frage nach dem grundlegenden Zweck der retrograden Ermittlung, so ist diese mit der Beweisführung im Anfechtungs- und Haftungsprozess zu beantworten. Geht man weiter allein von diesem Zweck aus, so ergeben sich hieraus zwei weiterreichende, korrespondierende Aspekte. Zum einen wird mit dem ermittelten Zeitpunkt der Zeitraum festgelegt, aus dem der Masse entzogene Vermögenswerte zurückgeführt werden können. Zum anderen wird die Bestimmung dieses Zeitraums maßgeblich durch das Vorhandensein von Datenmaterial bedingt.

Sicherlich kann im Idealfall eine taggenaue Ermittlung des Eintritts der materiellen Insolvenz möglich sein. Der dafür erforderliche Aufwand ist jedoch beinahe unverhältnismäßig und das hierfür erforderliche Datenmaterial muss zunächst einmal vorliegen. Die „Ideal-Ermittlung" wird daher regelmäßig die Ausnahme, die „Behelfs-Ermittlung" hingegen die Regel darstellen.

Bezugnehmend auf den alleinigen Zweck einer retrograden Ermittlung ist dies jedoch auch gerechtfertigt. Im Prozess ist eine Feststellung anhand eines betriebswirtschaftlichen Sachverständigengutachtens, wie es der Verwalter hier erstellen müsste, nahezu niemals erforderlich, und wenn, dann auch nur in einem Fall, in dem die Erstellung aufgrund des Datenmangels sowieso unmöglich wäre. Ein Sachverständigengutachten wird zum Beweis erst erforderlich, wenn zuvor eine Beweisführung über wirtschaftskriminalistische Methoden versagt hat. Wenn aber schon diese aufgrund eines Mangels an Daten scheitert, obwohl eine schmale Datenbasis ausreichend ist, so kann ohne Daten erst recht kein betriebswirtschaftliches Gutachten erstellt werden.

Eine Beweisführung über wirtschaftskriminalistische Anzeichen, welche eine Zahlungseinstellung nach § 17 Abs. 2 S. 2 InsO vermuten lassen, ist daher nicht nur der einfachere, sondern auch der zielführendere Weg. Zudem ist der Aufwand hier vergleichsweise gering.

Diese Divergenz zwischen Theorie und Praxis erkennt auch die Rechtsprechung und setzt mit einer konsequenten Beweiserleichterung für Verwalter einen Maßstab hinsichtlich der retrograden Ermittlung und den Anforderungen hieran.

Nichtsdestotrotz muss der Gutachter bzw. vorläufige Verwalter verpflichtet sein, den Zeitpunkt des erstmaligen Eintritts der materiellen Insolvenz im Gutachten festzustellen. Da jedoch, wie oben aufgezeigt, eine taggenaue „Ideal-Ermittlung" selten möglich sein wird, ist hier eine grobe Feststellung des Monats, in dem die materielle Insolvenz eingetreten ist, ausreichend. Dies gilt selbst dann, wenn eine solche Feststellung höchstens der Vollständigkeit des Gutachtens dient. Eine solche Feststellung, sofern sie zu beweisen ist, hat auch im Prozess bestand und ermöglicht die Durchsetzung von Haftungs- und Anfechtungsansprüchen. Eine quartalsmäßige Feststellung hingegen ist nicht ausreichend, da hier die materielle Insolvenz allenfalls zum nächsten Quartal hinreichend sicher angenommen werden kann. Eine solch grobe Feststellung mag nur dann hinnehmbar sein, wenn der Eintritt der materiellen Insolvenz mehrere Jahre vor der Antragsstellung anzunehmen ist.

Insgesamt ist die retrograde Ermittlung der Zahlungsunfähigkeit ein Feld, welches sich durch das erforderliche Datenmaterial und den vorherigen Einfluss des Schuldners hierauf derart bestimmt, dass sich *die* Verfahrensart der Ermittlung kaum abstrakt und rein wissenschaftlich beschreiben lässt. Es ist jeweils einzelfallbezogen zu bewerten, welche Art der Ermittlung gewählt wird. Beide Methoden sind geeignet und auch nebeneinander anwendbar. Zumeist wird es jedoch auf die Anwendung nur einer Ermittlungsmethode hinauslaufen: Die der wirtschaftskriminalistischen Methode.

Mit dieser lässt sich dann auch hinreichend sicher die eingangs gestellte Frage[1143] beantworten, wann der Schuldner bereits vor der gerichtlichen Feststellung seiner Zahlungsunfähigkeit seine fälligen Verbindlichkeiten nicht mehr bedienen konnte.

1143 Vgl. A. III. a.E.

Literaturverzeichnis

Andres, Dirk / Leithaus, Rolf, Insolvenzordnung, 2. Auflage, München 2011

Arbeitskreis für Insolvenz- und Schiedsgerichtswesen e.V. Köln, Kölner Schrift zur Insolvenzordnung, 2. Auflage, Herne 2000

Bähr, Rainer M. / Smid, Stefan, Flutopfer, DZWIR 2002, S. 455 bis 456

Baumann, Jürgen, Konkurs und Vergleich, 2. Auflage, Bielefeld 1981

Baumbach, Adolf / Hueck, Alfred, GmbH-Gesetz, 19. Auflage, München 2010

Baur, Fritz / Stürner, Rolf, Insolvenzrecht, 3. Auflage, Heidelberg 1991

Beck, Siegfried / Depré, Peter, Praxis der Insolvenz, 2. Auflage, München 2010

Becker, Karl, Die Aenderungen der §§ 64, 74, 84 GmbH=Gesetz durch das Reichsgesetz über die Pflicht zum Antrag auf Eröffnung des Konkurses oder des gerichtlichen Vergleichverfahrens vom 25. März 1930 (RGBl. I S. 93), GmbHR 1930, S. 422 bis 427

Bittmann, Folker, Zahlungsunfähigkeit und Überschuldung nach der Insolvenzordnung, wistra 1998, S. 321 bis 326

Bittmann, Folker, Insolvenzstrafrecht - Ein Handbuch für die Praxis, 1. Auflage, Berlin 2004

Bork, Reinhard, Zahlungsunfähigkeit, Zahlungsstockung und Passiva II, ZIP 2008, S. 1749 bis 1753

Braun, Eberhard, Insolvenzordnung, 3. Auflage, München 2007

Burger, Anton / Schellberg, Bernhard, Die Auslösetatbestände im neuen Insolvenzrecht, BB 1995, S. 261 bis 266

Busse von Colbe, Walther / Crasselt, Nils / Pellens, Bernhard (Hrsg.), Lexikon des Rechnungswesens, 5. Auflage, München 2011

Coenenberg, Adolf / Haller, Axel / Schultze, Wolfgang, Jahresabschluss und Jahresabschlussanalyse: betriebswirtschaftliche, handelsrechtliche, steuerrechtliche und internationale Grundsätze, 22. Auflage, Stuttgart 2012

Dahl, Michael, Gläubigerantrag in der Insolvenz, NJW-Spezial 2009, S. 741 bis 742

Eilenberger, Guido, Betriebliche Finanzwirtschaft, 7. Auflage, München 2003

Ellrott, Helmut / Förschle, Gerhart / Grottel, Bernd (Hrsg.), Beck'scher Bilanz-Kommentar, 8. Auflage, München 2012

Entwurf einer Konkurs-Ordnung: nebst Motive zu dem Entwurf einer Konkurs-Ordnung und Entwurf des Einführungsgesetzes, sowie Anlage-Band zu den Motiven des Entwurfs einer Konkurs-Ordnung, Berlin 1875 (Zitiert als: Entwurf KO)

Entwurf eines Handelsgesetzbuches für die preußischen Staaten; nebst Motiven; zweiter Theil: Motive, Berlin 1857

Erichsen, Jörgen, Liquiditätsplanung und –sicherung: Grenzen der Aussagekraft von Liquiditätskennzahlen, BC 2007, S. 137 bis 141

Fachausschuss Sanierung und Insolvenz des Instituts der Wirtschaftsprüfer, Der neue PS 800 und die Ermittlung der Zahlungsunfähigkeit nach § 17 InsO, ZIP 2009, S. 201 bis 206

Fischer, Gero, Krisenbewältigung durch das Insolvenzrecht, ZGR 2006, S. 403 bis 418

Fischer, Gero, Zur Feststellung der Zahlungsunfähigkeit – Folgerungen aus der Rechtsprechung des IX. Zivilsenates, in: Sanierung, Insolvenz, Berufsrecht der Rechtsanwälte und Notare, Festschrift für Hans Gerhard Ganter zum 65. Geburtstag, (Hrsg.) Berger, Christian / Kayser, Godehard / Pannen, Klaus, München 2010 (zitiert als: FS für Ganter)

Foerste, Ulrich, Insolvenzrecht, 5. Auflage, München 2010

Freymuth, Arnold, Die GmbH in der Rechtsprechung der deutschen Gerichte von 1911 bis 1916, Köln 1919

Frystatzki, Christian, Ungeklärte Probleme bei der Ermittlung der Zahlungsunfähigkeit und der neue IDW PS 800, NZI 2010, S. 389 bis 395

Ganter, Hans Gerhard, Die Bedeutung der „Bugwelle" für die Feststellung der Zahlungsunfähigkeit, ZInsO 2011, S. 2297 bis 2302

Gerhardt, Walter, Insolvenzverfahren und Einzelzwangsvollstreckung - Die Wirksamkeit von Vollstreckungsakten während eines Sequestrationsverfahrens, zugleich unter dem Aspekt von Anfechtbarkeit und Rückschlagsperre, in: Festschrift Einhundert Jahre Konkursordnung 1877 – 1977, (Hrsg.) Uhlenbruck, Wilhelm / Klasmeyer, Bernd / Kübler, Bruno, Köln 1977

Gottwald, Peter (Hrsg.), Insolvenzrechts-Handbuch, 1. Auflage, München 1990

Gottwald, Peter (Hrsg.), Insolvenzrechts-Handbuch, 3. Auflage, München 2006

Gottwald, Peter (Hrsg.), Insolvenzrechts-Handbuch, 4. Auflage, München 2010

Götz, Jan, Entwicklungslinien insolvenzrechtlicher Überschuldungsmessung – Ein Schritt nach vorn zurück? -, KTS 2003, S. 1 bis 39

Graf von Dabelow, Christian, Ausführliche Entwicklung der Lehre vom Concurse der Gläubiger, Halle 1801

Haarmeyer, Hans / Wutzke, Wolfgang / Förster, Karsten, Handbuch der vorläufigen Insolvenzverwaltung, 1. Auflage, München 2011

Haarmeyer, Hans / Wutzke, Wolfgang / Förster, Karsten, Handbuch zur Insolvenzordnung, 2. Auflage, München 1998

Haarmeyer, Hans, Der Eintritt der materiellen Insolvenz und seine zentrale Bedeutung für das Insolvenzverfahren, ZInsO 2009, S. 1273 bis 1283

Hachenburg, Max, Kommentar zum Gesetz betreffend die Gesellschaften mit beschränkter Haftung, 6. Auflage, Berlin 1959

Hahn, Carl, Die gesamten Materialien zu den Reichsjustizgesetzen, Vierter Band: Materialien zu der Konkursordnung und dem Einführungsgesetz vom 10. Februar 1877, Berlin 1898

Hartung, Wolfgang, Probleme bei der Feststellung der Zahlungsunfähigkeit – Kritische Bemerkungen eines Wirtschaftsstaatsanwalts, wistra 1997, S. 1 bis 12

Harz, Michael, Kriterien der Zahlungsunfähigkeit und der Überschuldung unter Berücksichtigung der Änderungen nach dem neuen Insolvenzrecht, ZInsO 2001, S. 193 bis 202

Häsemeyer, Ludwig, Insolvenzrecht, 4. Auflage, Köln 2007

Heilmann, Hans / Smid, Stefan, Grundzüge des Insolvenzrechts, 2. Auflage, München 1994

Henkel, Andreas, Die Prüfung des Eröffnungsgrundes durch das Insolvenzgericht bei Ableitung aus einer streitigen Verbindlichkeit, ZInsO 2011, S. 1237 bis 1240

Hess, Harald, Kommentar zur Konkursordnung, 4. Auflage, Neuwied 1993

Himmelsbach, Rainer / Thonfeld, Henning, Gegen die Verschärfung des Begriffs der Zahlungsunfähigkeit nach § 17 II InsO, NZI 2001, S. 11 bis 15

Hoffmann, Günther, Drohende und eingetretene Zahlungsunfähigkeit im neuen Konkursstrafrecht, DB 1980, S. 1527 bis1530

Hölzle, Gerrit, Zahlungsunfähigkeit – Nachweis und Kenntnis im Anfechtungsprozess, ZIP 2006, S. 101 bis 107

Hölzle, Gerrit, Nochmals: Zahlungsunfähigkeit – Nachweis und Kenntnis im Anfechtungsprozess, ZIP 2007, S. 613 bis 619

Institut der Wirtschaftsprüfer in Deutschland e.V. (IDW) - *Fachausschuss Recht,* IDW PS 800 i.d.F. vom 22.01.1999, FN-IDW Nr. 3/1999, S. 85 bis 90

Institut der Wirtschaftsprüfer in Deutschland e.V. (IDW), IDW PS 800 i.d.F. vom 06.03.2009, FN-IDW Nr. 4/2009, S. 161 bis 169

Jaeger, Ernst – Lent, Friedrich, Konkursordnung Band 1, 8. Auflage, Berlin 1958

Jaeger, Ernst – Weber, Friedrich, Konkursordnung Band 2 / Halbband 1, 8. Auflage, Berlin 1973

Jaeger, Ernst – Henckel, Wolfram, Konkursordnung Band 1, 9. Auflage, Berlin 1997

Jaeger Ernst – Henckel, Wolfram / Gerhardt, Walter, Insolvenzordnung Band 1, 1. Auflage, Berlin 2004

Jäger, Karl-Heinz, Die Zahlungsunfähigkeit im neuen Insolvenzrecht, BB 1997, S. 1575 bis 1577

Jarass, Hans D. / Pieroth, Bodo, Grundgesetz für die Bundesrepublik Deutschland – Kommentar, 11. Auflage, München 2011

Jauernig, Othmar, Bürgerliches Gesetzbuch, 13. Auflage, München 2009

Jauernig, Othmar / Hess, Burkhard, Zivilprozessrecht, 30. Auflage, München 2011

Kamm, Janine / Köchling, Marcel, Zur Abgrenzung der Zahlungsstockung und Zahlungsunfähigkeit, ZInsO 2006, S. 732 bis 736

Kilger, Joachim, Der Konkurs des Konkurses – Betrachtungen der gegenwärtigen Situation des deutschen Insolvenzrechts, KTS 1975, S. 142 bis 166

Kilger, Joachim, Konkursordnung, 15. Auflage, München 1987

Kilger, Joachim / Schmidt, Karsten, Insolvenzgesetze – KO / VglO / GesO, 17. Auflage, München 1997

Kirchhof, Hans-Peter / Lwowski, Hans-Jürgen / Stürner, Rolf, Münchener Kommentar zur Insolvenzordnung (Band 1), 2. Auflage, München 2007

Kirstein, Hans-Joachim, Ausführungen zur real existierenden Situation bei Eröffnungs- und Befriedigungsquoten in Insolvenzverfahren, ZInsO 2006, S. 966 bis 973

Kirstein, Hans-Joachim, Der früh beginnende und lang anhaltende Todeskampf juristischer Personen – Ein Erfahrungsbericht aus der Praxis professioneller Ermittlung in Insolvenzverfahren, ZInsO 2008, S. 131 bis 137

Klebba, Walter, Von der Zahlungsstockung zur Zahlungseinstellung, WPg 1959, S. 41 bis 44

Kreft, Gerhart (Hrsg.), Heidelberger Kommentar zur Insolvenzordnung, 5. Auflage, Heidelberg 2008

Kübler, Bruno / Prütting, Hanns / Bork, Reinhard, Kommentar zur InsO, Stand: 48. Lieferung, 04/2012

Küting, Karlheinz / Weber, Claus-Peter, Die Bilanzanalyse: Beurteilung von Abschlüssen nach HGB und IFRS, 10. Auflage, Stuttgart 2012

Leonhardt, Peter / Smid, Stefan / Zeuner, Mark (Hrsg.), Insolvenzordnung, 3. Auflage, Stuttgart 2010

Mathews, Kurt, Zahlungsunfähigkeit, Zahlungseinstellung und Überschuldung im Konkurs- und Vergleichsrecht – Wege zu ihrer Ermittlung, WPg 1950, S. 250 bis 255

Maurer, Hartmut, Staatsrecht I, 6. Auflage, München 2010

Medicus, Dieter, Allgemeiner Teil des BGB, 10 Auflage, Heidelberg 2010

Michalski, Lutz, Kommentar zum Gesetz betreffend die Gesellschaften mit beschränkter Haftung (GmbH-Gesetz), 2. Auflage, München 2010

Möhlmann, Thomas, Der Nachweis eingetretener und drohender Zahlungsunfähigkeit im neuen Insolvenzverfahren - Anforderungen und Aufgaben für Steuerberater und Wirtschaftsprüfer, WPg 1998, S. 947 bis 961

Moosmayer, Klaus, Einfluß der Insolvenzordnung 1999 auf das Insolvenzstrafrecht, Dissertation, Freiburg i. Br. 1997

Nerlich, Jörg / Römermann, Volker, Insolvenzordnung – Kommentar, Stand: 22. Lieferung, 11/2011, München 2012

Nickert, Cornelius / Lamberti, Udo H. (Hrsg.), Überschuldungs- und Zahlungsunfähigkeitsprüfung im Insolvenzrecht, 2. Auflage, Köln 2011

Niesert, Burkhard, Die Zahlungsunfähigkeit gemäß § 17 InsO – Plädoyer für eine Neuorientierung, ZInsO 2001, S. 735 bis 739

Obermüller, Manfred, Konkursanmeldung bei Zahlungsunfähigkeit und Überschuldung, DB 1973, S. 267 bis 270

Oetker, Hartmut (Hrsg.), Kommentar zum Handelsgesetzbuch (HGB), 2. Auflage, München 2011

Olfert, Klaus / Rahn, Horst-Joachim, Lexikon der Betriebswirtschaftslehre, 7. Auflage, Herne 2011

Palandt, Otto, Bürgerliches Gesetzbuch, 71. Auflage, München 2012

Pape, Gerhard / Uhlenbruck, Wilhelm, Insolvenzrecht, 1. Auflage, München 2002

Pape, Gerhard / Uhlenbruck, Wilhelm / Voigt-Salus, Joachim, Insolvenzrecht, 2. Auflage, München 2010

Papke, Horst, Zum Begriff der Zahlungsunfähigkeit, DB 1969, S. 735 bis 736

Perridon, Lois / Steiner, Manfred, Finanzwirtschaft der Unternehmung, 15. Auflage, München 2009

Petersen, Jens, Schweigen im Rechtsverkehr, Jura 2003, S. 687 bis 692

Prager, Martin / Jungclaus, Martin, Der Begriff der Zahlungsunfähigkeit und die sog. „Bugwellentheorie", in Festschrift für Jobst Wellensiek zum 80. Geburtstag, (Hrsg.) Flitsch, Michael / Hagebusch, Alfred / Oberle, Thomas / Seagon, Christopher / Schreiber, Werner, München 2011 (zitiert als: FS für Wellensiek)

Prütting, Hanns / Wegen, Gerhard / Weinreich, Gerd, BGB – Kommentar, 7. Auflage, Köln 2012

Rauscher, Thomas / Wax, Peter / Wenzel, Joachim, Münchener Kommentar zur Zivilprozessordnung mit Gerichtsverfassungsgesetz und Nebengesetzen (Band 1), 3. Auflage, München 2008

Reidnitz, Georg, Die GmbH in der Rechtsprechung der deutschen Gerichte seit 1892, Köln 1919

Reischl, Klaus, Insolvenzrecht, 1. Auflage, Heidelberg 2008

Saenger, Ingo / Inhester, Michael, GmbHG – Handkommentar, 1. Auflage, Baden-Baden 2011

Schedlbauer, Hans, Auslösung und Durchführung von Insolvenzprüfungen, DB 1984, S. 2205 bis 2213

Schmidt, Andreas / Roth, Jan, Die Bewertung von streitigen Verbindlichkeiten bei der Ermittlung der Insolvenzeröffnungsgründe, ZInsO 2006, S. 236 bis 241

Schmidt, Andreas, Hamburger Kommentar zum Insolvenzrecht, 4. Auflage, Köln 2012

Schmidt, Karsten / Uhlenbruck, Wilhelm, Die GmbH in Krise, Sanierung und Insolvenz, 4. Auflage, Köln 2009

Schmidt, Karsten, Das Insolvenzverfahren neuer Art – Kernprobleme der Insolvenzrechtsreform nach dem Kommissionsbericht - , ZGR 1986, S. 179 bis 210

Schmidt, Karsten, Sinnwandel und Funktion des Überschuldungstatbestandes – Rechtspolitische Perspektiven der Verfahrenseröffnung im Insolvenzrecht, JZ 1982, S. 165 bis 174

Schmidt, Otto, Die GmbH in der Rechtsprechung der deutschen Gerichte seit 1924, Köln 1932

Smid, Stefan, Grundzüge des neuen Insolvenzrechts, 3. Auflage, München 1999

Smid, Stefan, Grundzüge des Insolvenzrechts, 4. Auflage, München 2002

Smid, Stefan, Praxishandbuch Insolvenzrecht, 5. Auflage, Berlin 2007

Smid, Stefan, Struktur und systematischer Gehalt des deutschen Insolvenzrechts in der Judikatur des IX. Zivilsenats des Bundesgerichtshofs (VIII, Teil 1), DZWIR 2010, S. 1 bis 22

Staufenbiel, Peter / Hoffmann, Volker, Die Ermittlung des Eintritts der Zahlungsunfähigkeit – Teil 1, ZInsO 2008, S. 785 bis 790

Staufenbiel, Peter / Hoffmann, Volker, Die Ermittlung des Eintritts der Zahlungsunfähigkeit – Teil 2, ZInsO 2008, S. 838 bis 843

Staufenbiel, Peter / Hoffmann, Volker, Die Ermittlung des Eintritts der Zahlungsunfähigkeit – Teil 3, ZInsO 2008, S. 891 bis 896

Stürner, Rolf, Möglichkeiten der Sanierung von Unternehmen durch Maßnahmen im Unternehmens- und Insolvenzrecht, ZIP 1982, S. 761 bis 772

Thomas, Heinz / Putzo, Hans, Zivilprozessordnung – Kommentar, 31. Auflage, München 2010

Uhlenbruck, Wilhelm, Zur Krise des Insolvenzrechts, NJW 1975, S. 897 bis 903

Uhlenbruck, Wilhelm, Einhundert Jahre Konkursordnung, in: Festschrift „Einhundert Jahre Konkursordnung 1877 – 1977“, (Hrsg.). Uhlenbruck, Wilhelm / Klasmeyer, Bernd / Kübler, Bruno, Köln 1977

Uhlenbruck, Wilhelm, Zahlungsunfähigkeit wegen vorläufig vollstreckbarer Zahlungstitel?, ZInsO 2006, S. 338 bis 342

Uhlenbruck Wilhelm, Zur Geschichte des Konkurses, DZWIR 2007, S. 1 bis 5

Uhlenbruck, Wilhelm, Insolvenzordnung - Kommentar, 13. Auflage, München 2010

Ullmann, Fritz, Die Pflicht zum Antrage des Konkurses oder des gerichtlichen Vergleichsverfahrens, JW 1930, S. 1344 bis 1346

Veit, Klaus-Rüdiger, Die Definition der Zahlungsunfähigkeit als Konkursgrund, ZIP 1982, S. 273 bis 278

von Almendingen, Ludwig Harscher, Über den materiellen und formellen Concurs der Gläubiger, Giessen 1797

Wentzel, August / Klose, C., Die preußische Konkursordnung vom 8. Mai 1855, Berlin 1855

Weyand, Raimund, Insolvenzdelikte aus der Sicht eines Kreditinstituts, ZInsO 2002, S. 851 bis 859

Wicke, Hartmut, Gesetz betreffend die Gesellschaften mit beschränkter Haftung (GmbHG) – Kommentar, 2. Auflage, München 2011

Wimmer, Klaus (Hrsg.), Frankfurter Kommentar zur InsO, 6. Auflage, München 2011

Wimmer, Klaus / Wagner, Martin / Dauernheim, Jörg / Weidekind, Sabine Sofie, Handbuch des Fachanwalts Insolvenzrecht, 1. Auflage, Neuwied 2002

Wolf, Thomas / Kurz, Peter, Die Feststellung der Zahlungsunfähigkeit: Was sind 100% bei der Berücksichtigung eines Schwellenwerts?, DStR 2006, S. 1339 bis 1343

Zeuner, Mark, Die Anfechtung in der Insolvenz, 2. Auflage, München 2007

ZInsO-Dokumentation, Zum Entwurf eines Gesetzes zur Effizienzsteigerung und Verbesserung der Verwalterauswahl im Insolvenzverfahren, ZInsO 2008, S. 367 bis 371

Schriftenreihe des Centrum für Deutsches und Europäisches Insolvenzrecht Kiel

Herausgegeben von Stefan Smid, Silke Wehdeking und Mark Zeuner

Band 1 *in Vorbereitung*

Band 2 Sebastian Wilhelm Deichgräber: Gesellschaftsrechtliche Sitzverlegungen und haftungsrechtliche Begründungen internationaler insolvenzrechtlicher Zuständigkeiten. Zugleich ein Beitrag zur Verwendung in der Judikatur. 2012.

Band 3 Malte Engeler: Die zweigliedrige Personengesellschaft in der Insolvenz. 2012.

Band 4 Sebastian Müller: Verhandlungsgesteuerte Sanierung durch den prepackaged plan. Das Planinitiativrecht des Schuldners aus § 218 Abs. 1 S. InsO als Ausgangspunkt steuer- und planbarer Gestaltungsprozesse. 2013.

Band 5 Christoph Pabst: Materielle Insolvenz – Die retrograde Ermittlung der Zahlungsunfähigkeit. 2013.

www.peterlang.de